《行走·醒走——研学旅行在江岸》编委会

武汉市教育科学“十三五”规划2018年度课题“聚焦核心素养的小学研学旅行课程建设研究”部分研究成果【项目编号2018A001】

行走·醒走

——研学旅行在江岸

黄运萍◎编著

中国·武汉

内容提要:

自启动武汉市教育科学“十三五”规划2018年度课题“聚焦核心素养的小学研学旅行课程建设研究”以来，武汉市江岸区教育局采用“行政推动、科研助力”的模式推进研学旅行工作，采用课程化的思路开展系统研究和设计，历经四年的实践探索。本书精选江岸区小学的研学成果，汇编成顶层设计篇、研学课程篇、五色课例篇、学生成果篇四个篇章，生动展现了江岸区学子在研学旅行中获得的深度体验，及研学旅行在促进培养学生的理想信念、爱国主义情感、艰苦奋斗精神、品德修养、综合素质等方面产生的积极影响。相信教育管理者、德育工作者、普通教师等在阅读本书后，都能有所启发、有所收获。

图书在版编目(CIP)数据

行走·醒走 ：研学旅行在江岸 / 黄运萍 编著. — 武汉 ：华中科技大学出版社，2022.5
ISBN 978-7-5680-8288-4

Ⅰ. ①行… Ⅱ. ①黄… Ⅲ. ①教育旅游-教学研究-小学 Ⅳ. ①G622.429

中国版本图书馆CIP数据核字(2022)第080178号

行走·醒走——研学旅行在江岸
Xingzou·Xingzou——Yanxue Lvxing Zai Jiang'an

黄运萍　主编

策划编辑：汪　杭
责任编辑：汪　杭
封面设计：原色设计
责任校对：刘　竣
责任监印：周治超
出版发行：华中科技大学出版社(中国·武汉)　　电话：(027)81321913
武汉市东湖新技术开发区华工科技园　　邮编：430223
录　　排：湖北新华印务有限公司
印　　刷：湖北新华印务有限公司
开　　本：787mm×1092mm　1/16
印　　张：13
字　　数：279千字
版　　次：2022年5月第1版第1次印刷
定　　价：69.80元

序

“研学旅行”是国家倡导的一种新型的课程形态和学习方式。研究与推进研学旅行是一项长期而艰巨的工作。从几年前的“孤鹜独行”到现在的“雁阵齐飞”，研学旅行在我国已经从萌芽状态逐渐蓬勃发展起来。

研学旅行的旨趣是，引导学生走出校门，进入真实的自然环境和社会生产生活场景，通过现场观察、真切感受展开学习和研究。研学旅行是对书本学习、课堂学习的重要补充和拓展，对于学生身心的全面发展具有特别的价值。研学旅行，凝聚了多种教育元素：①实践性教育。这体现在它强调走出校门，进入真实的自然和社会场景开展现场观察、实地调研等教育活动。②社会性教育。研学旅行以学生集体生活的方式开展活动，成员在旅行全程的出行、生活和学习研讨中有密切的交流、互动和协作。③文化性教育。学生在研学旅行中，能近距离接触传统文化、红色文化、各地风情、自然美景等。因此，好的研学旅行活动能全面提升学生现场观察、真实感受、团队合作、接触自然、了解社会、知识应用等方面的素养，并最终在研学旅行中实现书本知识、社会生活与个体生命的和谐共振，达成人的精神世界和社会世界、自然世界的完美交融。

近年来，武汉市江岸区教育局在推进研学旅行教育方面，创造性地提出和采用“行政推动、科研助力”的全新运行模式。自2018年启动重点课题“聚焦核心素养的小学研学旅行课程建设研究”以来，相继出台了《江岸区中小学开展研学旅行工作指导意见（试行）》《江岸区中小学开展研学旅行工作课程指南》《江岸区中小学开展研学旅行实验区工作实施方案》《江岸区教育系统开展学生社会实践及研学旅行活动操作流程》等指导性文件，有力地推动了研学旅行在全区学校的落实。

同时，为帮助各个学校更加有效地开展研学旅行，江岸区采用课程化的思路，对研学旅行开展了系统的研究和设计，形成了多方面的成果。比如：在研学旅行课程内容开发方面，催生了江岸区绿色生态、红色教育、金色科技、蓝色水路、古色文化等“五色研学旅行”课程；在研学旅行课程实施流程上，确定了“规划研学旅行主题——制定研学旅行路线——培训研学旅行导师——编制研学旅行手册——组织实地研学旅行——开展研学旅行评价”的课程实施范式；在研学旅行课程评价方面，提炼了学生研学旅行效果、学校研学旅行管理工作、专业研学旅行机构服务三维立体式评价框架。目前，该区研学旅行课程建设推出了系列化的学校课程、教师课例、学生作品等研学旅行成果，为江岸区“美好教育”注入一泓“活水”。

将江岸区学子的研学旅行实践研究汇编成书出版，具有重要的价值。这部著作生动展现了江岸区学子在研学旅行中获得的深度体验，以及研学旅行在学生的理想信念、爱国主义情感、艰苦奋斗精神、品德修养、综合素质等方面产生积极影响的全部历程。从这本书中，我们高兴地看到，一个城区的教育人从推行研学旅行着手，为深化基础教育改革，落实立德树人根本任务，发展素质教育所付出的巨大热情、艰辛努力和做出的重要贡献。

当然，由于研学旅行在我国尚属新生事物，我们对它的认识和实践仍需时日深入和完善。本书难免存在不妥和疏漏之处，需要到实践中去反复打磨和修正。

陈佑清

华中师范大学中小学发展研究中心主任、课程与教学研究所所长

兼任中国教育学会教育学分会教学论专业委员会副理事长

目录

1 顶层设计篇

DING CENG SHE JI PIAN

武汉市教育科学“十三五”规划2018年度课题“聚焦核心素养的小学研学旅行课程建设研究”结题研究报告

一、课题提出的背景及意义

研学旅行课程随时代需要应运而生，而且发展较快，成为教育研究中的一个新方向。江岸区教育局自2016年开始，就针对这样一种新的课程样态，开展了多路径的实践探索，但是，通过各方调研、实践和反思，我们发现研学旅行课程建设主要存在以下问题。

（一）从国家层面来看

国家要求教育要积极发挥研学旅行在立德树人中的重要作用，将其作为培育和践行社会主义核心价值观的重要途径。可是，现阶段社会上不少研学旅行课程存在顶层设计不合理、理论建设不充分、制度保障不完善、“研学旅行”本质缺位、研学旅行过程“只游不学”、研学旅行专业人才匮乏等问题，与国家战略需要尚有差距。

（二）从研究现状来看

以2016年为界，我国的研学旅行发展可划分为低速增长和快速增长两个阶段。国内外学者围绕校外教育、课程化、综合实践活动、学校教育、研学旅行、文旅融合、学习过程等热点，开展了长期大量的研究，可是对区域整体进行研学旅行理论与实践的研究还很薄弱，研究广度和深度还不够，理论研究和实践发展程度还没有高度契合，区域特色不够明显。

（三）从区域发展需要来看

2018年11月，江岸区人民政府携手教育部教育发展研究中心合作共建“中部教育现代化实验区”，开启了迈向“美好教育”的新征程。江岸区研学旅行资源丰富，为实践育人提供了天然的优质土壤，研学旅行课程完全可以成为江岸区“美好教育”的一张亮丽的名片。但是，各校开展研学旅行活动时由于缺乏全面思考布局，还存在校本化、课程化程度不高，路线规划不完善，效果偏离预期，未能真正打破学校、家庭、社会的壁垒等问题，离重塑学习时空、更新学习内容、改变学习方法，最终营造学校教育和其他非正式教育相互影响、相互补充的全新教育格局的理想状态，离区域美好课程建设及高位发展的目标还有一定的距离。

基于以上剖析，江岸区教育局在“十三五”期间，确立了“核心素养视域下区域性小学研学旅行课程建设研究”这一课题，该课题研究对于探索实现立德树人目标的新载体，培养学生核心素养的新途径，深化课程改革的新思路具有十分重要的意义，课题成果必将能够助推江岸区“美好教育”蓬勃发展，为区域教育高质量发展提供有力支撑。

二、课题的界定及理论依据

（一）课题的界定

1. 核心素养

“核心素养”指学生应具备的适应终身发展和社会发展需要的必备品格和关键能力，突出强调个人修养、社会关爱、家国情怀，更加注重自主发展、合作参与、创新实践。从价值取向上看，它“反映了学生终身学习所必需的素养与国家、社会公认的价值观”。从指标选取上看，它既注重学科基础，也关注个体适应未来社会生活和个人终身发展所必备的素养；不仅反映社会发展的最新动态，同时注重本国历史文化特点和教育现状。

2. 研学旅行

研学旅行是指在教育部门和学校有计划地组织和安排下，通过集体旅行、集中食宿方式开展的研究性学习与旅行体验相结合的校外教育活动。其旅行主体强调学校组织、学生自主参与，旅行目的突出探究学习，旅行方式要求集体旅行并集中住宿，旅行功能旨在实现综合育人。它具有普及性、课程性、教育性、体验性和公益性等特点，在青少年由自然人变成社会人的过程中占据重要地位。

3. 研学旅行课程

研学旅行课程是指通过让学生自主选定旅行专题，参与活动计划与组织管理，并在自然状态下以及社会生活中亲自体验与感悟，从而获得最佳的学习效果的体验式课程。它外在表现为一种综合实践活动课程，但内在与学科知识紧密结合，依托具体的学科知识彰显其教育教学价值，促进学生系统地理解学习内容，建构知识、技能体系，培养他们综合运用知识思考、解决实际问题的能力。

（二）理论依据

1. 五育融合

五育融合是育人假设、育人实践、育人能力、育人理念、育人思维的统一。它要求依照特定的逻辑，从目标、内容、实施等层面出发把分化的教育要素联结为一个有机整体，进而促进学生德、智、体、美、劳全面、整体发展。五育融合应包含目标融合、内容融合与过程融合。这种“三位一体”的融合定义不仅回答了“为什么教”“教什么”“怎么教”的问题，还回应了教育实践中重结果轻过程、重教不重学的“二元论”症结。

研学旅行作为一门综合实践活动课程，在专门设计的学习活动和问题解决过程中深度融合五大领域的教育目标、教育内容、教育过程与教育评价，在“五育一体”的学习过程中实现跨领域的学习和综合素养的提升，最终达到全人发展。因此，它符合五育融合育人的内在要求，是实现五育融合育人的重要抓手，是一种适应我国教育特点的本土化跨领域融合教育范式。

2. 立德树人

党的十八大报告提出，把立德树人作为教育的根本任务。立德树人是我国教育的优秀传统。我国教育历来重视做人的教育，特别强调人的道德主体精神的弘扬、人的精神境界的追求。回归教育的本质，就是要把“德”置于教育的首要和中心地位，培养年轻一代具有正确认识自己、正确对待他人、正确对待社会的高贵品质，对社会、对国家、对民族有高度的责任感。

坚持立德树人，要把培育和践行社会主义核心价值观融入国民教育全过程，要细化到课程改革的各个环节，要利用社会的一切资源，包括家长的资源、社区的资源、社会各种文博资源，形成教育合力。这些要求都为研学旅行课程建设的探索与实践提供了理论指导。研学旅行课程作为学生比较容易理解与接受的德育实践方式，对于学生践行社会主义核心价值观、“系好人生的第一颗纽扣”具有重要作用。

3. 生活教育

陶行知先生倡导的生活教育理论明确论述了三个方面内容：一是生活即教育；二是社会即学校；三是教学做合一。他认为“整个社会活动,就是教育的范围。整个社会是生活的场所,亦即教育之所。教育必须联系实际，必须与社会沟通，必须从根本上改变教育内容、方法、环境和条件。”“教学做合一”是贯彻生活教育理论的根本措施和途径，是教学方法问题上的具体化。

生活教育理论对研究研学旅行主要有以下两个方面的启示。其一，指明了研学旅行的教育内容，需从生活中广泛取材，一面墙、一座桥都可以成为研学旅行教育的资源。其二，提供了研学旅行的教学手段。教师要充分利用“听、观、触、演、感”全方位、立体化、多样性的教学手段，满足学生个性化的学习需求，达成教育目标。

三、文献综述

1.“核心素养”研究概况

国内关于“核心素养”的研究缘于素质教育。2000年前后，有关素质教育的著述有杨叔子等人的《人文教育：情感、责任感、价值观——兼论素质教育》等。2001年，我国开始基础教育课程改革。在各学科课程标准和教育教学各环节，全面贯穿着知识与技能、过程与方法、情感态度价值观的三维目标观。在2014年进行的新一轮课程改革中，教育部文件重点提出课程改革的根本任务是“立德树人”，尤其是明确要求将培育和践行社会主义核心价值观融入国民教育全过程。

2016年,《中国学生发展核心素养》研究成果发布,明确提出以培养“全面发展的人”为核心，并将我国学生发展核心素养归为六大素养和18个基本要点。学术界普遍认可的核心素养是指“学生在接受相应学段的教育过程中逐步形成的适应个人终身发展与社会发展的人格品质与关键能力”。这不仅贴合世界发展潮流的要求，也是促进我国课程良性发展的必然选择，标志着我国学校教育从“知识传递”向“知识构建”转变，从此我国学校的课程建设与发展迈入了新的发展阶段。

2. 研学旅行的概念与辨析

目前国内外学界对研究旅行的概念尚未进行统一的界定，国内学者习惯将研学旅行称为“修学旅行”，国外学者则以“教育旅游”一词代之。

“修学旅行”一词起源于日本明治维新时期，主要表现为通过旅行的形式帮助学生直接体验社会，学习自然文化知识，培养与人相处的协调性。这一时期的修学旅行强调增加学生的直接经验，帮助他们认识社会，培养基本的交往能力，并没有凸显学习知识的目的。美国学者 Ritchie 等人认为，教育旅游是参与旅游活动的旅游者将“学”作为旅游活动的主要目的或次要目的，一般而言这些活动包括文化知识旅游、成人教育旅游、普通教育旅游、国际和国内大学及学校学生的旅游等。这一观念使得人们开始重视教育旅游中学习的作用。

我国学者李军认为，研学旅行是一种群体性的外出实践活动，是青少年在由自然人变成社会人的过程中不可多得的成长经历。它具有普及性、课程性、教育性、体验性等基本特征。张其惠则从旅游的主体、动机、过程的特点分析出发，认为研学旅行是一种“游学相伴、游学交融”的旅游项目。曾任教育部基础教育一司司长的王定华认为，研学旅行即学生集体参加的有组织、有计划、有目的的校外参观体验实践活动。以课程为目标，以动手做、做中学的形式，共同体验，分组活动，相互研讨，书写研学旅行日志，形成研学旅行总结报告。

综上所述，我们可以从广义和狭义两种角度来界定研学旅行。广义的研学旅行是指旅游者出于自身求知的需要，选择特定的地点开展探究性学习的过程。狭义的研学旅行则特指以学校为组织单位，学生自愿参与，以学习知识、了解社会、培养品格为主要目的的校外旅游活动。

3. 核心素养视域下的研学旅行课程研究

目前，国内外核心素养视域下的研学旅行课程研究成果较少。在已有的实践研究中，国内学者普遍认为，研学旅行课程设计一方面要挖掘研学旅行目的地的各种教育资源，另一方面还要尽力和中小学某个学科的内容相关联，以此达到促进学科核心素养提升的目的。

例如，通过感受文字魅力来培养学生的语言素养，通过畅想来提升学生的思维素养，通过亲历文化来培养学生的文化内涵，通过品鉴来提升学生的审美素养。此外，将历史学科与研学旅行相结合，学生能够自主地通过观察、访谈、操作、验证和体悟等方法来感知历史，有助于培养学生立体地审视历史、把握历史发展脉络的历史核心素养等。

对研学旅行课程与地理学科相结合的研究较多且具有代表性的学者是丁运超和姜严。前者在《地理核心素养与研学旅行》一文中主要阐明了研学旅行课程与地理课程核心素养中的实践能力、区域认知能力、综合思维能力相结合。后者在 STEAM 教育原理指导下，设计了以三峡为主题的研学旅行课程，研学旅行内容包含地质地貌、水文、植被、土壤、气候等，旨在提高学生的科学素养和信息技术素养。

这些研究反映出学者们认识到研学旅行课程应该服务于核心素养的养成。但是，

在课程架构确定、课程内容选择、组织经验以及评价目标达成等方面，还有很多值得研究和反思的地方。例如，研学旅行课程当中的知识与能力同研学旅行受众的日常生活是否息息相关；研学旅行课程的设置是一系列完善的框架还是碎片化的活动；研学旅行课程的组织形式如何优化等。可以说，核心素养视域下的研学旅行课程研究是一个全新的、具有挑战性的命题。

四、研究目标与内容

（一）研究目标

（1）构建研学旅行课程体系，落实学生核心素养培养目标。

（2）挖掘省内外旅游资源，开发具有区域特色的研学旅行课程。

（3）在研学旅行实践中，不断总结完善研学旅行运行机制。

（二）研究内容

（1）研学旅行对于学生核心素养目标达成的研究。

（2）研学旅行课程内容研究。

（3）研学旅行课程实施研究。

（4）研学旅行课程评价研究。

五、研究方法及技术路线

（一）研究方法

根据特点和需要，本研究采用了以下几种研究方法。

1. 文献法

研究前期：一方面，查阅相关文献，撰写文献综述；另一方面，厘清研学旅行的概念界定。研究中期：为设计问卷和访谈提纲查阅问卷设计和访谈法方面的文献；在研究过程中，当遇到疑惑和困难时继续查阅相关文献，找到解决问题的突破口。研究后期：有针对性地查阅文献，提炼研究成果。

2. 问卷调查法

在对研学旅行的内涵、特点、要素和结构进行分析的基础上，结合研学旅行开展的实际情况自主设计一系列关于研学旅行的调查问卷，调查问卷分为教师卷、学生卷和家长卷，对所得数据进行量化分析。通过调查问卷对研学旅行前期的研究和实践进行诊断，指引课题深入推进。

3. 访谈法

学生和教师对研学旅行过程的主观感受和判断以及优化研学旅行课程的建议等难以在问卷中体现，因此可采用访谈法进行补充，访谈对象为学生和教师。每一次访谈均做到过程资料齐备，及时分析总结。

4. 行动研究法

在开展研学旅行实践案例研究中，针对问题，在行动研究中找寻解决方法，并且及时反思、归纳、总结。

（二）技术路线

前期调研——课题论证——课题计划——实践探索——反思调适——收集资料——总结分析——形成报告——推广应用

六、研究过程

（一）准备阶段（2018 年 1 月—2018 年 3 月）

（1）设计研学旅行课题方案，确定研学旅行课程试点学校。

（2）制定研学旅行基本原则，以乡情区情为主。

（3）专家论证。

（二）实施阶段（2018 年 4 月—2020 年 12 月）

（1）各校明确研学旅行主题和路线。

（2）建设研学旅行精品课程。

（3）研制研学旅行课程活动手册。

（4）创新研学旅行课程实施方式。

（5）开展各类研学旅行成果评比活动。

（三）总结阶段（2021 年 1 月—2021 年 12 月）

（1）撰写课题研究报告。

（2）编辑核心素养研学旅行课程教材。

（3）申请结题。

（4）组织专家评审。

七、研究结果及分析

（一）确立了区域研学旅行课程的目标

核心素养视域下的区域研学旅行课程建设首先要考虑的是如何在核心素养的引领下，确定科学的课程目标。围绕这一命题，课题组通过两个层次的比较分析，最后厘清了区域研学旅行课程的目标，为后续研究奠定了坚实的基础。

1. 中国学生发展核心素养与研学旅行课程总目标的比较分析

2016 年教育部发布相关文件，明确中国学生核心素养体系，具体内容以培养“全面发展的人”为核心，包括 3 个方面、6 大素养、18 个基本要点（图 1–1）。

同年教育部等 11 部门印发了《关于推进中小学生研学旅行的意见》，提出中小学研学旅行的总目标具体为四个感受、三个学会、两个促进，使学生成为德智体美全面发展的社会主义建设者和接班人。

课题组将两者进行了比较分析。如表 1–1 所示。

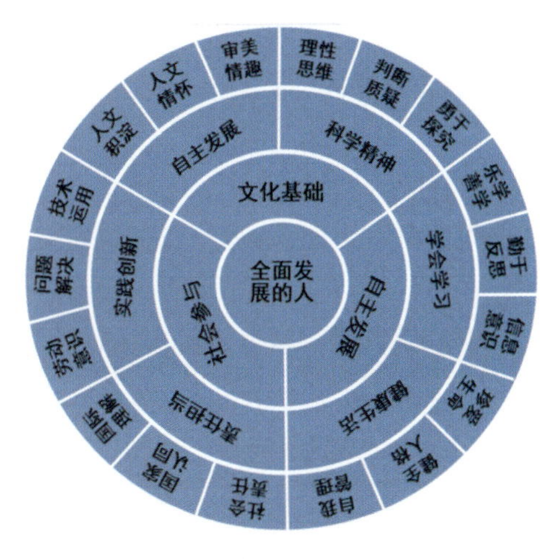

图1-1　中国学生核心素养体系

表1-1　中国学生发展核心素养与研学旅行课程总目标对比表

中国学生发展核心素养			研学旅行课程总目标
文化基础	人文底蕴	主要是学生在学习、理解、运用人文领域知识和技能等方面所形成的基本能力、情感态度和价值取向。具体包括人文积淀、人文情怀和审美情趣等基本要点	感受祖国大好河山，感受中华传统美德，感受革命光荣历史，感受改革开放伟大成就，增强对“四个自信”的理解与认同
	科学精神	主要是学生在学习、理解、运用科学知识和技能等方面所形成的价值标准、思维方式和行为表现。具体包括理性思维、批判质疑、勇于探究等基本要点	学会动手动脑，学会生存生活，学会做人做事
自主发展	学会学习	主要是学生在学习意识形成、学习方式方法选择、学习进程评估调控等方面的综合表现。具体包括乐学善学、勤于反思、信息意识等基本要点	学会动手动脑、学会生存生活，学会做人做事
	健康生活	主要是学生在认识自我、发展身心、规划人生等方面的综合表现。具体包括珍爱生命、健全人格、自我管理等基本要点	促进身心健康、体魄强健、意志坚强，促进形成正确的世界观、人生观、价值观。
社会参与	责任担当	主要是学生在处理与社会、国家、国际等关系方面所形成的情感态度、价值取向和行为方式。具体包括社会责任、国家认同、国际理解等基本要点	培养学生成为德智体美全面发展的社会主义建设者和接班人
	实践创新	主要是学生在日常活动、问题解决、适应挑战等方面所形成的实践能力、创新意识和行为表现。具体包括劳动意识、问题解决、技术应用等基本要点	学会动手动脑、学会生存生活，学会做人做事

两者比较研究后，我们发现研学旅行课程总目标与中国学生发展核心素养一脉相承，如果说后者是宏观层面的蓝图，那么前者就应该是中观层面的推进抓手。

2. 江岸区“美好教育”核心价值与研学旅行课程价值的比较分析

江岸区自2018年起一直致力“美好教育”理论与实践体系的探索，其中“美好课堂”“美好课程”的价值取向与本课题研究密切相关。“美好课堂”聚焦知识、智慧、生命三者的共振共鸣；“美好课程”则重点引导学校以自身文化基因为原点，五育并举，在整体构建学校课程体系的同时，不断创生学生喜爱、情趣高雅、激发创造潜能、培育核心素养的课程新样态。这与研学旅行课程应有的育人价值不谋而合，可以说，研学旅行课程建设是“美好课堂”“美好课程”价值追求的具体体现，是江岸区“美好教育”的重要实践支撑。

3. 定位区域研学旅行课程总目标

基于以上两个层次的比较、分析，课题组立足区域研学旅行课程主要以了解区情为主的要求，确立了江岸区小学研学旅行课程的总目标，具体如下：在行走中了解家乡，孕育家国情怀；在研学旅行中认识世界，培养实践能力；在活动中历练身心，塑造阳光人格；在奉献中提升境界，践行责任担当。同时，课题组围绕能力目标、素养目标、年段目标三个方面，进一步细化上述研学旅行课程总体目标，如表 1-2 所示。

表 1-2　江岸区小学研学旅行课程的总目标

总目标	内容
能力目标	培养认知能力：独立思考、逻辑推理、信息加工、学会学习、语言表达、文字写作、终身学习
	培养合作能力：自我管理、学会合作、集体生活、学会处理个人与社会的关系、遵守道德准则行为规范
	培养创新能力：好奇心、想象力、创新思维、创新人格、勇于探索、大胆尝试、创新创造
	培养职业能力：适应社会需求、爱岗敬业、精益求精、知行合一、动手实践、解决实际问题
素养目标	家国情怀：在研学旅行中了解家乡的风土人情、自然风光和人文景观，理解家乡的悠久历史和近现代奋斗史，培养家国情怀与使命担当、文化理解与文化自信、历史责任与民族精神
	实践能力：在研学旅行中积极调动各种感官去感受自然与社会，将课内外知识关联起来，留心听讲和观察，积极思考问题，尝试用科学的方法解决问题，学习与人合作，熟悉生活技能
	阳光人格：在研学旅行中通过适当的体力活动锻炼身体，增强耐力，磨炼意志，养成阳光的心态，传递积极情绪。培养正确的世界观、积极的人生观以及崇高的价值观
	责任担当：在研学旅行中知晓学生在国家和社会生活中的主人翁地位，促进德、智、体、美、劳 5 个方面的发展，知晓未来成为社会主义建设者和接班人的使命。
年段目标	四年级： 亲身经历 积极体验；规范意识 理解观念；处理生活 自理自立； 热爱生活 参与活动；意识问题 学习探究；运用方法 形成想法； 学习制作 运用工具；制作作品 服务生活
	五年级： 积极体验 主动分享；发展兴趣 形成意识；观察生活 独立习惯； 承担责任 形成观念；提出问题 体验探究；数据论证 形成成果； 设计制作 创意实践；解决问题 提升能力
	六年级： 深化体验 文化自信；增强选择 家国情怀；关注社会 热心公益； 责任意识 践行公德；创新意识 自主探究；科学论证 规范成果； 实践创意 综合技能；灵活运用 综合提升

（二）构建了区域研学旅行课程框架及具体内容

以区情为主开展研学旅行活动，构建课程框架及内容，就必须先对区域研学旅行

资源进行细致地分析，具体方向为：第一，与其他区域不同的自然地理特征有哪些；第二，区内有哪些长期积累的实体要素，如街巷、场馆、园林、湖泊、企业等，能够充分体现历史性、发展性、文化性、教育性等；第三，发生在区内的重大历史事件有哪些，与重要的历史人物有联系的旧址有哪些；第四，区内有哪些基地、场所适合小学生开展各类动手体验活动。课题组一共梳理出60余处研学旅行资源，如表1–3所示。

表1-3 江岸区研学旅行资源分析表

资源类别	研学方向	资源地址	研学优势
武汉老街（地域研究）	城觅老街	1. 安静后街——热闹社区，安静名字	习近平总书记多次强调，要留得住绿水青山，记得住乡愁。什么是乡愁？乡愁就是你离开这个地方会想念的。每一个城市都会给人留下独一无二的记忆，每一个记忆都应该属于这里的原住民和新住户，而老街和里弄就是汉口人的乡愁、汉口人的记忆，是昔日汉口的“文化符号”。江岸区拥有丰富的历史文化和老街里弄资源，被建筑专家称为“一座鲜活的历史建筑博物馆”。从19世纪末到抗战爆发前，汉口共有里份400余条。这些老里份，是近百年汉口民居文化的一个缩影，也是汉口开埠后西方低层联排式住宅和中国传统院落式建筑的结合体，是东西方文化交流的产物。尤其是“老街”“里弄”，成为汉口地域文化特质的重要载体，也是责信教育的活化石和教科书，讲述着所属地域厚重的传统文化。 武汉老街的路很有意思，比如：武汉老街横的叫“街”，竖的叫“路”，和街的走向平行的叫“大道”。 只有从真实生活和发展需要出发，选择并确定研学旅行的主题，才能让学生的探究活动走向更大的学习空间。
		2. 黎黄陂路——旧时租界缩影	
		3. 泰宁街——武汉“潘家园”	
		4. 台北路——这里是最像台湾的路	
		5. 蔡锷路——一个以将军名字命名的路	
		6. 天声街——老汉口的法兰西	
		7. 车站路——昔日最繁忙的街道	
		8. 吉庆街——过早户部巷，宵夜吉庆街	
		9. 一元路——全国仅此一条的路	
		10. 天津路——走进江城外滩源	
		11. 长春街——八路军武汉办事处旧址所在地	
	里弄寻踪	1. 上海邨——地处繁华熙攘的江汉路上	
		2. 江汉村——开在沿江大道的里弄	
		3. 同兴里——获“江城十大最美街景”提名	
		4. 三德里——武汉最早的里份之一	
		5. 大陆坊——民国时期大陆银行的员工住宅	
		6. 坤厚里——用杨坤山的“坤”和黄厚卿的“厚”命名的里弄	

续表

<table>
<tr><th>资源类别</th><th>研学方向</th><th>资源地址</th><th>研学优势</th></tr>
<tr><td rowspan="15">红色记忆（场馆、基地研究）</td><td rowspan="2">辛亥革命时期</td><td>1. 辛亥首义烈士陵园</td><td rowspan="15">武汉素有“九省通衢”之称，在中国革命的历史进程中占有重要地位。尤其是在第一次国内革命战争时期，武汉曾有“赤都”之称。在抗日战争、第三次国内革命战争时期及中华人民共和国建立初期，武汉更是革命志士英勇斗争的前哨。
江岸区是一块红色土地，分布着大量的革命旧址、纪念馆等，拥有八七会议会址纪念馆、武汉二七纪念馆等红色资源，现又拥有一本红色研学读本《大江金岸 百年潮涌》，为全区青少年学生更好地学习贯彻习近平新时代中国特色社会主义思想和党的十九大精神、大力弘扬“红色文化”、牢记革命先辈的奋斗史、传承革命先烈对国家和民族的责任感，提供了宝贵的学习资源。
用不同革命时期、革命事件和人物，把零散的地点串联起来，让学生通过研学旅行，了解发生在武汉特别是江岸区的革命事件以及它们对中华人民共和国建立及发展所产生的影响；同时了解不同历史时期革命事件中的革命人物，感受他们的革命精神和革命情怀</td></tr>
<tr><td>2. 红楼</td></tr>
<tr><td rowspan="4">第一次国内革命战争时期</td><td>3. 武汉二七纪念馆</td></tr>
<tr><td>4. 京汉铁路总工会旧址</td></tr>
<tr><td>5. 武汉中共中央机关旧址纪念馆</td></tr>
<tr><td>6. 八七会议会址纪念馆</td></tr>
<tr><td rowspan="3">抗日战争时期</td><td>7. 八路军武汉办事处旧址纪念馆</td></tr>
<tr><td>8. 汉口新四军军部旧址纪念馆</td></tr>
<tr><td>9. 解放公园苏联空军志愿队烈士墓</td></tr>
<tr><td rowspan="2">新中国成立以来</td><td>10. 武汉市防洪纪念碑</td></tr>
<tr><td>11. 武汉规划展示馆（市民之家）</td></tr>
<tr><td rowspan="4">红色英豪</td><td>1. 汉口中共中央宣传部旧址暨瞿秋白旧居陈列馆</td></tr>
<tr><td>2. 宋庆龄汉口旧居纪念馆</td></tr>
<tr><td>3. 警予中学向警予烈士纪念馆</td></tr>
<tr><td>4. 孩子剧团陈列馆</td></tr>
<tr><td rowspan="8">水患治理（场馆、基地、研究单位）</td><td rowspan="2">防洪</td><td>1. 武汉横渡长江博物馆</td><td rowspan="8">武汉市湖泊众多，拥有“千湖之城”的美誉，江岸区拥有着丰富的水资源，黄孝河、鲩子湖、塔子湖纵横密布，形成江、河、湖齐全的完整水环境体系。围绕武汉市研学旅行总体目标及江岸区“四水共治”、建设幸福美丽江岸总体工作目标，特开设蓝色水资源研学旅行课程，以防洪水、排涝水、治污水、保供水为教育内容，充分利用江岸区水资源优势和底蕴，带领学生走近水资源，开展水文化探究实践活动</td></tr>
<tr><td>2. 武汉市防洪纪念碑</td></tr>
<tr><td rowspan="2">排涝</td><td>1. 黄浦路泵站</td></tr>
<tr><td>2. 江岸区水务局</td></tr>
<tr><td rowspan="2">治水</td><td>1. 解放公园湿地科普馆</td></tr>
<tr><td>2. 黄浦路污水处理厂</td></tr>
<tr><td rowspan="2">供水</td><td>1. 武汉市自来水有限公司制水部堤角水厂</td></tr>
<tr><td>2. 武汉节水科技馆</td></tr>
</table>

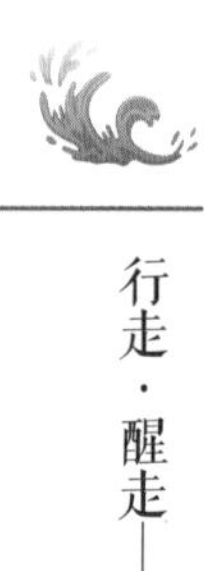

续表

资源类别	研学方向	资源地址	研学优势
绿动江城（公园、地域研究）	大美江岸与绿同行	1. 美丽滨江 2. 解放公园 3. 堤角公园 4. 府河郊野公园 5. 宝岛公园 6. 张公堤城市公园 7. 百步亭社区 8. 塔子湖水域	江岸区临长江，具有独特的滨江滨水文化特点，拥有长江岸线 16.2 千米、全市最宽的滩涂、亚洲最大的滨江绿化广场，是游人可玩可赏的亲水平台，更是武汉市的“城市名片”和“世纪风景线”。 解放公园、宝岛公园、堤角公园、张公堤城市公园、府河郊野公园等与塔子湖、鲩子湖等湖泊连点成片，和城市绿道一同成为市民休闲新景观。 根据江岸区全域旅游的工作思路，依托江岸区本地的有利资源，有序开展绿色研学旅行活动。组织学生走出校园，丰富知识、开阔视野，加深与自然和文化的亲近感，积极开发身边的绿色研学旅行资源，使绿色研学旅行活动常态化、校本化
科学探究（场馆、工业园、基地研究）	爱科之旅	1. 武汉美术馆 2. 武汉非遗艺术博物馆 3. 武汉地铁 4. 汉口文创谷 5. 武汉钻石艺术博物馆	习近平总书记在全国教育大会中强调，要在增强综合素质上下功夫，教育引导学生培养综合能力，培养创新思维。 江岸区拥有丰富的科教资源，除了武汉科学技术馆之外，还拥有岱家山科技创业园，以及澳门路小学袖珍科技馆，育才行知小学空中生态科普教育基地等科教资源。 依托江岸科技特色资源，打造金色科技特色研学旅行线路，精心设计“爱科之旅”“探科之旅”“创科之旅”三条主线，让学生在科技的世界里徜徉
	探科之旅	1. 湖北省电力博物馆 2. 武汉科学技术馆（新馆） 3. 武汉科学技术馆（老馆） 4. 黎黄陂路街头博物馆 5. 澳门路小学袖珍科技馆 6. 育才行知小学空中生态科普教育基地	
	创科之旅	1. 武汉规划展示馆 2. 江岸区科学技术局 3. 中航长江（武汉）创意产业园 4. 武汉岱家山科技创业园	

基于江岸区研学旅行资源的实际，以及各小学多年开展校外实践活动的经验，以及小学生身心发展的特点，课题组构建了区域“五色研学旅行”课程内容总框架，出台了《江岸区小学开展研学旅行实验区工作实施方案》。“五色研学旅行”课程包括红色研学旅行——革命传统教育、绿色研学旅行——自然生态教育、蓝色研学旅行——水资源保护教育、金色研学旅行——国防科工教育、古色研学旅行——优秀传统文化教育。课题组从研学旅行课程的主题、地点、内容推荐、课程目标、达成核心素养目标等方面，为每一种颜色研学旅行课程的内容设计提供了详细的参考菜单。

（三）明晰了研学旅行课程实施范式

研学旅行课程的实施包括研学旅行的策划、准备、实地研学旅行、后期评价与展示。课题组认为其实施基本范式为：

规划研学旅行主题→制定研学旅行线路→培训研学旅行导师→编制研学旅行手册→组织实施研学旅行→开展研学旅行评价

1. 规划研学旅行主题

在规划研学旅行主题时需顺应国家教育发展、凸显区域文化特色、体现学校办学个性。

2. 制定研学旅行线路

制定研学旅行线路要充分考虑“研”什么，“学”什么，研学旅行时长、研学旅行地点的交通和环境，以及学生年龄特点等。

3. 培训研学旅行导师

需集合社会各方资源，从教师和导游的跨界组合这一岗位要求出发，着力打造品德素养、知识素养及技能与能力素养均佳的师资团队，助力研学旅行课程落地。

4. 编制研学旅行手册

研学旅行手册相当于研学旅行的“路线图”“口袋书”，编制时要以学生主体体验为中心，根据学校研学旅行线路，详细阐述研学旅行的目标任务、具体安排、资源分析、指导要点、安全事宜、过程性评价等，一般包括活动前言、目录、行前准备、活动过程、活动延伸等。

5. 组织实施研学旅行

研学旅行导师团队要提前到基地勘察线路，做好教学设备的准备；提前将学生分成各学习小组，根据学习内容，控制相应的人数，保障学习的效果；研学旅行活动中要关注学生的学习状态，积极鼓励，及时记录评价；围绕研学旅行专题，答疑解惑，加强个别指导；合理设计教学步骤，灵活调整教学进度，给予学生充足的活动空间、时间，让学生真正有所收获；随时关注学生的安全和健康状况，做好应急处置。

在研学旅行课程的实施中，规划研学旅行主题是核心。依据江岸“五色研学旅行”课程框架及具体内容，各小学的研学旅行主题基本上延循了“五特”的设计思路，即地域特色、文化特长、办学历史特色、育人模式特征、服务对象特质。如表 1-4 所示。

表1-4 江岸区各小学研学旅行主题分类表

设计方向	研学旅行主题
基于地域特色	坐落于长江边的一元路小学的“元培 足迹－家住长江边，江滩做课堂”研学旅行课程；位于历史风貌区的鄱阳街小学的“3 ＋ 4 ＋ N”研学旅行课程；位于全国文明社区示范点百步亭社区的育才家园小学的“家园 美乐行”研学旅行课程；位于四唯小路的四唯路小学的“行进社区实践体验育责信”研学旅行课程；邻近解放公园的光华路小学的“与绿同行 大美江岸”研学旅行课程；周边有着丰富的红色研学旅行资源的丹水池小学的“家门口的寻根之旅”研学旅行课程；邻近岱家山科技创业园的岱山小学的“金色科技行”研学旅行课程；邻近武汉二七纪念馆的京汉学校的“弘扬二七精神，厚植京汉文化，做自强京汉学子”研学旅行课程及育才可立小学的“沿红色足迹 研红色历史 立责任担当”研学旅行课程；位于城市风貌变迁巨大的塔子湖区域的余华岭小学的“江城溯源 遇见蝶变 共担共享”研学旅行课程；育才同安小学的“蓝色保护 徒步湿地 融入自然”研学旅行课程
基于文化特长	始终坚持“给学生最美好的童年，给人生最坚实的起步”办学理想而架构的育才小学的“瓜哥豆妹”研学旅行课程；以少年英雄吕锡三命名的吕锡三小学的“爱铸英雄梦 小小锡三行”研学旅行课程；全国未成年人思想道德建设工作先进单位长春街小学的“重走孩子剧团走过的路”研学旅行课程；江岸区博雅教育发源地博雅小学的“博雅教育笃行于研学旅行之路”研学旅行课程；位于历史风貌街且建立了“少儿街头博物馆”的黄陂路小学的“行走一带一馆 做有品质的教育”研学旅行课程；有着强烈红色基因的二七小学的“星光娃”研学旅行课程；学校命名有着浓郁大武汉文化气息的育才汉口小学的“了不起的汉口伢”研学旅行课程
基于办学历史特色	由传承多年体育特色发展为“阳光教育”的青少年宫小学的“沐浴阳光——行走的课堂”研学旅行课程；20 世纪 80 年代就以“三公教育”闻名全国的铭新街小学的“新三公”研学旅行课程；曾经以“小小交通警”活动引起广泛关注的模范路小学的“做自己的首席安全官”研学旅行课程；经历了多年“生态教育”研究并形成较为完善的理论实践体系的新村小学的“四水共治小小排头兵”研学旅行课程
基于育人模式特征	武汉市首批“心理健康教育合格学校”花桥小学的“馨香如花 灵动绽放”研学旅行课程；“生活教育”“劳动教育”鲜明的育才行知小学培养学生“五力”的研学旅行课程；“科技教育”成绩斐然的澳门路小学“灵动小玩童 共圆科创梦”研学旅行课程；凸显传统文化育人的育才怡康小学的“福光跃‘影’‘偶’趣盎然”非遗研学旅行课程；实验博雅小学的“草木果香有学问 大江南北话诗词”研学旅行课程；实验博雅第二小学的“探寻民族的根 做自信中华人”研学旅行课程；彰显学校核心理念“同成教育”的育才第二小学的“异境同成”研学旅行课程；倡导“自主教育”的沈阳路小学的“城市走读七彩研学旅行 织就责信教育新课堂”研学旅行课程；倡导“智慧教育”的育才实验小学的“智童年 慧成长”研学旅行课程；倡导“三雅教育”的汉铁小学的“雅（育）——行（走）”研学旅行课程；倡导“本真教育”的堤角小学的“寻梦本真娃 四爱江城行”研学旅行课程；倡导艺术教育的解放小学的“跃想三原色 悦享越开心”研学旅行课程；倡导“创福教育”的武汉市实验小学的“寻‘福’源 传‘福’能 创‘福’品”研学旅行课程；倡导“绿色教育”的新建小学的“绿色水世界”研学旅行课程；倡导“诚品教育”的育才第二小学立德校区的“小信诚 大信立”研学旅行课程
基于服务对象特质	与五个驻汉部队有深入合作的惠济路小学的“大国与小家 责信与未来”国防教育红色研学旅行课程；有着 80% 随迁子女的三眼桥小学的“我是小小‘新’市民”研学旅行课程；以身心障碍儿童为主要教育对象的江岸区辅读学校的“融合 有爱无碍”研学旅行课程；在校学生大多来自武汉周边地区的育才第二寄宿小学的“寻城记 武汉时光机”研学旅行课程

（四）规范了研学旅行课程实施效果评价

2016 年 9 月，《中国学生发展核心素养》研究成果发布，标志着我国基础教育的育人目标从“知识核心”向“素养核心”转变。课题组以培育学生核心素养为本位，从学生研学旅行效果、学校研学旅行管理工作、专业研学旅行机构服务工作三个方面，全方位对研学旅行实践教学活动进行评价。

1. 学生研学旅行效果评价

1）评价内容及标准

根据研学旅行的时间轴，将学习评价分为研学旅行准备（行前）、实地研学旅行（行中）和研学旅行收获（行后）三个阶段。研学旅行准备阶段为获取间接经验阶段，实地研学旅行阶段为获取直接经验阶段，研学旅行收获阶段为整理经验阶段，评价贯穿于研学旅行全过程。

（1）研学旅行准备阶段：本阶段主要是组织学生对研学旅行实践活动目的地进行考察了解，并进行行前教育。此阶段的评价重点是学生对研学旅行内容的预习情况，以及研学旅行的装备准备等。

（2）实地研学旅行阶段：本阶段主要是以学生为主体开展内容丰富、形式多样的体验式活动。此阶段重点评价学生在研学旅行过程中的参与度、专注度、合作度。

（3）研学旅行收获阶段：本阶段主要依托学校研学旅行特色课程对研学旅行过程中获得的体验进行整理，形成经验，建构观点，对研学旅行的过程回顾、梳理和反思，使其价值深化提升。

2）评价方式

结合研学旅行专题课、小组合作、研学旅行手册、研学旅行成长档案袋等形式对学生听课状态、学案学习、体验状态、参与程度、交流表达、探究反思等方面进行评价。

研学旅行专题课：

（1）组织行前与行后研学旅行专题课。

（2）观察行前专题课中学生研学旅行课程的预习与研学旅行标准的学习情况，评定等级。

（3）行后专题课对研学旅行成果进行分享、汇报、展示，进行综合评价。

小组合作：

（1）研学旅行活动中，安排小组合作学习环节。

（2）观察学生参与小组合作学习时的表现进行评价。

研学旅行手册：

（1）参看填写研学旅行手册的情况。

（2）参看完成手册中长时作业的情况。

研学旅行成长档案袋：

（1）用个人档案袋记录学生作品。

（2）作品根据研学旅行课程目标进行有目的地收集。

（3）档案袋留有学生发表意见和反思的空间。

评价方对档案袋里的内容进行合理分析与解释。

3）评价中需要注意的问题

（1）各校可依据评价标准制定符合本次研学旅行的更细致的评价内容，增强评价的针对性。

（2）重视过程性评价，不能简单地将评价简化为分数或等级。要将学生在研学旅行全过程中的各种现实表现和活动成果作为分析考察课程实施状况与学生发展状况的重要依据，对学生的活动过程和研学旅行收获进行综合评价。

（3）研学旅行过程中，小组评价、教师评价需要借助文字、照片、讨论等形式做简单的备注记录，让评价更客观真实。

2. 学校研学旅行管理工作

1）评价内容及标准

从组织管理、课程开发、课程实施、课程评价四个方面对学校研学旅行管理工作进行评价，其目的是加强监督、引导，不断提升学校研学旅行管理工作的水平。

2）评价方式

学校研学旅行管理工作评价的目的在于全面获得师生、家长、社会的反馈信息，以帮助学校调整和改进研学旅行实践活动的组织与实施，加强学校与研学旅行机构、研学旅行基地、家庭、社会的合作，因此，评价主体应该多元化。

（1）教育主管部门评价。

区教育局初教科以区域研学旅行课题研究为载体，对全区小学研学旅行的推进进行管理和指导，每学期组织学区片校际开展阶段性评比交流总结活动，收集特色成果，广泛宣传推广，并将考核情况纳入年度绩效。

（2）学校自我评价。

学校坚持教育性、实践性、安全性、公益性原则，负责学校研学旅行的整体规划、组织管理、课程开发、课程实施、课程评价、成果汇编等，因此，学校要依据评价标准进行逐项自我反思，促进学校正确把握研学旅行意义和方向，保障研学旅行教学活动始终在健康发展的轨道上运行。

（3）第三方满意度评价。

每学期由学校组织，以调查问卷、交流访谈等形式，了解学生、家长、研学旅行专业机构、研学旅行基地对学校开展研学旅行的满意度。

3）评价中需要注意的问题

（1）在综合评价学校管理工作时，研学旅行主题的规划是否有特色、成体系，实地研学旅行过程组织是否严密，研学旅行导师是否关注学生的身心健康、好习惯养成，学生在研学旅行中是否得到真实的成长，这些关键因素应该成为评价的重点，切不可偏颇，使研学旅行成为形式。

（2）江岸区教育行政部门要不定期通过座谈会、实地调研等形式了解学校研学旅行工作开展情况，综合学生的研学旅行成效、教师的建议，以及家长、研学旅行机构、研学旅行基地的评价，对学校进行综合评价，不可片面。

3. 专业研学旅行机构服务工作

1）评价内容及标准

江岸区教育局在学习“江岸区中小学生研学旅行合作机构及营地遴选项目”进行公开招标采购的条件基础上，与《江岸区小学开展研学旅行实验区工作实施方案》相结合拟定评价内容及标准，具体对课程设计、服务跟进和基地品质三个方面进行评价。

2）评价方式

对于研学旅行机构的评价采用 “及时评价 + 单项评价 + 综合评价 + 延时评价 + 终极评价”的方式进行操作。具体解读为：

及时评价——由学校研学旅行团队对研学旅行机构的前期课程沟通情况、中期活动实施情况以及后期安全保障情况和效果及时做出的评价。（此项评价在每次研学旅行完成后开展）

单项评价——由学校组织学生、教师以及家长对研学旅行机构的服务满意度做出的单项评价。（此项评价在每次研学旅行完成后开展）

综合评价——学校汇总上述及时评价和单项评价后形成综合评分并上交江岸区教育局具体分管部门。（此项评价在每学年研学旅行完成后开展）

延时评价——江岸区教育局相关部门汇总各校评价分值，分别给予优秀、合格的研学旅行机构证书认证。请优秀机构总结展示经验，督导合格机构进一步提升改进，给予不合格机构整改通报。（此项评价每年开展）

终极评价——由江岸区教育局汇总两年的延时评价后，给予最后的诊断，并通过文件形式通报江岸区新一批研学旅行机构名单。

3）评价中需要注意的问题

（1）评价主体不能只是学校的管理人员，意见收集的覆盖面要广，要包括教师、学生、家长等。

（2）对于研学旅行机构、研学旅行基地的评价必须坚持每次活动结束后及时评价，第一时间听取各方意见，以便后续活动更为顺利。

（3）尊重市场规律，摒弃人情观。

八、研究创新及成效

（一）课题研究的创新之处

1. 研究范式的创新

本课题研究采取了“行政推动——学校发动——区域联动”的全新研究范式，将行政工作和课题研究紧密结合，有利于实施者以科学专业的视角深入思考行政工作推

进的路径、策略和实效，同时也有利于借助行政机制的推动力，形成主管部门、专家、干部、教师的强大合力，促进课题研究的高效实施，最终实现区域教育高质量发展的良性运转。

2. 课程体系建设研究领域的创新

关于课程体系建设研究领域，研究主体大多为学校。从整个区域定位和设计某一课程体系的目标、内容、实施、评价的案例并不多见。课题组整体设计江岸区研学旅行课程的框架，全区 42 所实验学校依据自身的地域特色、文化特长、办学历史特色、育人模式特征、服务对象特质等，开展有目标、有选择、有成效的研学旅行课程实践研究，研究案例中方法论、系统论的思想有很强的借鉴价值。课题研究推动了区域的整体高位发展，同时激活了每一所学校的发展潜力与活力。

3. 落实“双减”实践路径的创新

研学旅行课程研究符合新时代教育的发展需求，是“双减”背景下江岸区“美好教育”结出的又一枚硕果。江岸区研学旅行课程力求在教育目的上减少功利主义倾向，增强人本主义意识；培养目标上减少同一性，增强个性化意识；减轻学生课业负担，加强道德和身心健康教育；减少简单说教的方法，增加学生自己实践体验的机会；评价减少片面性，增加针对性。可以说，江岸区研学旅行课程作为全新的课程样态，真正做好了“双减”背景下的教育“加减法”。

（二）课题研究的成效

1. 有力地促进了学校对研学旅行课程建设的深入思考和有效实践

全区 42 所小学均自主研制了《研学旅行课程实施方案》《研学旅行特色课程线路图册》，形成了较为完善、办学特色鲜明的研学旅行课程建设思路，极大地推动了学校课程建设、办学品质的提升。全区小学区域研学旅行达到了学校 100% 覆盖、学生 100% 参与、江岸区全域旅游推介景点 100% 覆盖。

惠济路小学的国防教育、一元路小学的“亲水江滩，清润江岸”、育才汉口小学的“我是汉口伢”、沈阳路小学的“城市走读七彩研学旅行 织就责信教育新课堂”、吕锡三小学的“爱铸英雄梦 小小锡三行”等研学旅行课程都彰显了学校个性化的育人理念和育人模式，产生了非常好的教育效益。

2. 有力地促进了教师对研学旅行课程正确的理解和认知，激发了他们开发特色课程的积极性、主动性

2019 年，华中师范大学知行实践教育研究院举办了第一届“知行杯”研学旅行课程设计大赛，江岸区花桥小学等 16 所小学的作品获奖。江岸区教育局 2021 年组织的第九届“三优”比赛中特设了教师研学旅行课例比赛，共有 171 名教师研学旅行实践活动课程设计获奖。此外，汉铁小学研学旅行案例入选《班本课程概论》一书，黄陂路小学撰写的论文获武汉市教育学会 2019 年论文评比活动一等奖，四唯路小学的研学旅行课题成为 2020 年度湖北省少先队研究重点课题，鄱阳街小学撰写的《行走江岸老

街 根植红色基因》一文在《湖北教育》期刊上刊登。

3. 有力地促进了江岸区学生核心素养的全面提升

2021年全区小学生语文、科学、美术、实践活动等学科优秀率，均比前年递增三个百分点以上。在爱国情感、公民素养、身心健康、尚善品质、乐学志趣五个方面，2021年达优标学生均在95%左右。在江岸区小学生“行走江岸　五色研学旅行”实践活动作品评比中，271名学生提交各类作品，通过专业评审、现场答辩等环节，共213名学生获奖，2021年9月，在江岸区教育局小学教育工作会上，学生代表的现场展示获得与会专家领导的高度评价。2018—2021年，育才小学鲁昊翔等51名江岸区小学生在全市中小学“创新素质实践行”优秀作品评选活动中获奖，模范路小学鲁芸琦等18名江岸区小学生在全市中小学生研学旅行暨“公园大课堂”自然笔记评选活动中获奖。

4. 有力地提升了区域教育的社会影响力

课题研究先后形成了四本成果集，已经在全区进行推广。育才二小学生到解放公园开展“探寻非遗文化 亲近大自然”研学活动，黄陂路小学千余学生打卡校内少儿街头博物馆，三眼桥小学走进宗关水厂，光华路小学签约四家校外实践基地等21所学校的特色活动被媒体报道百余次。长春街小学、鄱阳街小学、育才怡康小学等11所小学成为首批“全市中小学研学旅行市级试点学校”，长春街小学被评为武汉市研学旅行优秀试点学校，该校“孩子剧团陈列馆”被评为“武汉市爱国主义教育基地”，育才行知小学成为“植物导师课学员研学旅行基地”，堤角小学成为“湖北省体育菁英培养基地”，育才怡康小学被评为“全国中小学中华优秀传统文化传承学校”。区教育局初教科撰写的江岸区党史教育经验在中国教师报、中国教育报上刊登。

九、研究反思及展望

经过两年多的努力，武汉市教科规划重点课题“核心素养视域下区域性研学旅行课程建设研究”的研究实践，取得了丰富的阶段性成果。在把握正确方向、开发精品课程、打造教师队伍、构建评价体系、建立安全机制等诸多方面，取得了实质性的进展，为后续研究实践奠定了坚实的基础。当然，还有以下方面值得期待：

（1）期待研学旅行未来呈现资源共建共享化。

（2）期待研学旅行未来呈现安全保障标准化。

（3）期待研学旅行未来呈现组织机构联盟化。

（4）期待研学旅行未来呈现平台管理数字化。

“透过教育、自然引导、启发人心、改善环境、改变世界”，研学旅行课程建设未来前景可期。江岸区教育局课题组，将依托区域优势，整体实施、不断深化，为培养健康、善良的生命，活泼、智慧的头脑，丰富、高贵的灵魂而奋斗！

（江岸区教育局课题组撰写）

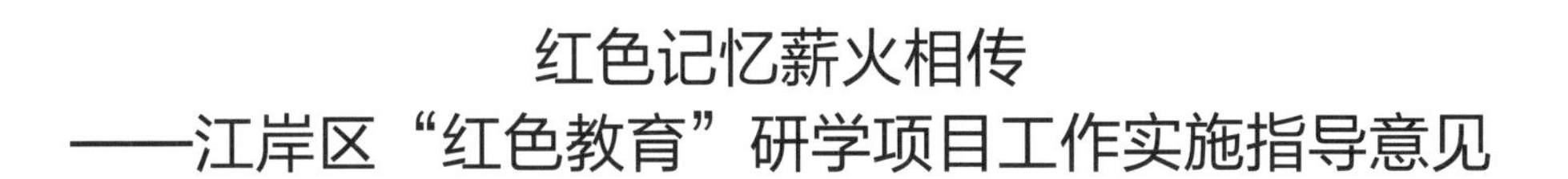

红色记忆薪火相传
——江岸区“红色教育”研学项目工作实施指导意见

一、课程背景

习近平总书记在全国教育大会上强调，要在厚植爱国主义情怀上下功夫。这为当前的红色爱国主义教育提出了工作重点，明确了新的路径。人的道德情感的培养有一个知、情、意、行的发展过程，爱国主义情怀是一种情感，我们的红色教育也应该遵循这个基本规律。我们以往的红色教育不免存在高大全、笼统抽象的弊端，那么如何让红色教育变得立体、有温度，植根于孩子们的心灵，我们在红色研学旅行工作中也许能找到突破口。

武汉素有“九省通衢”之称，在中国革命的历史进程中占有重要地位。尤其是大革命时期，武汉曾有“赤都”之称。在民国时期、抗日战争时期、解放战争时期及新中国成立初期，武汉更是革命志士英勇斗争的前哨。

武汉市江岸区地处汉口核心区域，它在百年前就是工商重地，为整个大武汉上演的一幕幕历史红色风云提供了舞台。

进入 21 世纪，我们有义务、有责任带领学生来到有着红色印记的场馆、旧址，将不同时期的革命事件和革命人物串联起来，通过研学旅行，让学生了解、知晓发生在武汉特别是江岸区的革命事件以及它们对中华人民共和国的成立及发展所产生的影响；同时了解不同时期革命事件中的革命人物，感受他们的革命精神和革命情怀。我们希望对系列革命资源和课程资源进行有机的开发和利用，将革命传统教育从课堂及校园延伸到社会更广阔的领域，借此在学生脑海里留下一个较为完整的认知，从而引导学生学习革命历史、感受先烈精神，提升学生争做新时代社会主义接班人的自豪感和使命感，为实现中华民族的伟大复兴这个宏伟目标而奋发向上。

二、课程目标

（1）引导学生在研学旅行过程中主动了解红色革命基地营地建立的历史背景，了解其中发生的革命事件及其过程，了解革命故事、革命人物，以及这一系列事件和人物对中国革命和中华人民共和国的成立产生的影响。

（2）通过红色研学旅行，让学生了解历史，了解不同革命时期的红色风云事件和红色英雄人物，懂得今天的幸福生活来之不易，激发学生学历史、学英雄的爱国情感和为中华民族伟大复兴而奋发努力的历史使命感和责任感。

（3）借助红色研学旅行，提高学生自主学习探究能力以及体验、实践、表达、创造等一系列的素质和能力。

（4）通过红色研学旅行，培养学生核心素养，促使学生养成良好的道德品质。

三、课程实施原则

1. 教育性原则

研学旅行要考虑中小学生的身心特点、接受能力和实际需要，突出生动直观、形象有趣的现场操作和现场体验，将教育性、知识性、科学性、趣味性融入其中，着力提升学生的社会责任感、创新精神和实践能力。

2. 实践性原则

研学旅行要因地制宜，突出地域特色，引导学生走出校园，在与日常生活不同的环境中开阔视野。

3. 安全性原则

研学旅行要坚持“安全第一”，建立安全保障机制，明确安全保障责任，落实安全保障措施，做到“准备不充分不组织、条件不具备不组织”，切实保证学生安全。

四、课程内容

江岸区“红色教育”研学旅行课程内容及目标如表1-5所示。

表1-5　江岸区“红色教育”研学旅行课程内容及目标

序号	研学旅行主题	研学旅行地点		研学旅行内容	研学旅行目标	核心素养/培养目标
		对应历史时期	地点			
1	红色风云	辛亥革命时期	辛亥首义烈士陵园	辛亥首义烈士陵园，是为纪念在辛亥革命阳夏保卫战中牺牲的无名烈士修建的。它坐落在湖北省武汉市江岸区球场路2号。陵园安葬的是1911年10月27日至28日在汉口刘家庙、大智门一线战斗中牺牲的无名烈士遗骸，以及1955年由汉口单洞门处迁来的辛亥首义烈士遗骸。这是武汉地区现存辛亥首义烈士公墓最大的一处。陵园于1995年被武汉市政府命名为“武汉市爱国主义教育基地”	使学生了解辛亥革命的开端——武昌起义。起义的胜利，使清朝逐步走向灭亡，这是中国走向民主共和的开端，在中国历史中具有里程碑式的意义。达到对学生进行爱国主义教育、革命传统教育的研学旅行目的	人文积淀 社会责任 批判质疑

续表

序号	研学旅行主题	研学旅行地点		研学旅行内容	研学旅行目标	核心素养/培养目标
		对应历史时期	地点			
2	红色风云	辛亥革命时期	红楼	辛亥革命武昌起义纪念馆是依托武昌起义军政府旧址建立的历史类博物馆，旧址主体建筑红墙红瓦，武汉人称之为“红楼”。1911 年 10 月 10 日，湖北革命党人发动武昌起义，打响了辛亥革命的“第一枪”。次日在此组建“中华民国”军政府鄂军都督府，宣告废除清朝宣统年号，建立“中华民国”。辛亥革命武昌起义纪念馆在 2017 年被评为国家一级博物馆，在 2018 年被命名为第一批“全国中小学生研学实践教育基地”	武昌起义赢得了全国的响应，260 余年的清朝统治瓦解，在中国延续了 2000 多年的封建帝制随之终结。武昌因此被誉为“首义之区”，红楼则被尊崇为“民国之门”	人文积淀 社会责任 批判质疑
3		第一次国内革命战争时期	武汉二七纪念馆	武汉二七纪念馆是为纪念 1923 年京汉铁路工人大罢工而建立的纪念馆。武汉二七纪念馆于 1997 年被中宣部命名为首批“全国爱国主义教育示范基地”；2017 年被教育部命名为第一批“全国中小学生研学实践教育基地”；2019 年被中国关心下一代工作委员会命名为“全国关心下一代党史国史教育基地”	使学生了解“二七大罢工”这一历史事件，以及继承和发扬“二七精神”，再创新业绩的各个时期的英模及其事迹。达到德育的研学旅行目的	珍爱生命 社会责任
4			京汉铁路总工会旧址	京汉铁路总工会旧址位于江岸区解放大道 2185 号，是中国共产党领导京汉铁路总同盟罢工斗争的指挥中心。1956 年旧址被认定为湖北省文物保护单位	林祥谦等人在此领导了震惊中外的“二七大罢工”。使学生知晓这一历史事件，达到对学生进行爱国主义教育、革命传统教育的研学旅行目的	珍爱生命 社会责任
5			武汉中共中央机关旧址纪念馆	这里曾是中国共产党的“心脏”，党中央的许多重要会议、重大问题都在这里召开、决策	使学生了解中共中央在汉期间领导的反帝反封建革命斗争，感悟党对中国革命道路的艰辛探索，达到爱国主义教育的目的	人文情怀 国家认同
6			八七会议会址纪念馆	“八七会议”是第一次国内革命战争失败以后，在关系党和革命事业前途和命运的严重危急时刻，中共中央于 1927 年 8 月 7 日在湖北汉口召开的紧急会议，是中国革命由大革命失败到土地革命战争兴起的转折点。1982 年，八七会议会址被国务院公布为全国重点文物保护单位	让学生了解“八七会议”的历史意义：在第一次国内革命战争失败的危急关头，此次会议总结教训，确定了革命斗争的方针，挽救了党，挽救了革命；知晓这是中国革命从第一次国内革命战争失败到土地革命战争兴起的历史性转折点。培养学生对历史的兴趣	人文情怀 勇于探究 国家认同

续表

序号	研学旅行主题	研学旅行地点		研学旅行内容	研学旅行目标	核心素养/培养目标
		对应历史时期	地点			
7	红色风云	抗日战争时期	八路军武汉办事处旧址纪念馆	八路军武汉办事处是抗日战争初期中国共产党在国民党管辖区内设立的一个公开办事机构，在领导和团结国内外各界人士参加抗日战争中发挥了重要的作用，具有重要的历史价值和纪念意义。纪念馆自建立以来，致力于武汉抗战历史的研究和宣传，充分利用革命遗址、纪念建筑、革命文物、史料，积极开展爱国主义和革命传统教育活动	让学生了解这个蕴含深刻意义和历史底蕴的“红色桥梁”，探寻抗日战争时期革命先烈舍生取义的痕迹。引导学生继承先辈的优良传统与伟大精神。培养学生牢记使命，不忘初心，为国家建设出力的责任感	人文情怀 国家认同
8			汉口新四军军部旧址纪念馆	汉口新四军军部旧址纪念馆内复原了叶挺、项英、郭沫若的办公室兼卧室，以及政治部、副官处、参谋处、军需处、军医处，举办有“汉口新四军军部历史陈列”展览，见证了新四军在武汉诞生的历史，具有较高的历史价值	让学生知晓新四军诞生于武汉。老一辈无产阶级革命家不畏艰险，在如此简陋的环境中做出了不平凡的事迹。引导学生立志开创武汉美好未来，达到德育的研学旅行目的	人文情怀 国家认同
9			解放公园苏联空军志愿队烈士墓	苏联空军志愿队烈士墓位于汉口解放公园内，是全国重点文物保护单位。墓地占地面积 17000 多平方米，墓台两侧的墓碑上用中文和俄文记载着烈士们壮烈牺牲的经过，这里是中俄两国人民追忆历史、缅怀先烈之地	让学生对苏联空军援助武汉的这段历史有更多的了解，这些英雄不远万里来到中国，为中华民族献出了宝贵的生命。使学生更深刻地理解自己生长的这座城市所蕴含的历史人文精神	人文情怀 珍爱生命 国际理解
10		新中国成立以来	大智门火车站	大智门火车站位于湖北省武汉市江岸区京汉街，又名京汉火车站，于 1903 年建成并启用，中华人民共和国成立后改名为“汉口火车站”。 大智门火车站为法式风格建筑，是中国第一条长距离准轨铁路——京汉铁路的终点站。大智门火车站不仅是记载了中国铁路发展历史的活文物，也见证了保卫武汉的日日夜夜。其主体建筑候车大厅年代较早，为中国近代铁路建设尚存的重要历史见证	让学生知晓大智门火车站在中国铁路史上的重要地位；探讨武汉在中国铁路发展历史中的作用和影响；提升学生的思考能力；培养学生对武汉发展的认同	人文积淀 信息意识

续表

序号	研学旅行主题	研学旅行地点		研学旅行内容	研学旅行目标	核心素养/培养目标
		对应历史时期	地点			
11	红色风云	新中国成立以来	防洪纪念碑	防洪纪念碑建于1969年。该碑地处武汉市汉口滨江公园江堤上，面向大江，正面与两侧设宽大台阶，四周围以护栏。碑身高37米，碑顶立五角红星，下饰红绸、葵花簇拥天安门图案。上面镌刻着毛主席的题词：“庆贺武汉人民战胜了一九五四年的洪水，还要准备战胜今后可能发生的同样严重的洪水。”	让学生了解防洪纪念碑历史，了解长江对武汉的重要意义，了解武汉人民为抗洪做出的巨大努力，培养学生作为武汉人民的认同感	人文积淀 健全人格 社会责任
12	红色风云	新中国成立以来	武汉规划展示馆(武汉市民之家内)	武汉规划展示馆位于武汉市民之家东翼，按照“全国领先、世界一流”的标准，高标准建设、高起点布展，是全面展示武汉城市发展历史、建设成就和未来蓝图的重要平台。武汉规划展示馆于2012年10月正式对外开放，共18个展区，布展面积约17000平方米	让学生在参观、学习和深入了解武汉城市规划历史过程，加深对故乡的了解；感受改革开放后武汉的巨大变化；在研究武汉城市规划演变的过程中培养学生的探究和创新意识	人文积淀 健全人格 社会责任
13	红色英豪	汉口中共中央宣传部旧址暨瞿秋白旧居陈列馆		陈列馆位于江岸区吉庆街126号，内有大量历史图片以及瞿秋白手稿等历史文物。陈列馆比较全面地展示了中国共产党在大革命时期和土地革命战争初期的斗争历史，详尽地介绍了这一时期中共中央宣传部以及瞿秋白同志在武汉开展的革命活动	让学生了解英雄生平事迹，增强热爱祖国、敢于奉献的意识，达到德育的研学旅行目的	人文情怀 珍爱生命 社会责任
14	红色英豪	宋庆龄汉口旧居纪念馆		1926年12月10日，宋庆龄和国民政府先遣人员到达武汉，随即住进了这幢小楼，并在此生活、工作了8个月	让学生知晓宋庆龄的生平事迹并参观其生活居所，激发学生对宋庆龄的敬重之情，达到德育的研学旅行目的	人文情怀 社会责任
15	红色英豪	警予中学向警予事迹陈列馆		武汉市警予中学地处高楼林立的中心城区，创建于1958年，原名黄石路中学，为了纪念大革命时期在此牺牲的向警予、夏明翰等革命先烈，1993年更名为武汉市警予中学	让学生了解向警予的生平事迹，学习警予精神，培养学生对英雄的敬仰之情，树立甘于奉献、不向困难屈服的意识	人文情怀 珍爱生命 社会责任

续表

序号	研学旅行主题	研学旅行地点		研学旅行内容	研学旅行目标	核心素养 / 培养目标
		对应历史时期	地点			
16	红色英豪	“孩子剧团”陈列馆		“孩子剧团”是1937年成立于上海的少年儿童艺术团体，由一批中小学生组成，自发地进行抗日宣传活动。为了继承和发扬“孩子剧团”的爱国主义精神，1986年，新孩子剧团成立，1989年，孩子剧团汉白玉雕像在汉口儿童公园落成。2016年，雕像迁到长春街小学天地校区，并进行了全面修复，同时配套建立了孩子剧团陈列馆、孩子广场、孩子剧院	知晓孩子剧团的发展历史以及所做出的巨大贡献，传承红色基因，培养学生的爱国主义情怀	健全人格 社会责任
17		武汉市青少年宫“少年英雄吕锡三”纪念碑		吕锡三，湖北武汉人，是一名光荣的少先队员。他平时努力学习，热爱科学，关心集体，助人为乐。在英雄人物事迹的影响下，他从小就立志做一个共产主义事业的接班人。1959年夏天，他在两个小朋友掉进水中的危急关头，临危不惧，舍身救人，光荣牺牲，年仅13岁	知晓少年英雄吕锡三的光荣事迹，学习他勇于助人、乐于助人的精神	人文情怀 珍爱生命 社会责任

五、课程实施途径

1. 读写结合

学生围绕红色研学旅行目标和地点，阅读相关文献，了解各个历史时期的革命事件和红色英雄事迹，在研学旅行结束后写下自己的所见所感。

2. 动静结合

研学旅行前有学习，有阅读；研学旅行过程中有聆听，有互动，有行动中的调查、采访、绘画、拍摄、分享等；研学旅行后期有评价，有成果展示汇报。这是一个动静有致、动静结合的过程。

3. 课内外结合

无论是研学旅行的地点，还是研学旅行的内容、资源，都是从课内到课外，走向更广阔的社会的延伸，都是课内和课外紧密结合的过程。

4. 线上线下结合

我们处在一个信息发达的时代，要将现代技术和学生的学习、实践紧密结合起来：通过上网了解相关知识、信息，为线下活动打好基础。在研学旅行活动的不同时期，不同人群互动分享，让我们的研学旅行更充实、丰厚。

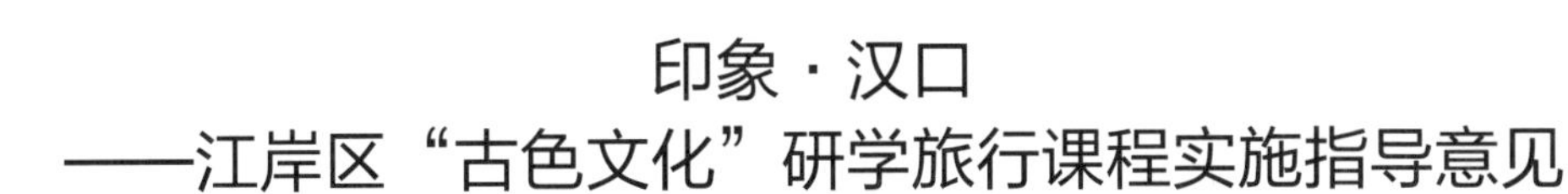

印象·汉口
——江岸区“古色文化”研学旅行课程实施指导意见

为认真落实《教育部等 11 部门关于推进中小学生研学旅行的意见》及省教育厅市教育局相关文件精神，进一步明确研学旅行工作的指导思想和工作任务，确保“古色文化”研学旅行工作有计划、有目的、有步骤地顺利进行，特制定本实施意见。

一、课程背景

1. 时代需求

根据《教育部等 11 部门关于推进中小学生研学旅行的意见》及省教育厅市教育局文件精神，开发和利用课程资源与社会资源，把课堂搬出学校，通过游览、交际，认识自然和社会，在阅览人文历史中提升认知，从而培养学生的探究精神和合作意识。

2. 传承文化

每一座城市都是有生命的，而老街、里弄就是它的记忆。习近平总书记多次强调，要留得住绿水青山，记得住乡愁。什么是乡愁？乡愁就是你离开这个地方会想念的。每一个城市都会给人留下独一无二的记忆，每一个记忆都应该属于这里的原住民和新住户，而老街和里弄就是汉口人的乡愁、汉口人的记忆，是昔日汉口的“文化符号”，因此，发掘老街和里弄的历史底蕴和人文情怀是十分必要的。

3. 地域优势

老街，是汉口地域文化特质的重要载体，也是责信教育的活化石和教科书，讲述着所属地域优秀、厚重的传统文化。江岸区拥有丰富的历史文化和老街里份资源，被建筑专家称为“一座鲜活的历史建筑博物馆”。从 19 世纪末到抗战爆发前，汉口共有里份 400 余条。这些老里份，是近百年汉口民居文化的一个缩影，也是汉口开埠后西方低层联排式住宅和中国传统院落式建筑的结合体，是东西方文化交流的产物。

4. 责信教育

教育的根本价值在于“育人”，“育人”首先是学会“做人”，“说负责任的话，做负责任的事，成负责任的人”。责信教育不是一项孤立的行为，它需要将社会主义核心价值观融入学校教育，增强学生对自我和他人负责任的社会责任意识。通过了解文化老街里弄的昨天与今天，展望未来，唤起学生对保护与传承重要性、迫切性的认识，引发对传承与创新的深入思考，从而增强国家公民意识和社会责任感。

二、课程目标

（1）城觅老街，开启一场老街文化的“寻根”之旅 。

（2）里份寻踪，读懂里份文化的“汉口往事”。

（3）做到动静结合。动：漫步老街里份，感受老汉口的风华岁月；静：驻足细细品味每条老街里份背后的故事。

三、课程内容

江岸区“古色文化”研学旅行课程内容及目标如表1-6所示。

表1-6　江岸区“古色文化”研学旅行课程内容及目标

序号	研学旅行主题	研学旅行地点	研学旅行内容推介	研学旅行目标	核心素养培养目标
1	城觅老街——走进旧日的时光	安静街——热闹社区，安静名字	1．知晓：安静社区位于黄石路，在江岸区与江汉区的交界处，处于解放大道与京汉大道之间，地理位置可谓得天独厚。而这里的交通也相对便利：前行几百米便是循礼门轻轨线，公交站牌离这儿也不远。 2．了解：安静社区内还有一所历史悠久的小学——吕锡三小学。	1．自我认知：在研学旅行过程中，能够让学生发现并认知汉口的老街、里份，寻找老汉口城市印记	通过实地探访考察，回顾历史，找到历史与当下的碰撞与融合点，培养兼具历史感和现代感的审美情趣；激发学生的城市认同感和社会责任意识
		黎黄陂路——旧时租界缩影	1．知晓：黎黄陂路，全长604米，建于光绪二十六年(1900年)，为黄陂人所建，故名黄陂路。后划入俄租界，称夷玛路。因曾两任民国大总统的黎元洪是黄陂人，人称黎黄陂，所以此路又于1946年改称黎黄陂路，可谓“街头博物馆”。 2．了解：这里的外国建筑在地图上总共有17处，俨然一个风格齐全的“万国博物馆”。每一处老建筑都不同，每一处都有传奇的历史故事。		
		泰宁街——武汉“潘家园”	1．知晓：泰宁街是江汉路的支路之一，有武汉最大的旧货市场，这里的东西包罗万象，有各种有着年代感的旧玩意儿，如老唱片、像章、纪念章、老电子产品等。 2．了解：泰宁街就像北京的潘家园、上海的豫园、南京的夫子庙		

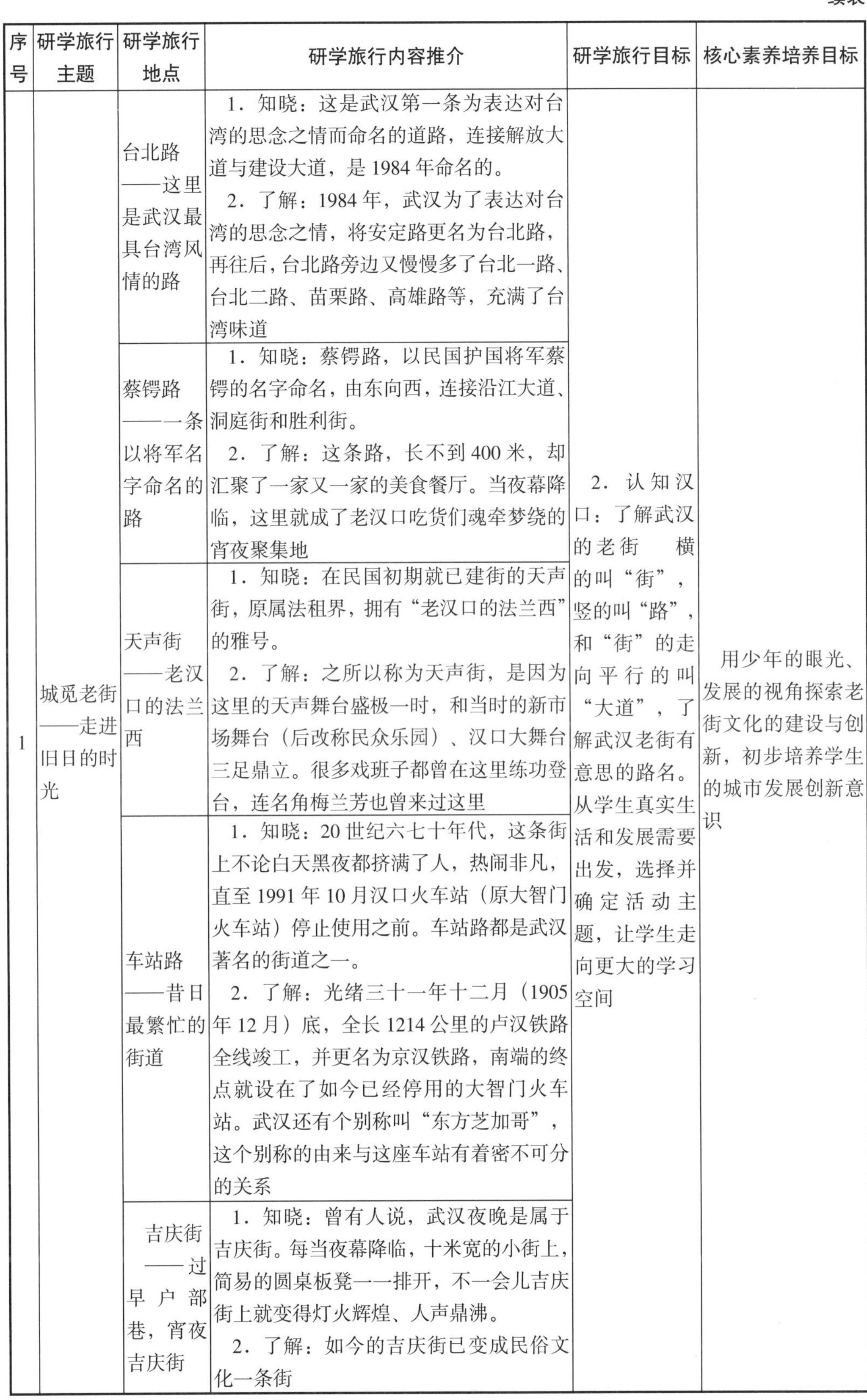

续表

序号	研学旅行主题	研学旅行地点	研学旅行内容推介	研学旅行目标	核心素养培养目标
1	城觅老街——走进旧日的时光	台北路——这里是武汉最具台湾风情的路	1．知晓：这是武汉第一条为表达对台湾的思念之情而命名的道路，连接解放大道与建设大道，是1984年命名的。 2．了解：1984年，武汉为了表达对台湾的思念之情，将安定路更名为台北路，再往后，台北路旁边又慢慢多了台北一路、台北二路、苗栗路、高雄路等，充满了台湾味道	2．认知汉口：了解武汉的老街 横的叫“街”，竖的叫“路”，和“街”的走向平行的叫“大道”，了解武汉老街有意思的路名。从学生真实生活和发展需要出发，选择并确定活动主题，让学生走向更大的学习空间	用少年的眼光、发展的视角探索老街文化的建设与创新，初步培养学生的城市发展创新意识
		蔡锷路——一条以将军名字命名的路	1．知晓：蔡锷路，以民国护国将军蔡锷的名字命名，由东向西，连接沿江大道、洞庭街和胜利街。 2．了解：这条路，长不到400米，却汇聚了一家又一家的美食餐厅。当夜幕降临，这里就成了老汉口吃货们魂牵梦绕的宵夜聚集地		
		天声街——老汉口的法兰西	1．知晓：在民国初期就已建街的天声街，原属法租界，拥有“老汉口的法兰西”的雅号。 2．了解：之所以称为天声街，是因为这里的天声舞台盛极一时，和当时的新市场舞台（后改称民众乐园）、汉口大舞台三足鼎立。很多戏班子都曾在这里练功登台，连名角梅兰芳也曾来过这里		
		车站路——昔日最繁忙的街道	1．知晓：20世纪六七十年代，这条街上不论白天黑夜都挤满了人，热闹非凡，直至1991年10月汉口火车站（原大智门火车站）停止使用之前。车站路都是武汉著名的街道之一。 2．了解：光绪三十一年十二月（1905年12月）底，全长1214公里的卢汉铁路全线竣工，并更名为京汉铁路，南端的终点就设在了如今已经停用的大智门火车站。武汉还有个别称叫“东方芝加哥”，这个别称的由来与这座车站有着密不可分的关系		
		吉庆街——过早户部巷，宵夜吉庆街	1．知晓：曾有人说，武汉夜晚是属于吉庆街。每当夜幕降临，十米宽的小街上，简易的圆桌板凳一一排开，不一会儿吉庆街上就变得灯火辉煌、人声鼎沸。 2．了解：如今的吉庆街已变成民俗文化一条街		

续表

序号	研学旅行主题	研学旅行地点	研学旅行内容推介	研学旅行目标	核心素养培养目标
1	城觅老街——走进旧日的时光	一元路——全国无重名的路	1．知晓：相对于很多城市都有的上海路、北京路、台北路，一元路在全国仅此一条，绝无重名。一元路位于江岸区南部，在沿江大道与京汉大道之间。此路直通江岸一码头，故取名“一元路”，有“一元复始，万象更新”之意。 2．了解：这里不仅美食多，人们还能在这里感受到老汉口市井的烟火气息，体味浓浓的汉味风情	3．知识技能：学生通过脚步丈量老街巷，知行合一，拓展知识面，提高学习能力	通过图片欣赏、资料收集、故事比赛等方式培养学生的人文底蕴、家乡认同感及责任担当等核心素养
		天津路——走进江城外滩源	1．知晓：汉口天津路，旧名宝顺路，因英国商行宝顺行而得名，连接沿江大道和中山大道，是汉口原租界的第一条马路。 2．了解：在天津路10号，一幢二层红瓦黄墙的西洋小楼是有着100多年历史的英国驻汉口领事馆官邸旧址；天津路路口的德林公寓，1927年曾是中共中央领导人住地，著名的八七会议和秋收起义是在这里决议的		
		长春街——八路军武汉办事处旧址纪念馆所在地	1．知晓：汉口长春街，旧属日租界，街的走向与京汉大道平行，街面总是干干净净，街边立着几幢漂亮的老建筑。 2．了解：八路军武汉办事处旧址纪念馆，位于武汉市江岸区长春街57号，一至四楼复原了八路军武汉办事处办公室、副官室、接待室、中共中央长江局会客室、会议室、机要科、电台室等		
		兰陵路——具有老武汉模样的路	1．知晓：兰陵路是一条既有历史文化积淀，又有武汉独特市井气息的路。 2．了解：兰陵路曾经为俄国租界，老建筑墙面虽已斑驳，却掩盖不住古典主义风格的美感		
		洞庭街——静谧的老街道	1．知晓：洞庭街绝对属于汉口的热闹地段，即便如此，整条街道在白日也是静谧的，似乎与城市的喧嚣无关。 2．了解：洞庭街51号是“中国铁路之父”詹天佑的故居		

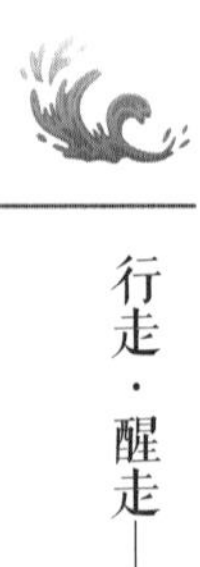

续表

序号	研学旅行主题	研学旅行地点	研学旅行内容推介	研学旅行目标	核心素养培养目标
1	城觅老街——走进旧日的时光	江汉路——汉口最繁华的一条路	1．知晓：作为汉口繁华区域之一，江汉路步行街全长1600米，号称是目前中国最长的步行街。步行街上最耐看的是各种风格的建筑，有欧陆风格、罗马风格、拜占庭风格、文艺复兴式、现代派……人们说，江汉路是武汉20世纪的建筑博物馆。 2．了解：江汉路在武汉的地位类似于上海的南京路、北京的东单，是真正的百年商业老街，近代历史地理学家杨守敬于1890年绘制的《武汉城镇合图》有记载		
		中山大道——承载武汉厚重的历史记忆	1．知晓：中山大道承载着武汉厚重的历史记忆，由清末湖广总督张之洞于1906年修筑，道路两旁有南洋大楼、民众乐园、甲子饭店、汉口总商会、远东饭店等大批优秀历史建筑。 2．了解：第一次国共合作时期，武汉市政府为纪念孙中山先生，于1927年将其改名为“中山马路”		
		南京路——繁华的汉味老街	1．知晓：南京路像是隐匿于世的汉味老街，依旧还有当年的模样。 2．了解：它虽然没有江汉路的繁华，也少了中山大道的浪漫，却多出几分烟火气		
2	里弄寻踪——探寻汉口往事	上海邨	上海邨，位于繁华的江汉路上，它的入口被两旁高大的建筑夹在中间，若不是入口上方悬着一块标有“上海邨”的牌匾，恐怕很难被行色匆匆的路人发现	4．团队协作：通过团队协作任务，锻炼学生的计划能力、沟通能力、解决问题的能力	学生通过实地寻访，触摸一段历史，了解一个故事，感知一种文化，积蓄一种力量，从而增强民族自豪感和社会责任感
		江汉村	江汉村由原来的江汉村和六也村合并而成。江汉村12栋，由倪裕记等9人于1937年建造，入口开在洞庭街口；六也村13栋，由吴鑫记等11人于1934年建造，入口开在沿江大道		
		同兴里	1．知晓：同兴里隐藏在汉口的闹市区，但又不是那么“出名”。经过蔡锷路和车站路两个路口，就到了同兴里。 2．了解：同兴里原本是大买办李子敬的私人花园，后来才逐渐形成居民区		

续表

序号	研学旅行主题	研学旅行地点	研学旅行内容推介	研学旅行目标	核心素养培养目标
2	里弄寻踪——探寻汉口往事	三德里	1．知晓：三德里作为武汉最老的里份，建成于1901年。当年居住在这里的多是中外商人。除了纸醉金迷，这里也是一个颇具文化底蕴的地方。 2．了解：中共著名妇女运动领导人向警予、“中国红墙第一翻译”冀朝铸都曾在三德里度过峥嵘岁月		
		大陆坊	1．知晓：大陆坊原为民国时期大陆银行的员工住宅，由中国建筑大师庄俊先生设计，1934年建成。 2．了解：当年的大陆坊作为银行住宅区，住的大多为银行高层、军官、医生以及生意人，属于当时的高档住宅区		
		坤厚里	1903年，汉口和记洋行正副买办杨坤山、黄厚卿在中山大道一元路与一元小路之间合资建造了一个里份，用杨坤山的“坤”和黄厚卿的“厚”命名，定名坤厚里		
		泰兴里	泰兴里位于汉口江岸区胜利街与洞庭街之间，为武汉市二级保护街区。 泰兴里于1907年由上海商人叶澄衷（汉口燮昌火柴厂大股东）投资建造，共有两层砖木结构西式住宅17栋，为里巷建筑		

四、课程实施原则

1. 教育性原则

结合学生的身心特点、接受能力和实际需要，注重系统性、知识性、科学性和趣味性，为学生全面发展提供良好的成长空间。

2. 实践性原则

因地制宜，呈现地域特色，引导学生走出校园，在与日常生活不同的环境中开阔视野、丰富知识、了解社会、亲近自然、参与体验。

3. 安全性原则

坚持安全第一，建立安全保障机制，明确安全保障责任，落实安全保障措施，确保学生安全。

4. 协同性原则

古色文化是个系统工程，需要统筹协作，分工负责，创新体制机制，形成合力，资源共享。

五、课程实施途径

1. 开启古色文化的“寻根”之旅

通过“城觅老街”“里份寻踪”，让学生穿梭于黎黄陂路街头博物馆，探寻老汉口的风华岁月，在这里读懂汉口往事。

2. 有机结合古色文化小课题研究

围绕古色文化开展小课题，学生通过自主申报、自我管理，有效开展研究。

3. 凸显地域文化

引领学生走进古色文化，通过将“寻访、感受、探究、传承”与学习动力激发、学习品格养成、学习能力提升等多维度评价有机结合，让古色文化研学旅行有效度。

“净静”流水　美丽江岸
——江岸区“蓝色水路”研学旅行项目实施指导意见

一、课程背景

水是人类赖以生存和发展的重要资源之一。2018年，习近平总书记在武汉主持召开深入推动长江经济带发展座谈会，强调要把修复长江生态环境摆在压倒性位置。因此，增强学生保护水资源的责任感、使命感尤为重要。面对目前小学教育中水资源保护教育实用性、针对性、指导性都有待加强的现状，蓝色水资源研学旅行课程作为江岸区“五色研学旅行”路线之一，它的开发和实施是非常契合新时代教育精神的。

武汉市湖泊众多，有“千湖之城”的美誉，而江岸区更是拥有丰富的水资源。围绕武汉市研学旅行总体目标及江岸区“四水共治”、建设幸福美丽江岸总体工作目标，特开设蓝色水资源研学旅行课程，以防洪、排涝、治污、保供为教育内容，充分利用江岸区水资源优势和文化底蕴，带领学生走近水资源，开展水文化探究实践活动。

二、课程目标

（1）在以“防洪、排涝、治污、保供”为主要内容的研学旅行中，学生能深刻感受保护水资源的重要性。

（2）学生在研学旅行中能获得对祖国大好河山的自豪感，以及对家乡改革开放成就的认同感，学会动手动脑、生存生活、做人做事。

（3）通过多维度的研学旅行方式，学生能知水、爱水、护水、节水，成为传承中华水文化的小使者和保护水资源的践行者，共同为水的生态发展助力，实现让水“净静”地流过江岸区这片热土的美好愿景。

三、课程内容

江岸区“蓝色水路”研学旅行课程内容及目标如表1-7所示。

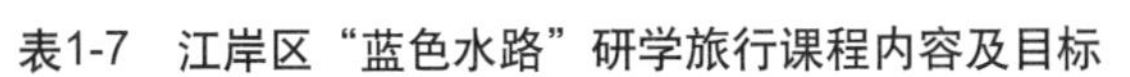
表1-7 江岸区“蓝色水路”研学旅行课程内容及目标

序号	研学旅行主题	研学旅行地点	研学旅行内容推介	研学旅行目标	核心素养培养目标
1	水粼粼防洪	1. 渡江纪念馆 2. 防洪纪念碑 3. 武汉科技馆	1. 展现武汉深厚的渡江文化，设有渡江观礼台，展品丰富，品类齐全。 2. 防洪纪念碑大型浮雕，构图完整，气势雄伟。 3. 有科普展览、科技培训、学术报告厅、4D影院，特设水展厅，可开展青少年科技实验	1. 了解武汉渡江历史故事，感受“渡江”文化，弘扬渡江精神。 2. 了解长江流域防洪知识，感悟严明的组织纪律和敢于拼搏的抢险精神。 3. 在实践中，感受保护水资源的重要性并初步了解节水、防治等相关知识	人文底蕴 责任担当 实践创新
2	水畅畅排涝	1. 黄浦路泵站 2. 江岸区幸福二路明渠	1. 了解水质对比、净化处理工序。 2. 后湖城区一条汇水渠，可调查走访生态修复、污水治理情况	了解排水及净化水流程，学习保护和节约水资源的方法，树立保护生态环境的意识	科学精神 健康生活
		江岸区水务局	了解排水规划、堤防管理情况、水资源统一管理协调情况		科学精神 健康生活
3	水清清治污	1. 黄孝河 2. 解放公园湿地科普馆	1. 了解河流历史，调查清淤工程，开展志愿服务活动。 2. 生态湿地科普场馆，室外体验和室内观展	了解湿地保护知识，感受武汉河流、湖泊文化，观察各类动植物生长特点，了解环境保护治理的成效	健康生活 责任担当
		1. 三金潭污水处理厂 2. 府河	1. 参观厂房，包括四座泵站、五大处理区。 2. 府河流域生态良好，是湿地生态修复示范点，湿地景观独特，科普教育性与休闲娱乐性兼备	1. 了解污水处理的方法和流程，认识污水的危害，体会污水处理对人们日常生活的重要性。 2. 提升保护水资源的责任意识	科学精神 社会学习
		1. 黄浦路污水处理厂 2. 塔子湖	1. 水质对比、了解净化处理工序。 2. 城中湖泊，生态治理参观		社会学习 责任担当
4	水盈盈保供	堤角自来水厂	了解供水格局、参观制水滤水工序流程	了解自来水过滤净化的流程，普及爱水、节水知识	科学精神 责任担当
		1. 武汉节水科技馆 2. 江滩公园	1. 分关心、共享、保护、希望四大展区，展示人与水和谐发展的关系。 2. 长江沿岸，亲水、生态，堤防观景	1. 了解世界和中国水资源状况，关注武汉水生态治理。 2. 学习节水、保护水资源的小知识，激发节水意识，促进节水行动	社会学习 责任担当

四、课程实施原则

1. 教育性原则

研学旅行活动要体现中小学生的身心特点、接受能力和实际需要，突出生动直观、形象有趣、现场操作和现场体验，将教育性、知识性、科学性、趣味性融入其中，着力提升学生的社会责任感、创新精神和实践动手能力。

2. 实践性原则

研学旅行要因地制宜，呈现区域地域特色，引导学生走出校园，在与日常生活不同的环境中开阔视野。

3. 安全性原则

坚持"安全第一"，建立安全保障机制，明确安全保障责任，落实安全保障措施，做到"准备不充分不组织、条件不具备不组织"，切实保证学生安全。

五、课程实施途径

1. 课内课外相结合

课内：在教师引导下，学生学会收集、处理、整理相关资料，通过小组讨论、合作交流等途径加强对水资源的认识。

课外：（1）摄水、写水、画水、吟水；

（2）科普调研；

（3）人物采访；

（4）自然体验；

（5）生态保护实践任务；

（6）志愿服务。

2. 线上线下相结合

通过线上、线下结合的途径，开阔学生实践视野，确保研学旅行的全覆盖。

大美江岸与绿同行
——江岸区“绿色生态”研学旅行项目实施指导意见

一、课程背景

中小学生研学旅行是由教育部门和学校有计划地组织安排，通过集体旅行、集中研讨的方式开展的研究性学习和旅行体验相结合的校外教育活动，是学校教育和校外教育衔接的创新形式，是教育教学的重要内容，更是综合实践育人的有效途径。2016年底，教育部等11个部门联合印发的《关于推进中小学生研学旅行的意见》明确指出，中小学要将研学旅行活动纳入学校工作计划。为了认真贯彻教育部、湖北省、武汉市关于研学旅行工作的相关文件精神，围绕立德树人根本任务，聚焦发展学生核心素养，江岸区教育局结合江岸区绿色生态的区域特色，组织学生走出校园，丰富知识、开阔视野，加深与自然和文化的亲近感，增加对集体生活方式、社会公共道德的体验，促进学生人文底蕴、科学精神、学会学习、健康生活、责任担当、实践创新六大核心素养的形成。

二、课程目标

（1）通过课程的实施，帮助学生树立正确的世界观、人生观、价值观，培养良好的责任担当意识和实践创新精神。

（2）在调查、实践、亲身体验等过程中，引导学生综合运用各学科的知识和技能开展活动，解决问题，达到对课堂知识的反思、巩固、运用与超越，促进学生学习素养的提升。

（3）引导学生关注生活、关注自然、关注社会，形成健康的生活理念，培养学生绿色生态环保意识。

（4）在课程实施过程中，注重人文底蕴素养的提升，将自然与文化相结合，培养学生良好的审美情趣。

三、课程实施原则

1. 教育性与课程性原则

研学旅行作为一门综合实践课程，不只是“游玩”，更是为了深入学习知识、技能。因此，要结合学生实际，开发制定绿色研学旅行课程，强化课程意识，突出活动的教育目的和学生成长指向，实现教育性与课程性的有机融合。

2. 实践性与安全性原则

在确保安全的前提下，积极引导学生在绿色研学旅行实践中开阔视野、丰富知识、了解社会、亲近自然，通过自己收集、分析、处理信息来实际感受和体验知识的产生过程，学会学习。培养学生创新实践的能力，促进学生自主发展核心素养的养成。

3. 综合性与开放性原则

突破学科课程的界限，科学整合相关学科基础知识，融多种学科于一体，并融入体验式主题探究式活动，以兼顾任务性与体验性内容。引导学生在活动过程中，综合运用各学科知识来解决研学旅行问题，克服传统学习课程的封闭性和单一性。

4. 普及性与公益性原则

以学生为主体，在学生自愿的前提下，坚持公益性质，面向全体学生，保障每一个学生都能享有均等的参与机会。

5. 区域性与常态性原则

根据江岸区全域旅游的工作思路，依托江岸区本地的有利资源，有序开展绿色研学旅行活动。积极开发身边的绿色研学旅行资源，使绿色研学旅行活动常态化、校本化。

四、课程内容

江岸区“绿色生态”研学旅行课程内容及目标如表1-8所示。

表1-8　江岸区“绿色生态”研学旅行课程内容及目标

序号	研学旅行主题	研学旅行地点	研学旅行内容推介	研学旅行目标	核心素养培养目标
1	1. 走进汉口江滩，守护绿色家园 2. 绿色江城、魅力江滩研学旅行	汉口江滩	1. 观察芦苇荡，调查研究芦苇荡对江滩生态的作用，做生态研学旅行报告。 2. 根据植物图鉴，完成植物自然生态笔记。 3. 在江滩利用废旧吸管和树叶进行生态吸管桥制作。 4. 参观横渡长江纪念馆，了解横渡长江的历史及武汉的桥文化，参观防汛纪念碑，讨论长江对武汉的重要作用及洪水带来的灾害，分组组装大桥模型，完成研学旅行报告。 5. 巨幅画创作，可选择桥文化、长江文明、城市绿化等主题进行。 6. 参观节水科技馆，了解水资源的循环利用，开小型讨论会，讨论如何保护水资源	1. 使学生了解芦苇荡对江滩湿地的保护意义，树立爱护植物、保护环境、守护绿色家园的意识，提升学生的审美情操，达到美育的研学旅行目标。 2. 科普植物知识，增强学生绿色出行、循环利用资源的意识，使学生在户外活动中增强动手能力，达到德育的目的。 3. 使学生认识植物，了解植物的生活环境，养成保护植物从小事做起的意识，增强学生读图能力，培养自主学习的素养。 4. 使学生了解水资源的循环及利用，养成节约用水的好习惯，并且有保护水资源的意识	1. 引导学生处理好自我与社会的关系，养成现代公民所必须遵守和履行的道德准则和行为规范，增强社会责任感，着重培养学生的责任担当核心素养。 2. 践行责信德育的教育理念，培养学生树立生态文明的价值观，增强学生的社会责任感核心素养

续表

序号	研学旅行主题	研学旅行地点	研学旅行内容推介	研学旅行目标	核心素养培养目标
2	1．植物游园会 2．筑梦绿色未来，畅想生态城市	解放公园	1．根据植物图鉴，完成植物自然生态笔记。 2．了解城市内涝形成的原因，以及武汉江岸区园林建设的历程与成果，制作生态城市模型，分享研学旅行心得。 3．缅怀苏联空军，了解相关历史，扫墓或者敬献鲜花	1．使学生认识植物，了解植物的生活环境，增强保护植物从小事做起的意识，提升学生的读图能力，培养其自主学习的素养。 2．了解城市内涝的成因，以及园林城市建设对城市生态环境的益处；增强学生的城市荣誉感，实现学校的德育研学旅行目标。 3．使学生了解先烈事迹，增强民族荣誉感，牢记历史，丰富红色知识	1．在大自然中学习生态知识，身体力行保护生态环境，培养学生的人文情怀核心素养。 2．学习、理解、运用人文领域知识和技能，培养学生的人文底蕴核心素养。 3．增强学生的红色文化情怀，牢记历史，勿忘国耻，懂得“吾辈当自强”的家国责任
3	1．生态堤角，绿色江岸 2．丰富植物知识，感受绿色魅力 3．生态竹林，最美诗画	堤角公园	1．研读公园题记，理解其文化含义。 2．景区有一大片竹林，可以竹林为主题进行研学旅行，探究自然界的竹子和诗人画家笔下的竹子之间的联系。完成竹子生态笔记。 3．可由公园专业植物老师讲解植物知识，使学生感受绿色魅力，完成植物知识小答卷	1．使学生了解生态保护的意义，树立爱护植物、保护环境、守护绿色家园的意识，提升学生的审美情操，达到美育的研学旅行目的。 2．使学生认识植物，了解植物的生活环境，增强保护植物从小事做起的意识，提升学生的读图能力，培养其自主学习的素养。 3.感受竹子的气节及精神，联系课本中对竹子的描述	1．在大自然中学习生态知识，身体力行保护生态环境，培养学生的人文情怀核心素养。 2．学习、理解、运用人文领域知识和技能，培养学生的人文底蕴核心素养
4	我给小鸟安个家	府河郊野公园	在研学旅行导师指导和鸟类知识图鉴辅助下，在府河郊野公园进行生态观鸟活动，分组制作生态鸟巢后完成鸟类生态笔记	认识鸟类，了解鸟类的生活习性和生活环境，增强学生对生态环境的保护意识，培养学生动手能力和科学探究精神	培养学生勤于动手、善于发现与思考的素养
5	水生植物大聚会	宝岛公园	借助水生植物图鉴，认识宝岛公园中丰富的水生植物，完成水生植物生态笔记；分享研学旅行心得	认识水生植物，探究水生植物生长的环境以及保护措施，培养学生勇于探究、敢于大胆猜想的科学精神，践行学校乐学善思、自主创新的优良学风	能有效管理自己的学习和生活，认识和发现自我价值，发掘自身潜力，有效应对复杂多变的环境，成为有明确人生方向、注重生活品质的人。培养学生的自主发展核心素养

续表

序号	研学旅行主题	研学旅行地点	研学旅行内容推介	研学旅行目标	核心素养培养目标
6	1．“绿色围城”的奇妙之旅 2．生态张公堤，绿色新天地	张公堤城市森林公园	1．在张公堤绿道上徒步，在研学旅行导师指导和动植物图鉴辅助下，观察森林公园中的动植物。下午制作生态年轮画，完成自然生态笔记并分享研学旅行心得。 2．绘制环保袋涂鸦画，保护环境我先行	了解张公堤城市森林公园“绿色围城”的内涵，认识森林中的动植物，树立绿色出行意识，在户外活动中增强动手能力，提升创造能力与审美情操	增强社会责任感，培养创新精神，提升实践能力，促使学生发展成为有理想信念、敢于担当的人。培养学生的社会参与核心素养
7	绿色水道去哪儿了？	黄孝河	在研学旅行导师带领下调研黄孝河的水域，了解黄孝河河道在汉口的作用及其演变过程。分组取黄孝河的河水进行储存，下午回到学校进行水质分析，动手净化污水，并分组讨论黄孝河原本的绿色生态去哪儿了，讨论水质污染的原因与保护措施。完成调研报告，分享研学旅行心得	知晓黄孝河在汉口的地理位置和生态水域意义。探讨黄孝河出现治理与污染反复拉锯的原因，知晓净化污染水源的基本步骤，培养学生勤于思考、大胆创新的精神	培养学生的理性思维核心素养，使学生崇尚真知，能理解和掌握基本的科学原理和方法。尊重事实和证据，逻辑清晰，能运用科学的思维方式认识事物、解决问题、指导行为
8	绿色人居的背后故事	百步亭社区	上午在研学旅行导师带领下走进武汉百步亭社区，了解百步亭社区的生态环境。下午分组走访业主委员会等社区机构，了解百步亭荣获首届“中国人居环境范例奖”背后的秘密。完成此次调研报告，分享研学旅行心得	了解百步亭社区的生态规划以及管理运营模式，调研百步亭的生态环境。在调研中培养学生独立思考与分析的能力，树立生态文明观念，培养审美情操	培养学生的责任担当核心素养，培养学生处理与社会、国家等关系方面的情感态度、价值取向和行为方式，包括社会责任、国家认同等基本要点
9	塔子湖的前世今生大揭秘	塔子湖	上午在研学旅行导师带领下调研塔子湖附近水域，了解塔子湖的演变过程，分组取塔子湖的湖水进行储存。下午回到学校进行水质分析，并分组讨论塔子湖水质污染的原因与保护措施。完成调研报告，分享研学旅行心得	详细了解塔子湖的前世今生，学会对水质污染程度进行简单的实验操作与分析，树立节约用水意识，提高动手能力和创新意识，培养大胆猜想、积极思考的科学精神	培养学生实践创新这一核心素养，包括在日常活动、问题解决、适应挑战等方面所形成的实践能力、创新意识和行为表现

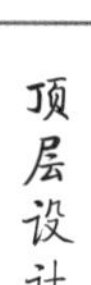

续表

序号	研学旅行主题	研学旅行地点	研学旅行内容推介	研学旅行目标	核心素养培养目标
10	公园里的神秘植物	后湖公园	根据植物图鉴，完成植物自然生态笔记	认识植物，了解植物的生活环境，增强保护植物从小事做起的意识，提高读图能力，学会自主学习	在大自然中学习生态知识，身体力行保护生态环境，培养学生的人文情怀核心素养

五、课程实施途径

1. 课内学习与课外实践相结合

在实施研学旅行课程的过程中，课堂教学与课外实践的融合至关重要。根据学生的需求，设计体验式的探究活动，将旅途中的所见所闻所思与学科知识融合在一起，将旅途中的经验叙述和书本上的逻辑论证结合在一起，不断完善学生的知识体系，发展学生的核心素养。

2. 小组合作与个人探究相结合

在实施研学旅行课程过程中，引导学生在进行个人探究活动的同时，主动与同伴合作，共同解决研学旅行中的问题。这是培养学生社会参与核心素养的好时机。活动的设计不仅要给学生自主探究的时间和机会，还要安排同伴互助、集体研讨的环节，让学生在分工中体验责任担当，在科学探究中感受实践创新，更在讨论、出现分歧和形成统一意见的过程中学会理解他人、与人沟通、相互借鉴、不断反思，落实社会参与核心素养的培养。

3. 线上互动与线下体验相结合

在“互联网 +”时代背景下，充分发挥互联网、移动端电子信息平台的作用，引导学生分享、展示自己在研学旅行活动中的实践成果，发挥良好的榜样示范作用，从而激发学生实践、体验的热情与兴趣。

童眼探科学　创新伴成长
——江岸区“金色科技”研学旅行项目实施指导意见

一、课程背景

习近平总书记在全国教育大会讲话中强调，要在增强综合素质上下功夫，教育引导学生培养综合能力，培养创新思维。培养创新人才，培养学生的创新能力是实现科教兴国和可持续发展战略的重要途径。研学旅行为学生提供了创新的土壤，可以潜移默化地在学生思维中植入创新的种子，激发人人求新的愿望，从多个层面训练学生的创新意识和创新能力。为了贯彻落实《教育部等 11 部门关于推进中小学生研学旅行的意见》《市教育局等 14 部门关于印发武汉市推进全国中小学研学旅行实验区工作实施方案的通知》《江岸区小学开展研学旅行实验区工作实施方案》的文件精神，发挥研学旅行的拓展教育功能，依托江岸区科技特色资源，建立研学旅行课程体系、打造金色科技特色路线和项目的要求，我们精心设计了“童眼探科学，创新伴成长”之“爱科之旅”“探科之旅”“创科之旅”三条主题路线课程，让学生在参观体验活动中学会创新，培养逻辑思维能力，培养动手实践、探究能力。在科技的世界里徜徉，激发学生学科学、爱科学、用科学的兴趣，从而培养学生为祖国的繁荣昌盛而努力读书的情感。

二、课程目标

（1）通过参观各类场馆，了解家乡各方面的历史和科技发展沿革，感受家乡因科技创新为生活带来的巨大变化，展望科技发展的远大前景和未来方向，重视学科知识与真实生活、现实问题和个人成长的紧密联系。

（2）通过实地探访考察，回顾历史，找到历史与当下的碰撞与融合点，培养学生兼具历史感和现代感的审美情趣。

（3）在研学旅行活动中，培养学生乐学善思这一核心素养，能正确认识和理解学习的价值，保持积极的学习态度和浓厚的学习兴趣。

（4）通过金色研学旅行，增强学生的科技创新意识，提高学生的科学素养，培养学生终身发展的品格以及综合运用知识解决问题的能力。

（5）通过金色研学旅行，唤醒学生爱家乡、爱祖国的情感，增强民族自豪感，激发学生爱科学、学科学、用科学的兴趣，立志为祖国的繁荣昌盛努力学习，增强学生建设好家乡、建设好国家的使命感与责任感。

三、课程内容

江岸区“金色科技”研学旅行内容及目标如表 1-9 所示。

表1-9 江岸区“金色科技”研学旅行内容及目标

序号	研学旅行主题	研学旅行地点	研学旅行内容推介	研学旅行目标	核心素养培养目标
1	爱科之旅	武汉美术馆	武汉美术馆新馆坐落于江岸区南京路、黄石路与中山大道交汇处，是武汉面向全国、全世界的重要展示窗口，是城市名片和文化艺术交流基地，更是一座矗立在城市中心的“艺术之岛”。武汉美术馆承办过数百场国内外各类美术展览，为推动武汉美术事业的发展做出了卓越的贡献。它以浓郁的艺术氛围、独特的艺术品位和审美情趣，利用丰富的美术资源，为广大市民营造出一片“文化绿洲”	参观、学习和深入了解武汉本土美术的发展，加深对故乡的了解；感受本土美术家的辉煌成就；在欣赏武汉本土美术的过程中培养学生的审美情趣，唤起学生对武汉这座城市的视觉文化历史与多元化美术创作成就的认同感与自豪感	通过参观、欣赏、体验让学生具备图像识读能力，从浩繁的图像中，甄别和获得有益的信息，丰富文化基础，初步培养学生的审美情趣、人文情怀与人文积淀的核心素养
		武汉非遗艺术博物馆	武汉非遗艺术博物馆面积近 1000 平方米，馆藏物品 300 余件，包括汉绣、木雕船模、武汉雕花剪纸等国家级、省级、市级 50 多项非遗项目。全馆经过精心布局和设计，以传播非遗文化为己任，通过动静结合、生活体验、活态传承、现场制作等形式，增强陈列展览的学术性、知识性、趣味性和观赏性，让更多的人了解非遗艺术与非遗文化	通过学习与实践，让更多学生了解中国博大精深的非遗文化，并在实践活动中学会做懂艺术、会生活、有审美、爱生活的当代非遗传承人	通过参观学习，培养学生的爱国情感，热爱并传播中华民族在五千年的文明发展进程中创造的博大精深的优秀传统文化
		武汉地铁	近年来，科技的飞速发展带来了交通方式的变革，地铁成为武汉主要的交通工具。它不仅是一种文明绿色的出行方式，更代表着武汉历史的变迁。如地铁 2 号线汉口火车站的江城印象壁画和黄鹤归来雕塑展现了朝霞映照下的武汉形象；中山公园站展现的是幸福武汉的风采。不仅 2 号线如此，武汉地铁每一站都有自己的特色，武汉地铁上每一个站台都展现出属于武汉人自己的印记和风貌。走进武汉地铁，不仅是与过去交流，更是对未来展望	通过对武汉地铁的研学旅行，让学生能够走进历史，走向未来，从交通的发展看到中国科技的进步，从而激发学生内心深处的爱国情感和用科学技术武装自己的决心	以武汉地铁的兴建和发展来观察整个武汉市的发展和建设，从文明出行到健康绿色的环保出行。在与历史和未来的对话中，了解武汉的风貌与城市精神，从而增强对武汉的归属感和将来把武汉建设得更好的责任心与意识

续表

序号	研学旅行主题	研学旅行地点	研学旅行内容推介	研学旅行目标	核心素养培养目标
1	爱科之旅	汉口文创谷	汉口文创谷位于汉口历史文化风貌区，被认定为中国第一批历史文化街区。汉口文创谷规划为“两轴、双核、多节点”的总体格局，即中山大道文化旅游轴、沿江大道景观生态轴、青岛路时尚中心、黎黄陂路文博中心，还包括汉润里艺术坊、三德里演艺坊等诸多具有历史文化特色的节点。这里积淀了厚重的近现代商业文化、里份文化、民俗文化、红色文化，是汉口历史人文特点鲜明、商贸传统深厚、国际气息浓厚的地区	引领学生走进汉口文创谷，感受江岸区厚重的近现代商业文化、里份文化、民俗文化和红色文化。同时初步感受自己生活的江岸区的鲜明的历史人文特点、深厚的商贸传统和浓厚的国际气息，探寻城市文脉，探索当下前沿的时尚设计、文化艺术和创意科技。让学生实地感受“武汉长江主轴”的文化生态特色和文明发展成就	通过实地探访考察，回顾历史，找到历史与当下的碰撞与融合点，培养兼具历史感和现代感的审美情趣。激发学生的城市认同感和社会责任意识。引导学生用少年的眼光、发展的视角探索城市公共文化的建设与创新，初步培养学生的城市发展创新意识
		钻石艺术博物馆	钻石艺术博物馆位于江滩二期怡景花园，整个博物馆分上下两层，建筑总面积约1500平方米，藏有古今中外各类艺术品1000余件。穹顶、墙面、地板、窗帘甚至楼梯扶手和卫生间，馆内每一处细节皆匠心独运，精美绝伦。馆藏有藏传佛教艺术、少数民族艺术、非洲部落艺术、珠宝艺术和当代艺术五大类的珍品	让学生在研学旅行中理解感悟钻石艺术博物馆秉持的“尊重与欣赏，保存与保护，推广而受益，分享而繁荣”的文化理念	通过参观体验，感受高科技给我们的生活带来的巨大变化，激发和培养学生关注科技、热爱科技的核心素养
2	探科之旅	湖北省电力博物馆	作为一座运用现代博物馆理念建设的综合性展馆，湖北省电力博物馆总建筑面积3534平方米，由历史馆、科普馆、外景区和办公区组成，展出内容覆盖湖北电力发展不同时期、不同领域，包括水电、火电、电网等各个方面。内容翔实，设计新颖，是湖北电力历史记忆的重要留存之处	通过参观学习，引导学生了解荆楚电力百年发展史，向学生科普电力知识，介绍电力前沿科技。让学生牢记生活中的安全用电常识，培养学生“节能用电”“安全用电”的意识，让学生体验科学的魅力，开阔视野，激发他们的学习动力	通过参观体验，使学生在体会科技探索艰辛的同时，感受前沿科技的魅力，体验电的奇妙之处，学习电的科学原理，培养学生向上乐学、创新实践的核心素养

续表

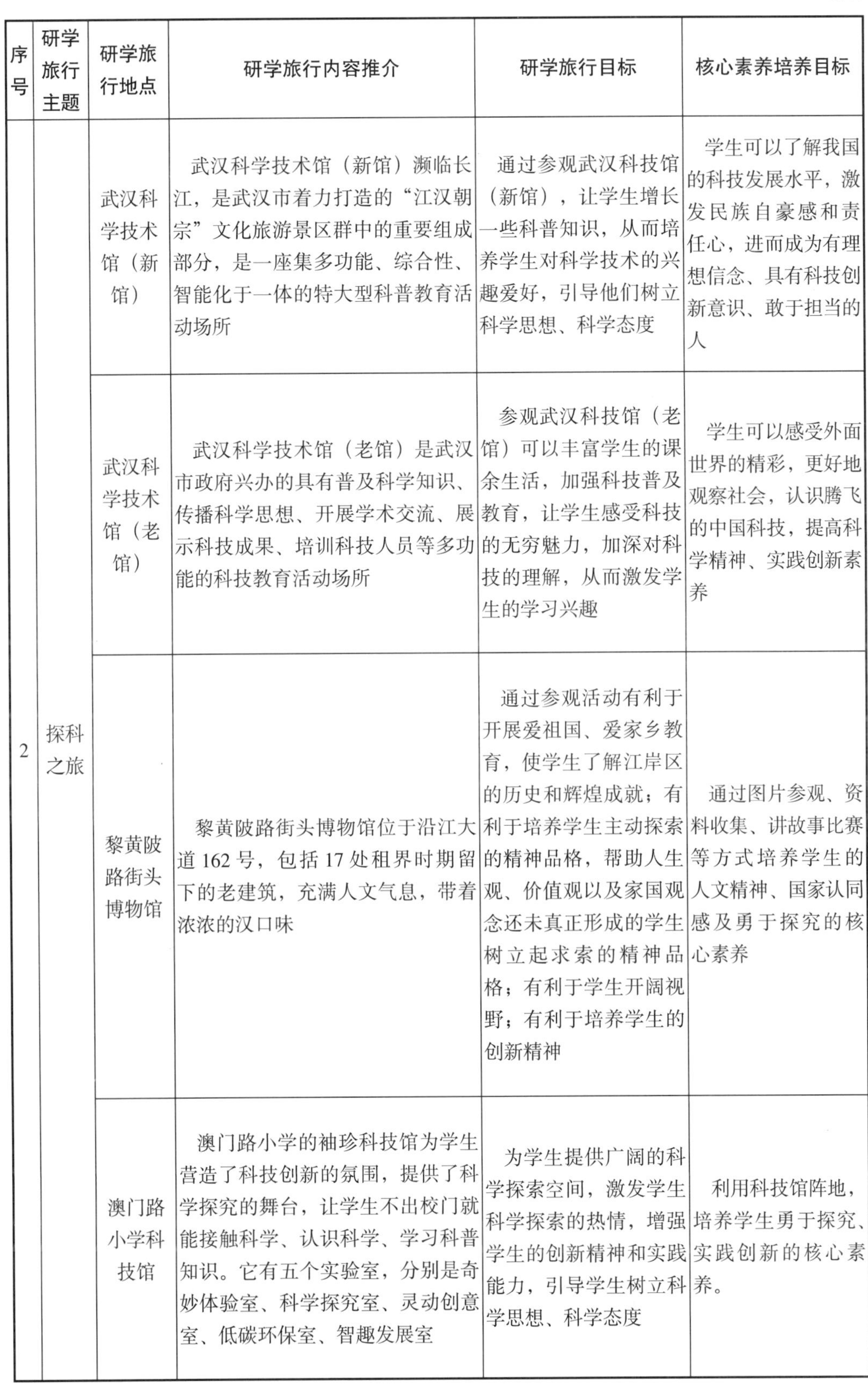

序号	研学旅行主题	研学旅行地点	研学旅行内容推介	研学旅行目标	核心素养培养目标
2	探科之旅	武汉科学技术馆（新馆）	武汉科学技术馆（新馆）濒临长江，是武汉市着力打造的“江汉朝宗”文化旅游景区群中的重要组成部分，是一座集多功能、综合性、智能化于一体的特大型科普教育活动场所	通过参观武汉科技馆（新馆），让学生增长一些科普知识，从而培养学生对科学技术的兴趣爱好，引导他们树立科学思想、科学态度	学生可以了解我国的科技发展水平，激发民族自豪感和责任心，进而成为有理想信念、具有科技创新意识、敢于担当的人
		武汉科学技术馆（老馆）	武汉科学技术馆（老馆）是武汉市政府兴办的具有普及科学知识、传播科学思想、开展学术交流、展示科技成果、培训科技人员等多功能的科技教育活动场所	参观武汉科技馆（老馆）可以丰富学生的课余生活，加强科技普及教育，让学生感受科技的无穷魅力，加深对科技的理解，从而激发学生的学习兴趣	学生可以感受外面世界的精彩，更好地观察社会，认识腾飞的中国科技，提高科学精神、实践创新素养
		黎黄陂路街头博物馆	黎黄陂路街头博物馆位于沿江大道162号，包括17处租界时期留下的老建筑，充满人文气息，带着浓浓的汉口味	通过参观活动有利于开展爱祖国、爱家乡教育，使学生了解江岸区的历史和辉煌成就；有利于培养学生主动探索的精神品格，帮助人生观、价值观以及家国观念还未真正形成的学生树立起求索的精神品格；有利于学生开阔视野；有利于培养学生的创新精神	通过图片参观、资料收集、讲故事比赛等方式培养学生的人文精神、国家认同感及勇于探究的核心素养
		澳门路小学科技馆	澳门路小学的袖珍科技馆为学生营造了科技创新的氛围，提供了科学探究的舞台，让学生不出校门就能接触科学、认识科学、学习科普知识。它有五个实验室，分别是奇妙体验室、科学探究室、灵动创意室、低碳环保室、智趣发展室	为学生提供广阔的科学探索空间，激发学生科学探索的热情，增强学生的创新精神和实践能力，引导学生树立科学思想、科学态度	利用科技馆阵地，培养学生勇于探究、实践创新的核心素养。

续表

序号	研学旅行主题	研学旅行地点	研学旅行内容推介	研学旅行目标	核心素养培养目标
2	探科之旅	育才行知小学空中生态科普教育基地	学校积极践行陶行知先生“生活即教育”的理念。学校通过课程与生活、课堂与课外、知识与技能等多维度整合，使“空中生态园”的教育功能得到了多层面开发。目前“空中生态园”已经成为学生亲近自然、学习种植的基地	通过参观学习以及劳动实践，使学生进一步亲近自然，与大自然接触，逐步了解植物生长的特点，进一步强化他们爱科学、学科学、用科学的兴趣	通过参观学习，培养学生核心素养中的科学精神、学会学习和实践创新三个方面的能力。通过劳动实践，培养学生从小热爱劳动
3	创科之旅	武汉规划展示馆	武汉规划展示馆位于武汉市民之家东翼，共 18 个展区，布展面积约 17000 平方米，按照“全国领先、世界一流”的标准，高标准建设，高起点布展，是全面展示武汉城市发展历史、建设成就和未来蓝图的重要平台	参观、学习和深入了解武汉城市规划的历史以及演变过程，加深对故乡的了解；感受改革开放后武汉的巨大变化；在研究武汉城市规划演变的过程中培养学生的探究创新意识	通过日常活动、提出问题、解决问题等方式培养学生的创新实践核心素养
		江岸区科学技术和经济信息化局	江岸区科学技术和经济信息化局为江岸区人民政府工作部门	参观并了解江岸区科技迅速发展的状况，感受科技的神奇魅力，丰富科普知识，激发好奇心和求知欲，培养讲科学、爱科学、学科学的意识	通过认真观察、积极研讨、认真体验，培养学生积极探究、敢于创新的核心素养
		中航长江（武汉）设计师产业园	经联合国教科文组织评选批准，武汉市正式入选 2017 年全球创意城市网络“设计之都”，成为继深圳、上海、北京之后的中国第四个“设计之都”。中航长江（武汉）设计师产业园一直紧紧围绕着“打造中国设计全球中心”的理念展开建设	在参观产业园区内设计公司的产品和技术的过程中，激发学生对创新设计工作的向往，感受科学务实、勇于超越的精神风貌和精益求精、忘我工作的精神态度。让学生从小就树立起终身学习的观念	通过参观园区，体会现代科技的力量，了解创新、设计的重要性，从小培养乐学善学、勇于探究的精神
		岱家山科技创业园	岱家山科技创业园是以高新技术产业为主导的创业园区。岱家山知识产权特色小镇是湖北省首家知识产权特色小镇，是武汉市江北地区重要的创新创业载体，现依托岱家山科技创业城已建成集创客空间、创业苗圃、科技企业孵化器、瞪羚企业加速器为一体的 16 万平方米的创新创业载体	在参观、学习和深入了解岱家山科技创业园的创建、发展过程中，感受科技的进步，培养实践探究的兴趣，树立科研创新意识	在学习、理解、运用科学知识和技能等方面形成价值标准、思维方式和行为表现。具体包括理性思维、批判质疑、勇于探究等。培养学生的科学精神这一核心素养

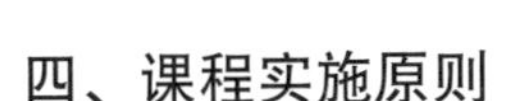

四、课程实施原则

1. 教育性原则

研学旅行要体现教育性、实践性和整合性。遵循中小学教育规律和学生成长规律，精心设计研学旅行课程，科学、系统地设定研学旅行的目标和要求，建立评价机制，强化过程管理，引导学生亲身经历、自主探究，做到立意高远、目的明确、活动生动、学习有效。

2. 协同性原则

研学旅行要注重各学科老师的共同协作，充分发挥各部门的积极性和主动性，促进校内外教育的密切合作和良性互动，着力构建学校、家庭和社会合力育人格局。

3. 安全性原则

健全研学旅行安全工作机制，加强学生安全和防范技能教育，提高学生自我保护的意识和能力；制定切实可行的安全预案，落实安全防范具体措施，确保参加研学旅行活动的中小学生的安全。

五、实施途径

1. 读写结合

围绕金色研学旅行目标和地点，阅读研学旅行指导手册、相关科技艺术类书籍和杂志，了解社会发展历史及科技发展沿革、研学旅行内容的具体要求；在研学旅行结束后能写下自己的所见所感。

2. 动静结合

研学旅行前学习、阅读，研学旅行过程中聆听、互动、动手实践，以及调查、采访、画图、拍摄、分享等，研学旅行后期评价、展示汇报成果，动静结合，内化研学旅行任务，丰富研学旅行内容，做到动静有序。

3. 课内外结合

研学旅行是将课内知识学习与课外知识学习结合起来的过程，使学生视野更开阔，也更能启发学生的思维，还使学生更加亲近和了解社会，是对课内知识的有益补充与延伸。

4. 评价主体多元化与评价方法多维化相结合

研学旅行评价主体可从老师、学生与专业研学旅行机构等方面进行细分，也可从专业研学旅行机构的产品资源和学生年龄段等方面进行细分，提高评价结果的针对性。促进评价方法多维化，采取多样化的评价手段，科学灵活地采用问卷、作业、互动等不同方式，从目标落实情况、参与互动程度、学习情况多个维度评价研学旅行产品。只有两者相结合才能使研学旅行内容更丰富，调动不同主体的积极性，也更有实效性。

《江岸区小学研学旅行活动手册》研制指导意见

为认真贯彻落实国家、省、市中长期教育规划纲要和教育事业发展“十三五”教育规划总体要求，围绕立德树人根本任务，深化基础教育综合改革，聚焦学生发展核心素养，结合江岸区实际，发挥研学旅行教育功能，努力形成江岸区教育实践育人范式，推动素质教育的全面实施，落实《江岸区小学开展研学旅行实验区工作实施方案》的要求，发挥研学旅行活动课程的实效，从而更系统地推进全国中小学研学旅行实验区工作，促进各校研学旅行活动手册的规范研制，特制定本意见。

一、研制目标

依托江岸区特色资源，以学生主体体验为中心，根据学校研学旅行校本路线设计规划，重点发展“五色研学旅行”特色，有步骤、分年级地研制研学旅行活动手册，详细阐述每一个研学旅行课程的目标任务、课程安排、资源分析、活动介绍、研学旅行指导要点、安全事宜、过程性评价等，重点突出学习目的、主题、任务、方法和具体指导，设计有效的研学旅行问题、互动环节等，为研学旅行的实施提供规范性文本参考。

二、研制内容

《江岸区小学研学旅行活动手册》（下称《手册》）包括五个组成部分。

1. 活动前言

本部分是《手册》的开篇。通过简短精练、符合学生认知水平的文字介绍研学旅行课程的主要内容，激发学生参与活动的兴趣。

2. 内容目录

按照活动设计，对本次研学旅行活动的各个环节进行科学分类，对应页码罗列，便于学生操作使用。

3. 行前准备

本部分包括以下四类要素。

（1）应该了解的知识。结合“五色研学旅行”的主题内容，引导学生在行前通过“一个人”“一个故事”“一栋建筑”“一封书信”“一段历史”“一首歌曲”等“X个一”，了解本次研学旅行活动的相关知识，为开展主题研学旅行活动做好知识储备。

（2）需要准备的物品。通过图片或文字的方式，提示学生做好行前各类物品的准

备工作。

（3）最想知道的内容。结合研学旅行内容，设计互动式的对话，引导学生学会带着问题去研学旅行，培养学生主动前置思考的能力。

（4）必须遵守的约定。①从安全角度对学生提出明确的要求；②根据研学旅行场所的特殊情况给出相关提示（如保持安静、不随意触碰物件等）；③结合本次活动的评价标准，做出相应的行动约定。

4. 活动内容

本部分是《手册》的重点内容，具体包括以下五类要素。

（1）研学旅行地点介绍。图文并茂地呈现研学旅行目的地的基本情况，凸显江岸区元素。

（2）研学旅行课程介绍。结合“五色研学旅行”主题，用学生喜闻乐见的方式介绍本次研学旅行活动的目的与内容。

（3）研学旅行操作指导。精心设计研学旅行的活动内容，通过“读一读”“看一看”“做一做”等不同的方式，让学生在《手册》的指导下兴趣盎然、步骤清晰地参与研学旅行活动。

（4）研学旅行成果展示。结合研学旅行目标，设计学生研学旅行作品的多样化展示方式，可以是“研学旅行小文”或者“秀秀我的创意”等书面表达方式，也可以通过绘画展览、才艺展示等方式呈现，还可以通过数字化方式呈现。根据主题的不同，研学旅行成果可以由一人独立完成，也可以与同伴合作完成。

（5）研学旅行效果评价。分为过程性评价和成果性评价两个部分，结合江岸区“五色研学旅行”学生评价表的相关内容采取教师评价、小组评价和自我评价相结合的方式，体现过程性、互动性、多元性和成长性。

5. 活动延伸

研学旅行活动结束后，要让《手册》发挥引导作用，通过有创意的延续性活动，让学生将研学旅行成果进一步提升、内化，感受江岸区文化底蕴，深入了解江岸区，热爱家乡，增强为祖国、为未来努力学习的理想与信心。

三、研制建议

1. 统筹规划

研学旅行手册是推动研学旅行课程落实的重要方式，各校要组织专班，结合学校研学旅行路线精心设计制作，出台相关举措，落实工作方案，推动研学旅行手册的研制工作有序开展，做到层层落实，责任到人。

2. 突出重点

重点对研学旅行环节进行专题研究，加强过程管理。在手册设计过程中，充分结合研学旅行路线，根据不同学段特点和培养目标，围绕研学旅行开发校本精品课程，促进寓学于游、寓教于行。

3. 精心设计

研学旅行手册的设计要贴合学生年龄段特点，注重思想的导向性、内容的丰富性、知识的正确性、活动的趣味性、版面的艺术性。每个年级每次研学旅行活动都应单独设计研学旅行活动手册。（见表 1-10 至表 1-12）

表1-10　江岸区小学研学旅行学生学习评价表

评价项目		评价标准	评价人			总星
			小组评价	教师评价	自我评价	
研学准备	标准学习	是否学习并了解研学课程评价标准（标准学习、标准理解、标准认同）	☆☆☆	☆☆☆	☆☆☆	（ ）颗
	课程准备	是否提前预习研学课程（提前预习、查找资料、初步认知）	☆☆☆	☆☆☆	☆☆☆	（ ）颗
	材料准备	是否按要求准备好研学的学习材料（准备用具、材料齐全、收纳整理）	☆☆☆	☆☆☆	☆☆☆	（ ）颗
研学过程	研学态度	学习态度是否端正（态度积极、学习认真、参与主动）	☆☆☆	☆☆☆	☆☆☆	（ ）颗
	研学纪律	是否按纪律要求参与研学活动（遵守时间、文明有礼、活动有序）	☆☆☆	☆☆☆	☆☆☆	（ ）颗
	研学记录	研学过程是否记录（记录认真、记录全面、记录有特色）	☆☆☆	☆☆☆	☆☆☆	（ ）颗
	研学合作	能否参与组内合作学习（参与分工、主动担当、善于合作）	☆☆☆	☆☆☆	☆☆☆	（ ）颗
	研学交流	能否与人交流分享（参与讨论、提出建议、积极表达）	☆☆☆	☆☆☆	☆☆☆	（ ）颗
研学收获	研学手册	是否充分使用研学手册（填写完整、体现过程、完成研学作业）	☆☆☆	☆☆☆	☆☆☆	（ ）颗
	研学作品	是否呈现研学作品（内容原创、体现思考、汇报展示）	☆☆☆	☆☆☆	☆☆☆	（ ）颗

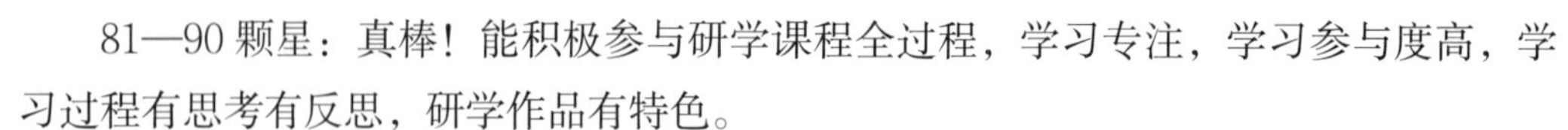

81—90 颗星：真棒！能积极参与研学课程全过程，学习专注，学习参与度高，学习过程有思考有反思，研学作品有特色。

70—79 颗星：不错哟！参与研学课程学习较积极，学习参与度高，研学作品能反映思考与反思。

60—69 颗星：继续加油！能够按要求参与研学活动，学习参与度还需要更加积极主动。

60 颗星以下：要努力啊！参与活动需要更加积极主动，活动还欠缺自我思考。

表1-11　江岸区小学研学旅行学校管理评价表

<table>
<tr><th>评价项目</th><th>评价要素</th><th>分值</th><th>评价标准</th><th>得分</th></tr>
<tr><td rowspan="2">组织管理（20分）</td><td>工作规程</td><td>10分</td><td>1. 建章立制。研究并形成学校研学旅行工作开展的管理模式，制定相关规章制度（2分）
2. 科学管理（3分）
（1）制定研学旅行工作方案，严格执行标准工作流程，做到“活动有方案，行前有备案，应急有预案”
（2）学校完成活动行前申报审批，报上级教育主管部门备案
（3）告知家长研学活动意义、时间安排、出行路线、注意事项等信息，注重加强学生和教师的研学旅行事前教育、事中指导和事后评价
3. 规范保障（5分）
（1）学校协同研学组织机构开展活动，突出全员参与、集体活动、走出校园，学生自愿选择参加的社会实践活动
（2）有研学旅行工作专项经费保证</td><td></td></tr>
<tr><td>安全运行</td><td>10分</td><td>1. 制定安全保障方案（2分）
2. 明晰安全责任分工（3分）
在开展研学旅行过程中，根据需要配备一定比例的学校领导、教师和安全员，负责学生活动管理、安全保障、应急处理
3. 安排行前安全教育（3分）
加强学生外出研学安全教育，与家长签订协议书，明确学校、家长、学生、研学机构的责任义务
4. 落实过程安全监管（2分）
选择经教育主管部门审核批准的委托企业（机构）签订合作协议，按要求购买保险，明确委托企业（机构）承担的学生研学旅行安全责任</td><td></td></tr>
<tr><td rowspan="4">课程开发（20分）</td><td>课程背景</td><td>2分</td><td>1. 充分认识研学价值，高度认同研学理念，落实立德树人根本任务，关注学生发展核心素养（1分）
2. 结合学校办学特色，使研学旅行成为学校提升教育质量的新增长极（1分）</td><td></td></tr>
<tr><td>课程体系</td><td>2分</td><td>1. 积极探索研学旅行实现路径，开发集自主性、实践性、开放性、生成性为一体的特色研学课程（1分）
2. 体现学段衔接、学科连接、校馆对接的研学课程体系（1分）</td><td></td></tr>
<tr><td>课程目标</td><td>4分</td><td>1. 知识性目标（1分）
2. 能力性目标（1分）
3. 情感、态度价值观领域的目标（1分）
4. 核心素养目标（1分）</td><td></td></tr>
<tr><td>课程内容</td><td>12分</td><td>1. 课程设置合理（2分）
围绕“五色研学旅行”主题，制定研学路线，开发特色校本研学旅行课程
2. 教材开发研究（5分）
确定研究性学习主题，发掘多元化课程产品，找准各学科教学与研学旅行有机融合的对接点和突破口。开发出具有针对性的品牌课程
3. 教案研学手册（5分）
教师与机构共同开发研学手册，编写教案</td><td></td></tr>
</table>

续表

评价项目	评价要素	分值	评价标准	得分
课程实施（40分）	课程落实	10分	在学期课程计划和课程表中予以确定并落实。按照教育性、实践性、安全性、公益性原则，每学年在学期中间（不包括国家法定节假日、寒暑假），集中组织开展研学旅行	
	学科渗透	10分	指导学生开展参观、考察、探究、尝试、体验、采访等活动，并鼓励学生有自己的创新和思考，提出更多自己的研学思路，颇具特色地将活动对应语文、数学、综合实践等学科	
	学习方式	5分	专家引领：整合校内外资源，在具备一定专业能力的科研院所、高校和教育机构的研学导师的带领下确定研学课题，开展系统研学，形成专题研学成果	
		5分	认知体验：学生走出校园，在与日常生活不同的环境中开阔视野，丰富知识，了解社会，亲近自然，参与体验；鼓励学生在参与课程中，有自己的创新思考	
		5分	团队共研：促进学校、家庭、社会、共建单位的有效沟通，建立目标一致、互相认同、密切配合的“四位一体”联动机制	
		5分	分享交流：研学作业内容形式丰富，长短时作业相结合，师生积极参与多种形式的展示分享交流	
课程成效（20分）	成果评价	20分	1. 活动评价（10分） 教育主管部门、师生、家长、研学机构、研学场所对研学内容形式效果的综合评价 2. 成果评价（10分） （1）形成精品研学路线和项目，扩大武汉研学旅行试验区影响力 （2）教学成果：收集优秀教案、研学手册、教师及家长特色案例，汇编成集 （3）学生成果：参与研学演讲、绘制研学笔记、设计研学宣传册、制作摄影集、手制剪贴报、编写或表演课本剧等，以多种形式的展示交流，形成具有代表性的研究性报告、观察记录等教学成果 （4）收集整理资料	
总分		100分		

表1-12　武汉市江岸区中小学研学旅行服务机构工作评价表

机构（基地）名称：　　　　　　　　　　　　　　评价单位：

评价项目	分值	评价分项	分值	子项目评价内容	得分
课程开发	80分	课程特色与设计（40分）	5分	课程目标：能拟定切合小学生特点和学生发展核心素养的育人目标得3分；能基于学科（课程标准、教材）设计出有价值的课程目标得2分	
			10分	课程特色：在课程目标的指导下，设计出相关课程的完整方案得6分；有教育性、趣味性、创新性、独特性得4分	
			20分	课程设计：有具体课时安排和可操作性，有相关课程的研学旅行手册得10分；现场展示清晰、效果好得10分	
			5分	课程影响：能够有意识、有能力、有效率地进行课程总结梳理和不同形式的传播，形成一定成果，产生一定范围的口碑	
		课程实施与保障（40分）	10分	课程研发：有固定的课程开发团队和较高水平的研发能力得5分；研发课程获得的好评率达80%以上得5分	
			10分	教师队伍：有稳定、充足和较高素质的教师团队实施课程，且至少每25名学生配一名研学旅行辅导员得5分，且教师团队的专业水平获得的好评率达80%以上得5分	
			5分	实践场所（以下评分标准二选一）： 评分标准一：研学旅行基地自有教育资质且效果好得5分； 评分标准二：与具有开展研学旅行活动资质的基地（场馆、营地）签订有长期的合作协议得3分，有指导、有要求、效果好得2分	
			5分	课程评价：基地有全程实施的评价办法，且关注到个体与集体得5分	
			10分	安全保障：安全意识强，针对各种情况有相应的应急处理措施和机制得5分；有正规用车渠道，有保险，无安全事故发生或能及时处理好突发安全事故，无不良影响等得5分	
基地评审	20分	基地资质	10分	基地规范：属于市区正规研学旅行招标机构。有招标书，资料具有真实性	
		基地品质	10分	基地创新：能按学生年段需求编制研学旅行手册及基地研学旅行资源库得5分；通过调研，基地组织的研学旅行活动师生满意度达80%以上得5分	
整体评价及总分					
备注				整体评分在85分及以上为优秀； 整体评分在60—84分为合格； 整体评分在60分以下为不合格	

2 研学旅行课程篇

YAN XUE LV XING KE CHENG PIAN

城市走读七彩研学旅行　织就责信教育新课堂
——沈阳路小学研学旅行活动规划

一、课程背景

新时代的教育就是要以培养担当民族复兴大任的时代新人为着眼点，强化教育引导和实践养成。研学旅行作为实践育人的重要形式，充分体现了新时代我国“学思结合、知行统一”的教育理念，把研究性学习和旅行体验相结合，引导学生走出校园，走向社会，用自己的眼睛观察社会，用自己的心灵感受社会，用自己的思考探究社会，在实践中了解国情、开阔眼界、增长知识，提高社会责任感，从而深入感知、理解和践行社会主义核心价值观。

江岸区沈阳路小学具有七十余年的办学历史，是有丰富教育底蕴的老校，学校坚持惟德惟真，秉承“让教育回归生活，让学生自主成长”的办学理念，不断践行“自主教育”的办学特色，深入推进德育“3·3·3”自主管理德育实践策略　，构建开放多元化课程。按照武汉市教育局研学旅行重点项目工作要求，结合江岸区打造的“长江文明之心”重要展示区的特色资源，围绕“五色研学旅行”主题项目，开展特色活动，通过边行边试、边试边改，开发一部分研学旅行活动课程，让学生在实践中深入了解江岸区，感受江岸区文化底蕴。以学生主体体验为中心，将研学旅行与责信德育相互融合，深入推进自主管理德育实践策略，培养学生主体人格，实现自我服务、自我教育、自我管理的德育目标。发挥研学旅行的教育功能，在研学旅行过程中通过职业体验、实地考察、定向导学等方式渗透责信教育，为学生终身发展奠定基础，为公民教育探索新的路径，培养敢于担当、值得信托的负责任小公民。

二、课程介绍

本课程以实践“责信人生”为主，辅以“七彩自主少年”评价体系，帮助学生理解责任，为成年之后承担各方面的责任做好准备。六个年级根据学生的学龄段、接受能力及认知力分别对应“一个品德，五个责任”的课程培养计划。各个年级在丰富有趣的课程中将根据表现为学生颁发两枚奖励徽章。每个年级的培养目标各不相同，获得徽章的条件也不一样。学生完成小学六年义务教育后，获得徽章数量较多的前二十名即可获得学校颁发的“七彩自主少年”证书。

三、课程目标

沈阳路小学开发“责信人生”课程和“七彩自主少年”评价体系，致力于帮助学生理解责任、为将来承担责任做好准备。各年级根据学生身心发展特点和知识层次结构，设定培养目标：一年级以“青色起步”为目标，培养学生爱护动植物的美好品德；二年级以“绿色环保”为目标，树立学生保护环境的责任意识；三年级以“蓝色体验”为目标，鼓励学生体验社会上各种各样的职业，以此树立自我进步的责任感；四年级以“黄色追寻”为目标，培养学生团队合作的责任意识；五年级以“紫色博览”为目标，带领学生深入江岸区了解历史、展望未来，树立正确的社会责任观；六年级以“橙色起航”为目标，启发学生对正能量的感悟，树立热爱国家，拼搏奋斗的责任感。

每个年级的目标都将细化，更聚焦可实现，并配置主题，借助校内开展、校外组织等多种形式，以争徽章的机制进行评价，以期通过每学期、每年度的课程开展，从小学一年级到六年级形成递进梯度，培养学生的“正能量”，最终将每一个沈阳路学子培养为诚信、承责的“七彩自主少年”。

四、课程架构图

沈阳路小学研学旅行课程规划图如图 2-1、图 2-2 所示。

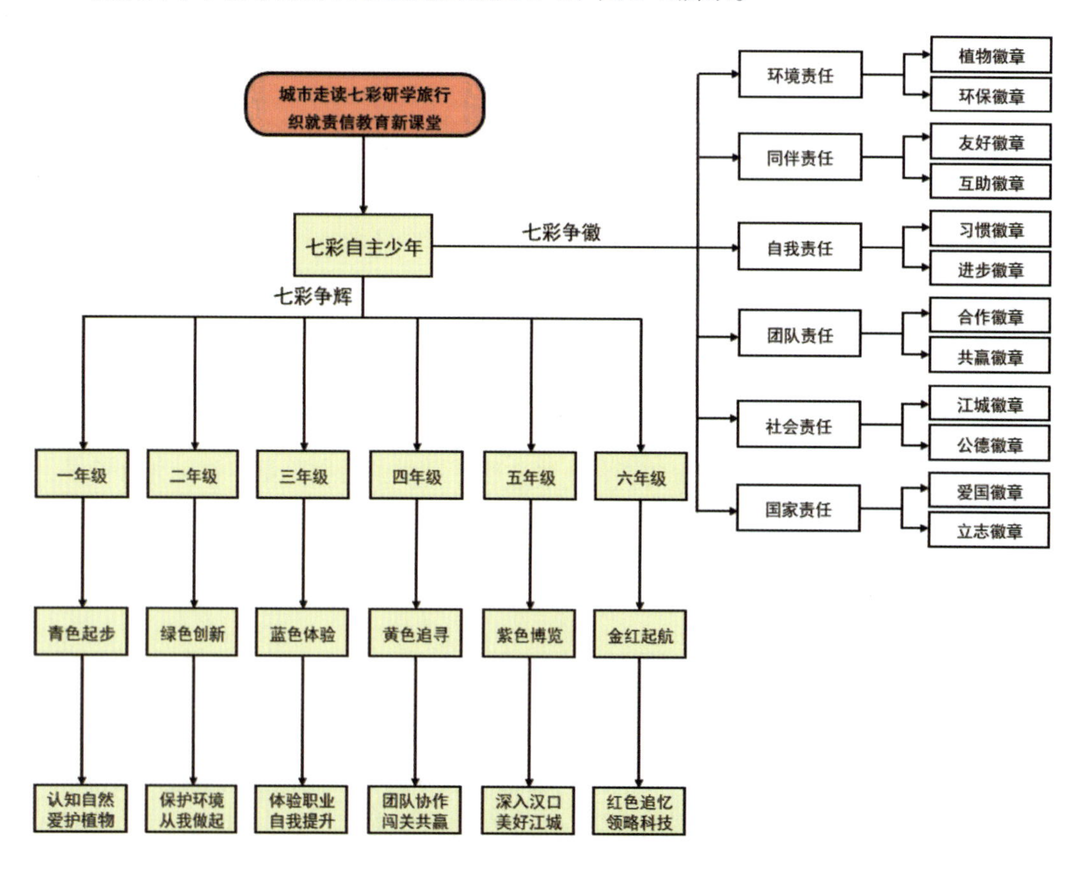

图2-1　沈阳路小学研学旅行课程整体规划图

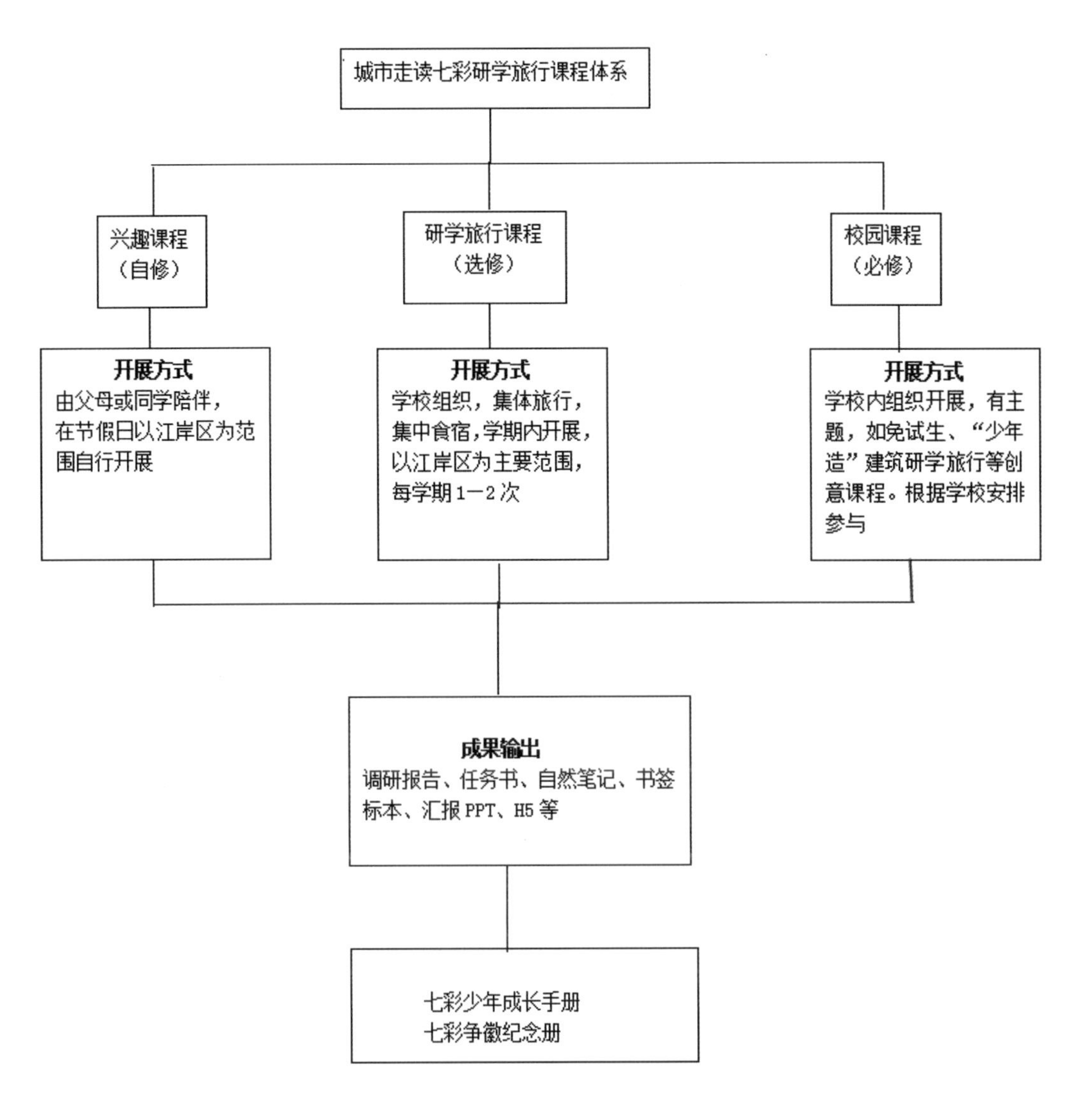

图2-2　城市走读七彩研学旅行课程体系图

五、研学旅行课程大纲

沈阳路小学研学旅行课程大纲如表2-1所示。

表2-1　沈阳路小学研学旅行课程大纲

一年级　青色起步	
成长特点	一年级新生好奇、好动，接收信息能力强，喜欢模仿、发问、被表扬，有直观、具体、形象等思维特点。他们对小学生活既感到新鲜又不太习惯，因而一时难以适应，注意力不集中，情绪变化无常，容易疲倦，行为动摇不定，自控力不强，没有集体概念，特别信任老师

续表

一年级　青色起步			
需求分析	一年级新生以快速适应环境和学习生活为主，教他们安排时间，培养其养成独立自主、热爱学习的好习惯。学会与老师、同学快乐交往，初步建立人际关系；认识角色任务，建立良好的行为习惯。此外，一年级学生肌肉发育尚不完全，容易脱臼，不宜剧烈运动		
课程目标	带领学生走进自然，发挥他们好奇好动的特性，让他们主动亲近自然，探索自然，去认知身边可爱的植物，并爱护它们		
成果输出	自然野趣 DIY 手册：将自然野趣主题下的成果按照时间或活动主线进行整理，汇集为成果手册		
评价标准 青色之星	类别	徽章	内容
	环境责任	植物徽章	有一份研学旅行导师认可的自然笔记
		环保徽章	不乱丢垃圾，培养保护环境的意识
课程内容	选题	推荐目的地	活动指导
兴趣课程 （自修）	徒步一段路程	公园	观察公园周边的环境，找到一两种特别的植物
	登上一座山	家附近的山	登上一座不曾到访的山，记录行进路线
	自然听鸟鸣	树林 / 校园	听不同鸟叫声，拍一张照片为它做一张名片
	自然 DIY 课堂	校内	对收集的物品进行自然主题创作、展示
研学旅行课程 （必修）	研学旅行主题	研学旅行地点	研学旅行内容
	梦湖边的绿朋友	梦湖公园	在研学旅行导师带领下认识植物，完成植物 BINGO 与自然笔记，培养观察、记录的习惯
	我家住在长江边	汉口江滩公园	和同学一起在巨幅白布上完成自然主题的巨幅画，培养想象力与创造力
游学课程 （选修）	课程名称	目的地	课程内容
	寻找七色花	沙湖	在研学旅行导师带领下认识植物，寻找当季颜色，完成七色花的创作，培养观察、记录的习惯
	多彩缤纷植物园	植物园	用手中的放大镜换个角度观察植物，将观察到的内容记录在记录卡上并分享
	秋叶知寓言	东湖寓言园	在秋天前往东湖寓言园，了解寓言故事，收集秋天的小物，完成秋之宝瓶的制作
二年级　绿色创新			
成长特点	二年级是学生自我意识萌发期，二年级学生具备如下特征：好奇、好动、贪玩、好模仿；思维直观、具体、形象；个性差别大，出现竞争意识，产生集体荣誉感，不具备自我评价能力，自控力不强；对活动的成败不会放到心上，形象思维十分活跃，语言和行为欢快活跃；可以较熟练地做自己想做的事，并能把自己的想法简单地记下来，不擅长用文字表达思想		
需求分析	二年级学生以培养其学习和行为习惯为主，让他们感受集体活动与学习知识的乐趣，对不良行为及时纠正，要在注意力、自制力、独立性和培养良好习惯等方面对他们有更高的要求。保护环境要从娃娃抓起，培养他们保护环境的责任意识更有助于他们的成长。此外，在活动中要注意学生心态的变化，多表扬肯定，在活动类型选择上不宜安排心脏负担和体力消耗过度的活动		

续表

<table>
<tr><td colspan="4">二年级　绿色创新</td></tr>
<tr><td>课程目标</td><td colspan="3">带领学生去发现大自然的四时不同，培养他们的观察力，引导他们通过科学的方法了解大自然四时不同的原因；使学生在研学旅行过程中明白保护环境的责任，能够以身作则不给景区留下垃圾；引导学生通过与同伴合作制作环保 DIY 创意作品，增进同学感情，优化班级风气</td></tr>
<tr><td>成果输出</td><td colspan="3">缤纷四季成果集：将记录的四季颜色、作品按照时间线进行整理，汇集为成果手册</td></tr>
<tr><td rowspan="3">评价标准
绿色之星</td><td>类别</td><td>徽章</td><td>内容</td></tr>
<tr><td rowspan="2">同伴责任</td><td>友好徽章</td><td>讲文明，对同伴温柔礼貌</td></tr>
<tr><td>互助徽章</td><td>制作出一份完整的环保 DIY 创意作品，在同伴遇到困难的时候积极帮助其解决问题</td></tr>
<tr><td>课程内容</td><td>选题</td><td>推荐目的地</td><td>活动指导</td></tr>
<tr><td rowspan="4">兴趣课程
（自修）</td><td>春看“生机”</td><td>公园 / 校园</td><td>看看春天开花的树，记录它的名字和形态，找一样春天独有的生物，观察并记录</td></tr>
<tr><td>夏听“蝉鸣”</td><td>公园 / 树林</td><td>听一听某种夏虫的鸣叫，找找它的踪迹，并进行描画</td></tr>
<tr><td>秋观“丰收”</td><td>果园 / 农庄</td><td>观察秋天哪些食物丰收了，观察它们的颜色，品尝它们的味道，描绘一幅秋收图</td></tr>
<tr><td>冬感“霜雪”</td><td>郊野 / 户外</td><td>到室外感受温度的不同，观察枝头、草丛等处的霜雪，写下感受</td></tr>
<tr><td rowspan="3">研学旅行课程
（必修）</td><td>研学旅行主题</td><td>研学旅行地点</td><td>研学旅行内容</td></tr>
<tr><td>神奇叶子在哪里？</td><td>后湖公园</td><td>认识春天的植物，在研学旅行导师带领下集体创作春之自然画，认识保护环境的重要性</td></tr>
<tr><td>童寻五彩秋世界</td><td>解放公园</td><td>前往解放公园，观赏秋季景象，创作手指画，学习制作小风车，领悟保护环境的重要性</td></tr>
<tr><td rowspan="4">游学课程
（选修）</td><td>课程名称</td><td>目的地</td><td>课程内容</td></tr>
<tr><td>春田花花会</td><td>植物园</td><td>在植物园认识春天的动植物，在研学旅行导师带领下创作春之自然画</td></tr>
<tr><td>夏之交响曲</td><td>东湖绿道</td><td>前往绿道植被较好地带，观察初夏景致，听一听鸟叫蝉鸣，学唱一首夏日歌，感受声音的魅力</td></tr>
<tr><td>粒粒皆辛苦</td><td>柞湖农场</td><td>到农场观看秋收景象，学习农业知识，认识五谷，制作创意五谷画</td></tr>
<tr><td colspan="4">三年级　蓝色体验</td></tr>
<tr><td>成长特点</td><td colspan="3">三年级是学生形成自信心的关键期，这一时期的学生具有如下特征：情绪不稳定，喜怒表露在外；注意力在 20 分钟以内，表现出明显独立性，但自控力不足，容易被新颖事物吸引；集体意识开始形成，兴趣广泛，不受性别限制，愿意参加小组活动；自我评价意识开始形成，关注别人对自己的评价；从形象思维向抽象思维过渡，是非观念淡薄，初步懂得趋利避害，推崇有力量的英雄；感知动作要领较笼统，时间和空间感较差</td></tr>
<tr><td>需求分析</td><td colspan="3">三年级学生以掌握必要学习方法和培养集中注意力为主，需进一步激发学习兴趣，多参加小组学习等集体活动，纠正马虎、磨蹭的不良习惯，树立正确的偶像观，学习作为普通人应该掌握的教养；不宜进行过分剧烈而持久的运动</td></tr>
</table>

续表

三年级　蓝色体验			
课程目标	引导学生通过工厂、企业、农场等多行业的走读，以实验、手工、实地体验等多种形式，了解社会行业的种类与各工种的基本情况，对自己未来的专业选择和职业规划形成基本概念，同时在过程中注意小组活动的安排，培养学生的团队意识		
成果输出	职业速写：学生根据对各个职业的了解，为每个职业描画一幅速写，并将研学笔记整理成册		
评价标准 蓝色之星	类别	徽章	内容
	自我责任	技能徽章	在体验职业的过程中提升自我，学习到新的技能
		习惯徽章	习惯良好，具有一定的自我约束能力
课程内容	选题	推荐目的地	活动指导
兴趣课程 （自修）	超市观察者	各大超市、卖场	多次走进超市，观察超市有哪些工作人员，他们的工作分别是什么，做一份超市职员表
	职业调查员	自己家庭	口头访问形式，了解父母及亲朋的职业，请他们描述自己的职业并进行记录与分析
研学课程 （必修）	研学主题	研学地点	研学内容
	泥塑大师成长记	武汉非遗艺术博物馆	走进武汉非遗艺术博物馆，学习我国民间艺术，用橡皮泥制作手工艺品，锻炼思维和创造力
	桥梁建筑师	武汉横渡长江博物馆、汉口江滩	走进博物馆了解长江大桥的基本情况，学习桥梁力学基础知识，进行桥梁模型制作，了解建筑师职业特性，进行职业速写
	未来科学家	科技馆	通过对科技馆的走读与了解，对科学形成基本认识，在实验中验证课本所学，同时了解自己对科学的兴趣，对科学家职业进行基本速写
	城市交通我设计	武汉地铁科普馆、中山公园	前往武汉地铁科普馆，了解地铁线路规划和运作，尝试设计汉口交通路线
游学课程 （选修）	课程名称	目的地	课程内容
	工厂小能手	某知名生产企业	通过对工厂的走读与了解，对该行业形成基本了解与认识，完成某一特定职业的速写
	都市小农夫	北新村	前往北新村学习农业基本知识及劳作技巧，体验农事劳作，了解农民职业的基本特性，进行职业速写

四年级　黄色追寻	
成长特点	四年级是学生成长的关键期，学生具备如下特点：感知觉进一步发展，注意力能保持 20—30 分钟；思维能力发展迅速，从形象思维向抽象逻辑思维过渡，进入独立和发散思维的关键期；书面语逐步超过口头语言水平；独立意识增强；情感逐渐稳定，但情绪控制能力有限；性别意识萌发，男女距离增大；个体分化明显，身心差异加大；集体意识增强
需求分析	四年级学生相对而言身体发育较快，这个时期的学生学习和掌握技术动作较快，可多安排跑、跳、投等基本活动能力的练习，但要特别注意姿势培养和练习前的准备活动，不宜安排过分剧烈或耐久性过大的活动。这一时期是培养学生学习能力、情绪能力、意志能力和学习习惯的最佳时期

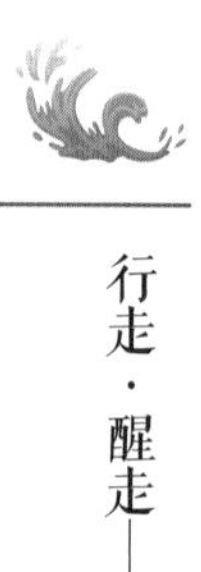

续表

四年级　黄色追寻			
课程目标	通过一系列以团队活动和定向运动为主的研学旅行活动，指引学生们团结一心，学会如何与他人合作达到共赢的目标，同时也帮助学生树立团队责任感		
成果输出	家乡风情志：将自己认识和了解的家乡以风情杂志的形式进行编辑记录，完成一本风情杂志作品		
评价标准 黄色之星	类别	徽章	内容
	团队责任	合作徽章	与同学合作不抱怨，以完成任务为目标，积极努力；有一份专属团队合作成果（文章或PPT）；能够在专题分享会上将自己的团队故事与同学分享
		共赢徽章	在团队活动中互帮互助，完成任务
课程内容	选题	推荐目的地	活动指导
兴趣课程 （自修）	亲子手工坊	家里	在爸爸妈妈的指导下完成一件手工
	无敌风火轮	空旷的场地	合作制作可容纳数人的封闭圆环，增强同学之间的信任与理解
	束手绳	空旷的场地	培养同学间的相互信任，引导学生换位思考
	齐眉棍	学校操场	同学合作用手指将棍子放到地上，考验大家是否齐心协力
研学旅行课程 （必修）	研学旅行主题	研学旅行地点	研学旅行内容
	定向达人展风采	塔子湖体育中心	在专业人员的带领下，跃动身心，通过看地图和辨别方向来完成定向任务
	智趣少年共闯关	校内	在研学旅行导师的带领下，合作完成闯关活动，加强学生创新创作和团队合作的能力
游学课程 （选修）	课程名称	目的地	课程内容
	草原夜色美	木兰草原	感知草原生态，进行地质地貌比较，学习户外生存技能，提升合作共处能力
	“跟着课本游中国”夏令营	以文件为主	通过集体旅行，带学生走读不同的城市，感知祖国大好河山的壮美，引导学生学会独立生活、交友、相处、沟通，在感受和体验中传承传统文化与精神
	汉港文化交流	香港	前往香港，通过城市走读、进校交流，了解文化的多样性与丰富性，开阔眼界，强化爱国意识
	趣玩花博会	花博汇	通过协作任务——鼓舞人心，沟通任务——旗语传信，观察任务——自然笔记，智慧任务——创意高塔等，体验团队协作精神
五年级　紫色博览			
成长特点	这一时期属于童年与少年的交接处，学生具备如下特点：视、听觉的感知能力变强，从具体的形象思维向抽象的逻辑思维过渡，注意力达25分钟左右，记忆力提高，注意分配能力也有所提高；集体意识、对抗意识变强，性别特点明显，能自觉树立敬佩的榜样，自我评价意识逐步发展，敢于质疑老师，具有契约精神；喜欢游乐性、趣味性、活动性游戏		

续表

五年级　紫色博览			
需求分析	这一时期的学生进入学习的关键阶段。要增强学生的学习技能训练，激发其学习兴趣、求知欲望，同时引导他们正确对待成绩；要培养学生良好的智力品质、正确的竞争意识，鼓励其参与社会实践活动，培养其做事的耐力，建立进取的人生态度，促进自我意识发展。这一阶段的学生灵敏素质发展迅速，能很快掌握技术动作，可相应增加练习容量		
课程目标	通过访问汉口江岸区具有历史意义的建筑群，知晓家乡过去的记忆。在长江日报印务中心领略现代印刷技术的先进，培养建设美好家乡的社会责任感		
成果输出	阅读笔记：对每一次的书本阅读、自然阅读都做笔记，对这一年的笔记进行整理，形成阅读笔记		
评价标准 黄色之星	类别	徽章	内容
	社会责任	公德徽章	在研学旅行过程中能做到爱护环境卫生，保管好随身物品；在研学旅行活动中，能主动帮助他人，不与同学发生冲突
		江城徽章	能够说出家乡的历史景点以及文物；能够将自己的游览笔记与老师及同学分享；能够说出建设美好家乡的几点建议
课程内容	选题	推荐目的地	活动指导
兴趣课程 （自修）	离家最近的一条街道	汉口老街道	在家长的陪同下，发现街上一些不为人知的历史印迹
	家乡话	汉口市井老街区	收集10句武汉最正宗的方言或歇后语，正确记录，解释相应的含义
研学旅行课程 （必修）	研学旅行主题	研学旅行地点	研学旅行内容
	千年活字承记忆	长江日报	到长江日报印刷厂了解报纸的前世今生，体验活字印刷术，了解信息传播方式的转变，感受改革开放给生活带来的变化
	穿越时空趣对话	江汉关博物馆、江汉路步行街	跟着历史的脚步，了解汉口的过去，以事件卡的形式了解那段历史，绘制思维导图
	听古老建筑讲光阴的故事	翟雅阁博物馆	透过红砖、木栏和大屋顶，在导师的带领下了解过去的故事，感受前人的智慧与思想
游学课程 （选修）	课程名称	目的地	课程内容
	东湖边的绿朋友	磨山	在研学导师带领下认识植物，完成自然主题书中提到的自然笔记活动，培养观察、记录习惯
	国家宝藏	湖北省博物馆	到博物馆了解国宝，阅读国宝背后的故事，并以情景剧的形式进行演绎
	绿道博物	东湖绿道	前往东湖绿道，开展自然探究活动，认识绿道植物，进行植物拓印、植物认知、植物石膏画等主题活动，培养自然探究兴趣与精神
	“跟着课本游中国”夏令营	以具体地点为准	通过集体研学旅行，引导孩子独立生活、与同伴进行良好沟通交流，通过实地考察与体验，开阔视野

续表

六年级　橙色起航			
成长特点	学生进入青春期早期，自主意识强烈，注意力可达30分钟左右；敢于反抗父母、教师；自尊心、自信心、好胜心强，容易受挫、灰心；求知欲强，涉猎较广；女生生理变化会影响情绪；面临小升初，容易浮躁和叛逆；渴望独立，也渴望父母和教师的关注；开始关注异性和表现自己；团体意识强，容易形成和追随“小团体”；心眼增多，学会与父母谈条件		
需求分析	学生进入生理第二发展期，每个学生发育速度不同，骨骼发育尚未完成，要保持正确站姿、坐姿和充足的体育锻炼；学生进入脑发育第二加速期，记忆力增加，注意力容易集中，可进行较复杂的推理和计算。学生已不满足于无规则要求的游乐性游戏，特别喜爱有一定规则的竞赛，愿做体力和智力相结合的游戏		
课程目标	通过在江岸区内的研学旅行，让学生追寻革命先烈的脚步，明白当今幸福生活的来之不易。在科技馆领略现代科技的魅力，培养对科学知识的兴趣，树立科学报国的伟大志向		
成果输出	毕业纪念册、红色研学旅行任务书、科学实验报告：将这一年的学习成果，师友留言等整理成毕业纪念册		
评价标准 黄色之星	类别	徽章	内容
	国家责任	爱国徽章	说出家乡的三位革命先烈；给革命先烈写一封信；能够提出几点以科技报国的建议
		立志徽章	在研学旅行报告中完成一份以个人梦想为主题的作文
课程内容	选题	推荐目的地	活动指导
兴趣课程（自修）	相亲相爱一家人	社区	到社区了解社区文化，关爱孤寡老人，与他们聊聊天
	看一两本名人传记	《毛泽东传》	了解他们是如何成为一代伟人 / 成功企业家，进行分析记录
研学旅行课程（必修）	研学旅行主题	研学旅行地点	研学旅行内容
	高空科技耀光芒	武汉科学技术馆（新馆）	领略当代先进科学技术，动手尝试有趣精彩的科学小实验
	探寻江城未来路	学校 / 高校	知晓武汉城市规划路线，尝试绘制未来武汉城市布局图，构建属于自己的城池
	峥嵘岁月忆二七	二七纪念馆、堤角公园	祭拜施洋烈士陵墓，了解二七大罢工的相关历史背景，共忆伟大的革命先烈
游学课程（选修）	课程名称	目的地	课程内容
	我是小小大学生	武汉大学	通过大学校园走读、氛围感知、生活体验等了解大学生活，参与一场学子交流、看大学教室，在大学的操场来一场团队活动，在心中埋下未来成为武大学子的梦想种子

续表

六年级　橙色起航			
游学课程（选修）	放飞少年梦	学校 / 高校	开展毕业主题活动：感恩礼、放飞梦想等系列主题活动，帮助学生告别小学生活，迈向新征程
	趣玩花博会	花博汇	通过协作任务——鼓舞人心、沟通任务——旗语传信、观察任务——自然笔记、智慧任务——创意高塔等体验团队协作的精神
	“跟着课本游中国”夏令营	以具体地点为准	通过集体研学旅行，引导孩子学会独立生活、与同伴进行良好沟通交流，通过实地考察与体验开阔视野

六、研学旅行线路

沈阳路小学研学旅行线路如图 2-3 所示。

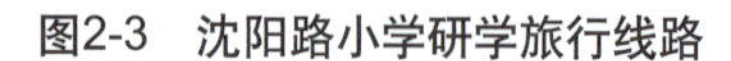
图2-3　沈阳路小学研学旅行线路

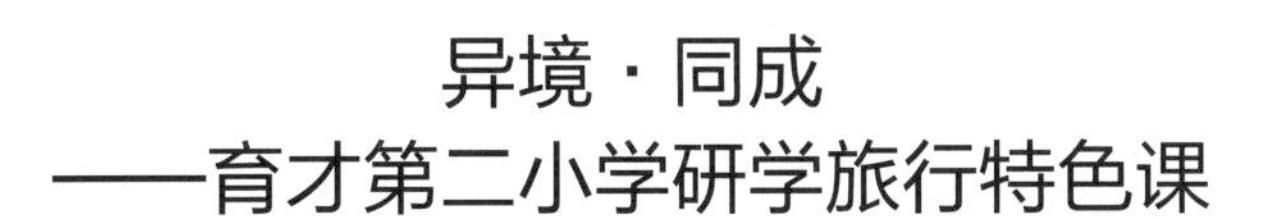

异境·同成
——育才第二小学研学旅行特色课

一、课程目标

武汉市育才第二小学作为研学旅行示范学校，秉承“让校园充满生命活力，圆师生欢乐成长的梦”办学理念，围绕“空间有真爱、教师有梦想、学生有未来”的发展目标，彰显“同成教育”办学特色。

根据研学旅行政策相关要求设置课程时间与空间，对“同成教育”进行深入研究，同时围绕“责信德育”，突出“诚信”和“责任担当”两大关键词，精心为4—6年级学生设计“爱心少年”“智慧少年”“梦想少年”三个主题方向。

运用体验式教育方法和国际先进的PBL项目式学习方法，融入责信教育八个领域，唤醒小学生的责任意识，激发他们的责任情感，打造“异境·同成”研学旅行特色课程体系，旨在培养有梦想、有爱心、有智慧、有担当的学生。

二、核心方法

情境教学法，是指在教学过程中，教师有目的地引入或创设具有一定情绪色彩、以形象为主体的生动具体场景，以引起学生一定的态度体验。

体验式学习，指学生通过切身实践来认识周围的事物，强化学习经历，在观察和反思中将所学内化为自我学习经验，增强学习主动性。

项目式学习，即学生在一段时间内对真实的、复杂的问题进行探究，并从中获得知识和技能。

三、课程框架

1. 课程对象

武汉市育才第二小学4—6年级学生。

2. 课程主题

“异境·同成”研学旅行特色课程。

3. 课程模型

“异境·同成”研学旅行课程模型如图2-4所示。

图2-4 "异境·同成"研学旅行课程模型

4. 课程类型

（1）必修课程：必修课程将纳入学校教学计划，根据学龄段，原则上在江岸区内有序开展研学旅行活动。

（2）选修课程：选修课程为学生自主选择参与的交流学习课程。

5. 研学旅行课程框架

武汉市育才第二小学"异境·同成"研学旅行课程框架如表2-2所示。

表2-2 "异境·同成"研学旅行课程框架

年级	责任要点	课程主题	课程地点	选修课程
四年级	同伴责任 家庭责任 社会责任	爱心少年行江岸	社区、福利机构等	文化交流学习
五年级	自我责任 团队责任 国家责任	智慧少年勇创新	博物馆、科技机构等	学科交流学习
六年级	环境责任 国际责任	梦想少年亲体验	超市、银行职业体验等	语言交流学习

参照此研学旅行课程体系，设定完善的评价机制，每年参照以上研学旅行课程体系滚动实施研学旅行活动后，积极进行反思总结，在下一年计划中再度优化提升。

6. 研学旅行课程评价

研学旅行教育评价是研学旅行必不可少的部分，教育部在《关于进一步做好中小学生研学旅行试点工作的通知》中已明确提出"探索建立研学旅行科学评价机制"的要求。研学旅行教育评价可采取综合评价机制，强化示范引领和自评、互评等反思教育的引领作用，有助于评价更为客观、公正和真实地反映学生的成长进步情况。

在研学旅行活动结束阶段，采取综合评价方式，由研学旅行知识、团队活动、个

人能力三个不同方面的自评以及教师评价两大部分组成，使学生都能找到自己的成长点，使人人都能体会到成功的喜悦，并且总结反思研学旅行过程中的收获与成长。

四、保障措施

为保障参与的师生平安快乐地完成研学旅行课程，特拟定以下保障措施。

（1）按照省、市研学旅行文件要求，由学校统筹规划设置研学旅行课程主题，保障课程实施时间。

（2）课程实施前期进行问卷调查，了解学生对于研学旅行的诉求，了解家长对于研学旅行的认识。

（3）全过程均严格按照省市研学旅行文件标准和规范运行，承办方选择有资质、有经验的第三方机构，要求承办单位制定完备的安全防控管理制度和完善的应急处理方案。

（4）申报教育主管部门审批备案。

（5）组织教师代表、合作机构、家委会代表进行三方会谈，再次明确研学旅行目的，确定活动内容、出行费用及出行服装要求等各个细节，与家长、委托方签订安全责任书。

（6）通过“致家长的一封信”或召开家长会等形式告知家长活动意义、时间安排、出行路线、费用收支、注意事项等信息。

（7）主办方和承办方各自做好研学旅行活动的安全预案。

（8）对研学旅行课程每条路线的交通、参观和体验项目进行严格的安全风险调研评估。所选交通工具要求来源正规，有资质，确保每人一座，不超载，不超限。

（9）责成承办单位严格筛选活动场地及活动道具，确保活动场地、活动道具等安全可用。

（10）保证有学校老师全程跟随，由承办方的专业研学旅行导师组织、实施教育活动，另外，设置工作人员全程随队跟踪服务。

（11）为参与师生购买研学旅行意外伤害保险。

五、进度安排

武汉市育才第二小学研学旅行计划实施进度如表 2-3 所示。

表2-3　武汉市育才第二小学研学旅行计划实施进度表

时间		计划实施进度
第一年	1 月—3 月初	制定年度研学旅行课程实施计划
	3 月中旬—10 月底	实施研学旅行课程计划
	11 月	对研学旅行课程计划的实施进行反思与总结，并根据评价机制条款及内容要求对课程及承办方进行评价
	12 月	制定第二年度课程实施计划并进行优化提升

续表

时间		计划实施进度
第二年	1月—3月初	敲定本年度研学旅行课程实施计划
	3月中旬—10月底	实施研学旅行课程计划，保持关注并预备随时进行方案调整
	11月	对研学旅行课程计划的实施进行反思与总结，并根据评价机制条款及内容要求对课程及承办方进行评价
	12月	制定第三年度课程实施计划并进行优化提升
第三年	1月—3月初	敲定本年度研学旅行课程实施计划
	3月中旬—10月底	实施研学旅行课程计划，保持关注并预备随时进行方案调整
	11月	对研学旅行课程计划的实施进行反思与总结
	12月	根据评价机制条款及内容要求对三年的研学旅行课程计划实施情况及承办方进行总体评估，出评估报告

六、研学旅行课程设置

1. 四年级研学旅行课程设置

四年级研学旅行课程设置如表 2-4 所示。

表2-4 爱心少年研学旅行课程（四年级）

主题	研学旅行方案	研学旅行地点	课程内容
爱在校园	我为校园添色彩	武汉市育才第二小学	校园暖心设计
爱在身边	公园爱心定向赛	解放公园	识图辨向、公园公益
爱在社区	社区公益我行动	惠中社区	社区公益
爱在自然	自然博物新体验	汉口江滩	观鸟、植物笔记

2. 五年级研学旅行课程设置

五年级研学旅行课程设置如表 2-5 所示。

表2-5 智慧少年研学旅行课程（五年级）

主题	研学旅行方案	研学旅行地点	课程内容
智慧科技	和机器人的邂逅	华中科技大学	机器人制作、专家讲座
智慧生活	未来的城市生活	武汉市民之家	生活科技作品制作
智慧校园	校园定向趣闯关	学校	趣味定向、App 设计体验
智慧传承	我是活字传承人	长江日报印刷厂	古法印刷

3. 六年级研学旅行课程设置

六年级研学旅行课程设置如表 2-6 所示。

表 2-6　梦想少年研学旅行课程（六年级）

主题	研学旅行方案	研学旅行地点	课程内容
梦想校园	小小大学生	武汉大学	入学体验、分科学习
梦想职业	职业新接触	消防、医院、银行等	职业体验
梦想国度	海外乐交流	英国	文化交流
梦想旅行	欢乐毕业行	上海	毕业典礼、主题乐园

七、研学旅行课程案例（五年级）

1. 智慧少年研学旅行课程介绍

从“智慧科技”“智慧生活”“智慧校园”“智慧传承”四个方面，引导五年级学生学习现代“黑科技”，了解科技在生活和学习中的运用，并亲身体验和制作科技作品，进而在研学旅行过程中提高自我责任、团队责任、国家责任意识和践行能力。

2. 智慧少年研学旅行课程方案

智慧少年研学旅行课程方案如下。

和机器人的邂逅

一、课程目标

（1）走近“双一流”高校华中科技大学，和华科学子面对面交流，感受校园氛围，了解大学生活，打开眼界；参观华中科技大学校史馆，观看华科校史纪录片，了解华科发展的历史，憧憬心中理想的大学。

（2）聆听机器人主题讲座，与华中科技大学机器人科研团队进行交流，了解科技前沿。

（3）观看尖端机器人表演，操控飞行器与阿尔法机器人，动手拼装红外线机器人，激发学生对科技的兴趣，提高动手能力。

二、课程说明

“和机器人的邂逅”课程对象、时间、地点如表 2-7 所示。

表2-7　课程说明

推荐对象	课程时间	课程地点
小学五年级	1 天	华中科技大学

三、课程安排

1. 课前准备

（1）预习研学旅行手册，完成行前任务挑战与准备。

（2）了解华中科技大学校史，与同学讨论自己心中理想的大学。

（3）利用学校图书馆等了解机器人发展的历史。

2. 研学旅行当日

“和机器人的邂逅”研学旅行课程日活动安排如表2-8所示。

表2-8　研学旅行当日活动安排

时间	课程安排	地点	人员
8：00—9：00	行前一课介绍课程知识点和流程，组建研学旅行小组，完成团队建设，制定小组目标与成员职责	学校教室	任课教师、研学旅行导师
9：00—11：30	集合出发前往华中科技大学，参观感受高校氛围，体验大学生活；参观华中科技大学校史馆，憧憬心中理想的大学	华中科技大学	研学旅行导师
11：30—13：00	校园营养午餐，午间小憩	华中科技大学	研学旅行导师
13：00—15：00	与华中科技大学机器人团队交流学习机器人基础知识，欣赏机器人表演，操控高科技机器人，自己动手制作一个机器人	华中科技大学	华科团队、研学旅行导师
15：00—16：00	完成研学旅行手册任务内容，进行成果展示与分享，进行研学旅行集章评价	华中科技大学	任课教师、研学旅行导师
16：00—17：00	带着收获愉快返校	车程	任课教师、研学旅行导师

3. 研学旅行成果与评价

自己动手制作的机器人、研学旅行手册。

四、人员安排

（1）研学机构专业研学旅行导师，负责研学旅行活动的带领和引导分享。

（2）学校带队老师，协助研学旅行导师指导课前导入的相关内容。本课程建议班主任带队，引导学生树立上名校的志向。

（3）随团人员，负责团队后勤保障并协调其他可能出现的问题。

（4）机器人团队专业师资，负责机器人知识讲解以及研学旅行活动的引导。

五、研学旅行线路

武汉市育才第二小学“异境·同成”研学旅行特色课程线路如图2-5所示。

武汉市育才第二小学异境·同成研学旅行路线图

武汉市育才第二小学秉承“创造师生共同成长的教育”的办学理念，努力彰显“同成教育”的办学特色，切合责信德育的研究课题，围绕学校“培养有梦想、有爱心、有智慧、有担当的学生”的育人目标，努力打造“异境·同成”研学旅行特色课程体系。学校结合各年级研学旅行主题，努力挖掘系列研学场域的情境教育资源，运用体验式教育方法和PBL项目式学习方法，融入责信教育八个领域，唤醒学生的责任意识，激发学生的责任情感，让学生在有意义的研学活动中懂得责任，学会成长！

图2-5　武汉市育才第二小学“异境·同成”研学旅行特色课程线路

“沿红色足迹　研红色历史　立责任担当”红色场馆定向赛
——育才可立小学红色研学旅行活动方案

一、活动背景

研学旅行活动是教育部门和学校组织的学生集体旅行，是将研究性学习和旅行体验相结合的校外教育活动。学生参与研学旅行不仅能开阔视野，增长见识，还能体验与同龄伙伴集体出游的乐趣，有助于培养学生的社会责任感、集体意识，加深学生对自然、社会、文化的理解，丰富教育的内涵，推进素质教育的全面实施。

根据武汉市教育局等 14 部门关于印发《武汉市推进全国中小学研学旅行实验区工作实施方案》的通知和《江岸区中小学开展研学旅行工作指导意见（试行）》，我校结合校情和学情，依托武汉丰富的自然和历史文化遗产资源、综合实践基地，研讨制定了《“沿红色足迹 研红色历史 立责任担当”红色场馆定向赛——育才可立小学红色研学旅行活动方案》，让学生以任务赛的形式在研学旅行中实地学习革命光荣历史，感受英雄先进事迹，在知与行中感悟改革开放的伟大成就，激发学生对党、对国家、对人民的热爱之情，加强学生德育教育，培养学生成为合格的“责信小公民”。

二、活动目的

1. 做到知行合一，以研学旅行的方式延伸课堂知识

阅读红色读本《大江金岸　百年潮涌》，了解武汉革命历史，陶冶爱国情操，培养坚韧品质，增强责任感和使命感。

2. 追随英雄足迹，传承红色精神

学习革命烈士艰苦奋斗、艰苦朴素、勇敢进取的精神。

3. 培养合作意识和团队精神

积极参与团队活动，能主动协同合作，互相尊重，团结互助，共同成长。

三、研学旅行路线及进度安排

本次研学旅行特选八个红色场馆作为定向赛的活动场地。学生在老师的带领下，乘坐公共交通工具来到任务场馆，根据任务卡提示完成相关任务，带队老师跟拍记录。如图 2-6 所示。

研学旅行路线及任务简要安排见“‘沿红色足迹　研红色历史　立责任担当’红色场馆定向赛”任务一览表，详细版的研学旅行任务安排可参看各场馆任务卡。

图2-6 八个红色场馆定向赛任务路线图

四、“‘沿红色足迹 研红色历史 立责任担当’红色场馆定向赛”任务一览表

“‘沿红色足迹 研红色历史 立责任担当’ 红色场馆定向赛”任务一览表如表 2-9 所示。

表2-9 “‘沿红色足迹 研红色历史 立责任担当’ 红色场馆定向赛”任务一览表

任务卡	点标介绍	团体任务	记录卡
八路军武汉办事处旧址纪念馆	八路军武汉办事处是抗日战争初期中国共产党在国民党管辖区设立的一个公开办事机构。1978 年重新修复旧址，建立八路军武汉办事处旧址纪念馆，为湖北省文物保护单位和爱国主义教育基地	1. 拍照打卡； 2. 红色记录卡； 3. 特色任务； 4. 寻宝之旅	1. 小队名称； 2. 成员名单； 3. 主题内容
八七会议会址纪念馆	八七会议会址纪念馆位于湖北省武汉市，依托旧址而建。1978 年 8 月 7 日，八七会议会址恢复原貌并建立纪念馆，正式对外开放 ,1982 年被国务院公布为第二批全国重点文物保护单位	1. 拍照打卡； 2. 红色记录卡； 3. 我是小小讲解员，追忆红色历史； 4. 寻宝之旅	1. 小队名称； 2. 成员名单； 3. 主题内容

续表

任务卡	点标介绍	团体任务	记录卡
武汉二七纪念馆	武汉二七纪念馆是为纪念1923年京汉铁路工人大罢工修建的，1963年对外开放。纪念馆周围还有毛泽东亲笔题写的二七烈士纪念碑和京汉铁路总工会旧址、林祥谦烈士就义的江岸车站、施洋烈士墓等纪念地	1. 拍照打卡； 2. 红色记录卡； 3. 我是小小讲解员，追忆红色历史； 4. 寻宝之旅	1. 小队名称； 2. 成员名单； 3. 主题内容
汉口新四军军部旧址纪念馆	汉口新四军军部旧址纪念馆位于武汉市江岸区胜利街。汉口新四军军部旧址具有日本住宅建筑特征，见证了新四军军部在武汉诞生的历史，具有较高的历史、艺术价值	1. 拍照打卡； 2. 红色记录卡； 3. 我是小小讲解员，追忆红色历史； 4. 寻宝之旅	1. 小队名称； 2. 成员名单； 3. 主题内容
汉口中共中央宣传部旧址暨瞿秋白旧居陈列馆	汉口中共中央宣传部旧址暨瞿秋白旧居陈列馆位于江岸区吉庆街。瞿秋白曾在这栋小楼里筹备中国共产党第五次全国代表大会	1. 拍照打卡； 2. 红色记录卡； 3. 我是小小讲解员，追忆红色历史	1. 小队名称； 2. 成员名单； 3. 主题内容
京汉铁路总工会旧址纪念馆	京汉铁路总工会旧址位于武汉市江岸区。1922年，京汉铁路沿线工人在中国共产党的领导下，展开反对帝国主义和封建军阀的斗争，总工会在此领导了震惊中外的“二七大罢工”	1. 拍照打卡； 2. 红色记录卡； 3. 我是小小讲解员，追忆红色历史； 4. 我是红歌传播者，传递红色正能量	1. 小队名称； 2. 成员名单； 3. 主题内容
宋庆龄汉口旧居纪念馆	宋庆龄汉口旧居，始建于1896年。宋庆龄在此接待了美国著名作家文森特·希恩、安娜·露易斯·斯特朗等人，通过他们向世界介绍了中国革命斗争的史实；发表了“讨蒋通电”和“七一四”声明，维护三民主义和“联俄、联共、扶助农工”三大政策	1. 拍照打卡； 2. 红色记录卡； 3. 我是小小讲解员，追忆红色历史； 4. 寻宝之旅	1. 小队名称； 2. 成员名单； 3. 主题内容
武汉中共中央机关旧址纪念馆	武汉中共中央机关旧址纪念馆。在第一次国内革命战争时期，中共中央在武汉召开了中国共产党第五次全国代表大会和八七会议	1. 拍照打卡； 2. 红色记录卡； 3. 我是小小讲解员，追忆红色历史； 4. 穿越历史	1. 小队名称； 2. 成员名单； 3. 主题内容

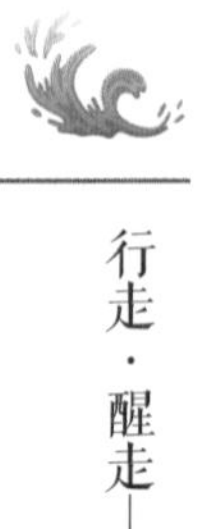

五、安全保障措施

1. 组织保障

学校成立研学旅行工作领导小组，严格分工，明确职责，统筹安排各项工作。

组　长：唐俊　蔡晓瑜

副组长：苏祖婷　祝志芳　周琼　姚岚　汪凯　张维强　李文楠

组　员：霍淇慧　饶洁若　吴毓婕　张晶　陈炼　李瑞雪　万颖

2. 资金保障

设立研学旅行实施专项基金，提供外出研学旅行、安全防范等经费，专款专用。

3. 激励机制

为调动师生参与的积极性、主动性和创造性，学校根据团队完成任务的情况，依次颁发奖项。

“最佳实力奖”“最佳团结合作奖”“最佳解说团队奖”“最佳创意照片奖”“最高人气奖”各1名，“道德风尚奖”3名。

4. 安全机制

（1）研学旅行前，告知学生活动安全注意事项，并根据活动路线，制定安全应急预案、安全保障措施及安全责任制度，对参加的学生进行安全教育，强化安全意识。

（2）强化过程管理。加强对带队组长安全承诺的监督，对活动中的各项安全细节都提出明确要求。随行老师要全程跟团活动，及时汇报、反馈学生情况。

（3）充分挖掘社会和家长资源，争取社会各界的支持。每班发动1—2名家长作为活动志愿者全程参与活动，参与组织、管理、反馈等安全工作。

（4）加强应急防范措施，如遇恶劣天气或特殊情况，学校应及时取消或暂停研学旅行活动。

武汉市育才可立小学将不断尝试拓展研学旅行活动方式，加大调研力度，确保研学旅行活动目标和内容的多样化，增强活动方式的实践性和探究性，培养学生的自主性和创造性；以学生为主体，引导学生在实践和体验的过程中将书本知识和现实生活相联系，丰富感性认识，提升理性思考。师生一起开阔视野、启迪心智，体验和感悟自然和人文的魅力。

寻梦“本真”娃 “四爱”江城行
——堤角小学研学旅行主题、路线及整体规划实施方案

一、指导思想

根据《市教育局等14部门关于印发武汉市推进全国中小学研学旅行试验区工作实施方案的通知》，围绕学校“本真”育人的办学理念，以足球特色教育为抓手，聚焦学生发展核心素养，结合“真情”德育模式的深入研究及德育特色课程的开发，发挥研学旅行的教育功能，努力形成学校德育新亮点，推动素质教育的全面实施。

二、研学旅行路线

学校研学旅行结合乡情、区情，制定了“寻梦‘本真’娃 ‘四爱’江城行”研学旅行特色路线——爱生活“本真”娃、爱家乡“本真”娃、爱创造“本真”娃、爱运动“本真”娃四条主题研学路线。

1. 爱生活 “本真”娃研学旅行

引导学生了解身边的区域，了解自己的生活居住环境，增强保护环境的意识。根据学生的年龄特点及实际情况分别安排低、中、高三个阶段的“爱生活”研学旅行路线：

一至三年级：堤角公园；

四至五年级：堤角水厂

六年级：武汉市节水科技馆、堤角水厂、朱家河。

2. 爱家乡 “本真”娃研学旅行

江岸区有大量的红色资源，呈现出数量众多、区域集中、地位重要等特点，有着不可复制的红色教育优势。根据学生的年龄特点及实际情况分别安排低、中、高三个阶段的“爱家乡”研学旅行路线：

一年级：林祥谦故居、武汉二七纪念馆；

二年级：汉口新四军军部旧址纪念馆、八路军武汉办事处旧址纪念馆；

三年级：八路军武汉办事处旧址纪念馆、汉口新四军军部旧址纪念馆；

四年级：八七会议会址纪念馆；

五年级：孩子剧团陈列馆、宋庆龄汉口旧居纪念馆；

六年级：汉口中共中央宣传部旧址暨瞿秋白旧居陈列馆。

（一至六年级学生均可以武汉二七纪念馆为校外固定红色教育基地，进行自由研学

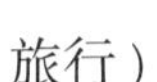

旅行）

3. 爱创造　“本真”娃研学旅行

聚焦学生发展核心素养，激发学生学科学、爱科学、用科学的兴趣，培养学生的创造能力。根据学生的年龄特点及实际情况安排高年段的“爱创造”研学旅行路线：

四至五年级：武汉科学技术馆、武汉规划展示馆、岱家山科技创业园、百步亭·爱社区众创空间。

4. 爱运动　“本真”娃研学旅行

了解各类大型运动场馆，感受建筑艺术之美，实际参与各个场馆的活动，知道各类比赛规则，培养健康向上、积极努力、团结奋进、勇于拼搏的运动精神。根据学生的年龄特点及实际情况安排全年段的“爱运动”研学旅行路线。

一至六年级：塔子湖体育中心、武汉体育中心等相关运动场馆。

三、活动时间安排

学校结合社会实践活动计划，并利用每周四下午综合实践活动课程，每学年采取集中方式组织开展一至六年级研学旅行1—2次，重点组织开展四至六年级研学旅行2—3次。

四、具体实施步骤

1. 制定计划宣传阶段（2018年3月）

制定三年研学旅行规划，并设计完成《江岸区堤角小学研学旅行指导手册——爱生活“本真”娃》

2. 具体实施阶段（2018年4月—2020年11月）

（1）第一阶段：集中组织研学旅行（2018年3月—2019年1月）。

2018年3月—4月：分A、B区完成校内“爱家乡‘本真’娃”研学旅行游；

2018年5月：围绕研学旅行手册进行教师、学生外出研学旅行培训，完善《江岸区堤角小学研学旅行指导手册——爱家乡“本真”娃》；

2018年6月：开展一至六年级“爱生活‘本真’娃”研学旅行活动，并进行成果评比及展示；

2018年7月：修订《江岸区堤角小学研学旅行指导手册——爱生活“本真”娃》；

2018年9月：设计完成《江岸区堤角小学研学旅行指导手册——爱创造“本真”娃》；

2018年10—11月：开展爱创造“本真”娃研学旅行活动并进行成果评比及展示；

2018年12月：修订《江岸区堤角小学研学旅行指导手册——爱创造“本真”娃》；

2019年1月：开展研学旅行师生分享交流活动。

（2）第二阶段：分散组织研学旅行活动（2019年3月—2020年1月）。

2019年3月：修订《江岸区堤角小学研学旅行指导手册——爱生活“本真”娃（二）》（武汉市节水科技馆、堤角水厂、朱家河），设计完成《江岸区堤角小学研学旅行指导手册——爱运动“本真”娃》；

2019 年 4 月：一、二、三年级开展爱生活 “本真”娃研学旅行游；四、五年级开展爱运动 “本真”娃研学旅行游；

2019 年 5 月：六年级开展爱生活 “本真”娃研学旅行游（堤角水厂、朱家河）；

2019 年 6 月：进行成果评比及展示；

2019 年 9 月：修订《江岸区堤角小学研学旅行指导手册——爱运动“本真”娃》；

2019 年 10 月—12 月：一至六年级部分学生开展爱运动“本真”娃研学旅行游；

2020 年 1 月：开展成果评比及展示、师生分享交流活动。

（3）第三阶段：常态研学旅行活动（2020年3月-12月）。

3. 总结分享形成成果册

收集形成征文集《幸福成长路》，开展摄影展并汇编影集《生命绽放精彩》。

五、评价机制

强化示范引领和自评、互评等反思教育的引领作用，注重活动过程中、活动过程后学生的自我评价、互相评价，总结反思活动经验，评选出活动积极分子，让自评互评的过程成为学生德育提升、能力增强的过程。学校还将把学生参与活动的情况纳入学生综合素质评价体系，同时开展评选研学旅行先进班集体、先进个人活动，将此项评价作为年度优秀班集体、优秀个人评比的条件之一。

六、研学旅行路线图

寻梦“本真”娃 “四爱”江城行江岸区堤角小学研学旅行路线图如图 2-7 所示。

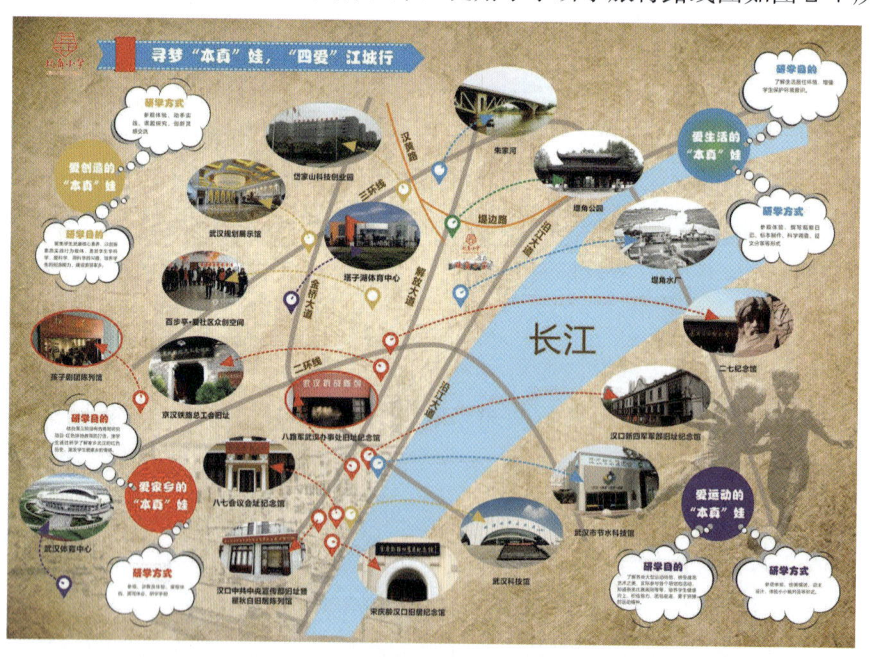

图 2-7 寻梦“本真”娃 “四爱”江城行江岸区堤角小学研学旅行路线图

“学生因知行而成长”——长春街小学蔡甸分校研学旅行实施方案

一、研学旅行背景

（1）时代需求：十八大和十八届三中全会提出要把立德树人的要求落到实处。《教育部关于全面深化课程改革落实立德树人根本任务的意见》指出，教育部将组织研究提出各学段学生发展核心素养体系，明确学生应具备的适应终身发展和社会发展需要的必备品格和关键能力。

（2）地域特点：学校所在的蔡甸区三面环水，更有由政府直接推动设立的可持续发展示范合作项目——中法生态城。在知音湖之滨马鞍山麓保留有春秋时期钟子期的坟墓，传说中“伯牙遇子期相结为知音”的故事就发生于此，形成了厚重的知音文化。蔡甸区内的武汉野战国防园被评为湖北省级国防教育基地，“没有共产党就没有新中国”百年报刊馆是全国首家民营企业投资建设的大型红色报刊博物馆，还有“江汉平原第一高峰”九真山，这些资源让蔡甸充满魅力，提供了丰富的研学旅行资源。

（3）学校目标：办“三适”（适天性、适家国、适未来）、“两化”（现代化、特色化）的学校，培育爱祖国、会生活、善学习、能创新的学子。

二、研学旅行理念

（1）尊重个体差异：每个学生都是禀赋不一、个性各异、学习能力不均衡、家教环境差别很大的活泼生命。直面每个学生的差异，尊重每个学生生命发展的教育，是学校和教育工作者的崇高使命和价值追求。每个学生都有着无限的成长可能，我们的教育要能因势利导，尊重每个学生的差异，利用每个学生的差异，改进和优化每个学生的差异，让每个学生都能适其性格、各逐其生，最终各美其美，成为最好的自己。

（2）在多元选择中成长：课程是学生成长的“跑道”，所有的育人目标最终都要落脚于课程，要创造适合每个学生个性发展的教育，就必须立足于课程建设。只有为每个学生提供适合的课程，才能让每个学生拥有自己的成长“跑道”。为此，聚焦学生的适性发展，紧扣学生的年龄、认知和心理特点，并根据“选择性与个性化”的课程特质，我们对学校的“适成”课程进行了科学的顶层设计，创造了“三适”的实践模式。

第一个“适”是“适天性”。在一年级、二年级四个学期中，全体学生体验四个不同的项目，了解、感知不同的自然生态。大自然是一部真实、丰富的百科全书，蕴藏着巨大的教育财富。自然界的生活是直观的、具体的、现实的、丰富的。通过各种课程，培养学生的好奇心和求知欲，引导学生爱护环境，认识世界。亲近自然生态教育使学生与自然、社会和谐相处，促进学生心理和谐，促进学生形成完善的人格，对促进学生发展具有重要的教育价值。亲近自然生态教育方式包括营造自然生态教育环境，开展渗透式生态教育，融入真实环境感悟自然，寓教于乐增强生态环境保护意识等。

第二个“适”是“适家国”。带领三年级、四年级学生走进红色研学旅行基地，了解中华民族和国家的苦难史、奋斗史，了解中国共产党领导人民求解放、求发展的历史和中国革命胜利史，使学生清楚地认识到：只有知国才能爱国，知之深才能爱之切。从场馆实际存在的物品引出各种革命事迹，通过实物来帮助学生更贴切地学习革命历史，从精神、思想、行动上继承先辈们坚强不屈、敢于斗争的革命精神。激发学生的民族自尊心和自信心，使学生自觉地、矢志不渝地弘扬自强不息、艰苦奋斗的精神，坚定地与时代同步伐，与祖国共命运。

第三个“适”是“适未来”。五年级、六年级课程培养学生的创新精神，锻炼学生的创造力。科学技术是第一生产力，是经济社会发展的重要推动力量。经济的竞争、科技的竞争，说到底是人才的竞争，而青少年是未来的人才，是发展的助推之星，更是社会进步的希望所在。他们对科学技术掌握的程度往往决定着一个地区的创新力、一个社会的发展力和一个国家的竞争力。本课程以科技创新引领教育，以学生为主体，注重培养学生的创新思维、创新精神和创造能力，提倡采取自主探究、小组讨论、团队合作等教学模式来提高学生学习的兴趣。科技创新教育具有无限的价值，将对个体发展、课程改革、教育系统变革以及国家人才战略产生重大影响。

（3）服务每个孩子的个性发展：教育不是博弈，关键是“匹配”，只有适合学生个性发展的教育才能促进其多元发展，不断成长。学校要尽可能地为每个学生提供适合其个性发展的选择机会，让每个学生都能发现自己成才的可能，并帮助他们实现这种可能，让每个学生都能在教育的坐标里找到自己的成长点。“动手实践，自主探索，合作交流”是学生学习的重要方式。在实践中努力为学生创造机会，让他们亲身参与活动动手实践环节，提升学习兴趣，帮助学生积累经验并促进思维的发展。学校旨在通过研学旅行活动，搭建一个促进青少年全面发展的平台，帮助青少年巩固知识，拓展思维，提升基本素质，成为一个对社会、对国家、对人民有用的人。

三、研学旅行目的

有目的、有计划地组织学生走出校园、走出课堂，让学生参与到各项研学旅行课程中去，了解自然，认识社会，塑造健康的人格与品质，提升综合素质，自由发展学习兴趣和全方位提升学习能力。让校外实践教育活动与校内课堂教学相辅相成，共同构成学生的课程学习经历。通过实地参观、互动体验、团队活动等多种形式，培养学生的家国情怀，让学生在实践课程教育活动中既能巩固所学文化知识，又能培养责任意识、家国情怀、国际视野，成为能自主发展、实践探究、合作共享、适应未来发展的学生。

四、研学旅行原则

（1）坚持教育性原则。精心设计研学旅行活动方案，确保每次活动立意高、目的明，在活动之前提前做好具体活动方案，带着目标开展活动。

（2）坚持安全第一原则。在组织研学旅行活动前，对目标地点进行考察。根据考察情况，制定详细的活动方案和安全应急预案，确保交通、饮食的安全。根据实际情况合理安排学生数量，针对活动内容对学生进行必要的安全教育。活动可以由信誉良好的旅行社承办，学校领导、教师和家长志愿者参与全程管理。

（3）坚持学生自愿原则。学校公布研学旅行活动具体方案和收费标准，以班级为单位，学生自愿报名参加，并由学校和家长签订自愿报名参加协议。活动内容、活动时间及费用公开、透明，接受家长监督。

（4）坚持长效性原则。研学旅行是学生体验教育的重要内容，对提高学生的综合素质意义重大。学校将不断储备研学旅行目的地，形成系列化目的地，以实现研学旅行活动的连续性、长效性。

五、研学旅行要求

（1）对学校：在每个年级产生一名责任心强、具有统筹能力的教师，积极协调，对研学旅行活动进行有序指导、定期审核。

（2）对老师：老师依据教材内容，根据自己的理解及学生特点提出适合的研学旅行目的地与课程，开发适合的研学旅行导读手册。

（3）对家长：配合学校老师进行研学旅行目的地考察，完成确定活动场地、安排时段、预约场次等工作。

（4）对学生：积极参与研学旅行活动，秉承安全第一的原则，配合研学旅行导师的安排，做好研学旅行准备，完成研学旅行目的，总结研学旅行成果。

六、研学旅行内容

著名教育家陶行知先生说：“千教万教教人学真，千学万学学做真人。”道德教育的客观效果，应以推动个人道德品质的培养、升华为准绳，应当把启发学生的道德自觉、注重道德实践、提升个人品质放在首位。做好“知”的环节，提高道德规范知晓率，要让学生们明白自己所要遵守的道德准则是什么，在集体中具体有哪些规范。道德学习的成果检验标准在于“行”，用已知的知识指导自己的行为，做到一言一行合乎道德规范，这样才能成为别人的榜样。所以提高学生对道德理论的认知，更为重要的是要引导学生将学到的道德知识应用到具体实践中，理论和实践相结合，从而实现道德上的知行合一。我们采取“知行合一”的研学旅行形式，做到参观考察与课程实践相结合，探讨“让每个学生成为最好的自己”系列活动，从而让学生明白：实践课堂所学知识对生活至关重要。

（1）在“适天性”的课程中，通过实地参观蔡甸区特色主题景区花博汇景区和消泗油菜花景区，让学生接触大自然，欣赏百花之美，亲近自然，在集体活动中与同学团结互爱；在以动物为主题的龙灵山公园鸟语林与武汉野生动物王国景区，让学生通过对鸟类及动物的观察发现大自然的神奇和魅力，爱惜则护之，进而关注生物多样性保护，爱护自然，保护自然，注重生态保护。

（2）在“适家国”的课程中，参观蔡甸区大型红色报刊博物馆——“没有共产党就没有新中国”百年报刊馆，以千余件珍贵的历史报刊为载体，让学生感受中国共产党英勇奋斗、不断前进的辉煌成就。侏儒山战役博物馆是在蔡甸区侏儒傅家山战场遗址兴建的，展示新四军第五师中原抗战光辉历史的综合性博物馆，陈列着记录当时战役的文物与文献资料，让学生通过参观博物馆重温当年波澜壮阔的历史，感受抗日英烈顽强不屈、百折不挠的精神。让学生在武汉野战国防园体验国防教育课。学生是祖国未来的建设者和保卫者，将来都将走上建设祖国的岗位，肩负起保卫祖国的重任。国防教育能提高学生的政治思想觉悟和道德素质，从而增强对国防的义务感、责任感和坚决保卫祖国的意识。

（3）在“适未来”的课程中，学生参观体验动力风暴汽车梦幻乐园、武汉科学技术馆等，认识科技的魅力，了解科技发展的最新成就，了解科技对生活的影响。另外，配合手工实践课程，以科技创客为主题开展活动，锻炼学生的动手能力和实践能力，激发学生探索科技领域的兴趣，展望科技创造的未来，建立科技强国意识。

七、研学旅行活动方案

长春街小学蔡甸分校“学生因知行而成长”研学旅行活动方案如表2-10所示。

表2-10　长春街小学蔡甸分校“学生因知行而成长”研学旅行活动方案一览表

精品路线	研学旅行年级	活动内容		特色活动主题	研学旅行目的
		参观	课程		
适“天性”	一年级上	花博汇	创意黏土	走近花的海洋，亲近大自然	认知世界，探索社会
	一年级下	消泗油菜花、十里莲华·养心谷	自然笔记绘制	在绿地和新鲜空气中的美好生活	
	二年级上	龙灵山公园鸟语林	制作鸟巢	亲近鸟类，探究鸟类	探索自然奥秘，保护生态环境
	二年级下	武汉野生动物王国	环保袋拓印	走进动物公园，探索动物世界的奥秘	

续表

精品路线	研学旅行年级	活动内容		特色活动主题	研学旅行目的
		参观	课程		
适“家国”	三年级上	“没有共产党就没有新中国”百年报刊馆 + 运铎公园 + 侏儒山战役博物馆	百米长卷画祖国	传承红色基因，赓续精神血脉	铭记无私奉献的革命先烈，激发同学们的爱国主义精神
	三年级下	侏儒山战役博物馆 + 陈昌浩故居	团建拓展	传承武汉红色文化，探寻先辈革命风采	
	四年级上	枭龙智能车实验基地	知识竞答赛	感知我国军用装备建设，坚定爱国主义信念	培养民族自豪感，建立主人翁精神
	四年级下	武汉野战国防园	军事体验	磨炼意志，养成好习惯	
适“未来”	五年级上	动力风暴汽车梦幻乐园	VR 互动枪炮管	“穿越”到另一个世界	了解体验科技知识，体验科技乐趣
	五年级下	武汉科学技术馆	机器人总动员	探寻科学宝藏，争做小小科学家	
	六年级上	武汉新能源研究院	电子机械狗	规划学习方向，实现自我价值	勉励学生，创造精彩人生
	六年级下	校园	毕业季	感谢师长恩，珍藏母校情	

八、保障服务

1. 整体要求

（1）必须牢固树立“安全第一”意识，加强各个环节的安全工作，要多方考虑活动的安全性，落实安全责任。

（2）每班安排两名指导教师组织学生活动，保持通讯畅通，校方班主任老师必须随身携带本班学生家长的电话号码。

（3）外出活动前，事先对学生进行安全教育，要讲明具体的安全要求及出现意外情况时的联系方式、应急方案，要有据可查。特别强调：①准时；②不得独自活动；③不得随意在无证摊贩处购物；④严禁去地势险峻或无安全设施的地方游玩。

（4）外出活动以班为单位集体组织，每次更换活动地点或上车后必须清点人数。

（5）在学生活动期间，随队教师必须密切注意学生动态并及时采取有效的管理措施。

（6）全体师生到校后再回家。学生如有特殊情况，必须向校方班主任老师请假，经批准后再离开。

2. 应急处理办法

（1）交通安全篇。

对汽车车队、车辆、司机服务进行综合评价后择优安排，以车为单位配备一名导师，承担活动相应服务。如出现意外，将按照以下办法进行救援：

① 把握“抢救第一”的原则，就近送当地正规医院或联系当地 120 急救中心，予以紧急救助。同时疏散学生至安全地点，保护事故现场。

② 事故发生，在抢救的同时立即安排人员联系、报告校方领导和活动负责人及当地交警部门，同时通知学生家长。

③ 由活动负责人根据事故严重程度、交警意见等安排善后事宜。

④ 回校后，责任人要撰写详细事故报告，根据事件严重程度按规定上报、处理。

（2）失踪应急篇。

以班级为单位组织学生活动，勤点名，多列队，如出现人员疑似失踪，将按照以下办法处理：

① 发现学生失踪，立即问明情况，联系、报告活动负责人。

② 安排副班教师管理在场学生，稳定学生情绪和活动秩序。

③ 由活动负责人统一安排教师分组寻找，出发前明确寻找路线、集合时间和地点，安排学生寻找必须有老师带队。

④ 在失踪学生找到之前，其余学生均在原地等待。若确实需要转移活动场地，必须在原定集合地点留人等待，并继续安排人员寻找。必要时，活动负责人可报当地公安机关、活动场所保安部门协助寻找，并向学生家长通报事件经过和寻找情况。

⑤ 一旦发现失踪学生有关信息，立即报告活动负责人，并通告相关人员，布置下一步行动。

（3）意外伤害篇。

在研学旅行过程中，控制使用尖锐物品，避免行至安全不明地点，如有意外伤害发生，将按照以下办法处理。

① 把握“抢救第一”原则，由现场领队立即将伤员就近送到正规医院处理，或联系当地 120 急救中心，予以紧急救助，并在第一时间向活动总负责人报告情况，同时疏散学生撤离至安全地点，保护事故现场。

② 根据伤势轻重，由负责人决定是否立即通知学生家长，并安排下一步行动。

③ 回校后，相关责任人要撰写详细事故报告，根据事件严重程度按规定上报、处理。

（4）食物中毒篇。

在研学旅行过程中，所有供应餐饮店均应为合格验收餐厅，食品安全等级不低于 B 级，每日饮食荤素搭配合理，尽量符合学生口味。如有意外，将采取以下措施。

① 如用餐学生在短时间内出现多例呕吐、腹泻等症状，在场的带班老师和工作人员应立即要求其他就餐学生停止就餐。

② 对呕吐学生不要采取止吐措施，因为呕吐有助于排毒。

③ 立即向现场活动领队和活动总负责人报告，现场领队和总负责人应立即赶往现场，迅速调配车辆，按照就近、相对集中的原则用最短的时间将中毒学生送至医院就治，或迅速拨打 120 急救中心电话求助。

④ 如果食物中毒事件严重,立即向疾病防治控制中心、卫生监督部门报告中毒情况。

（5）防火应急篇。

研学旅行过程中不使用明火，为防止出现意外火情，制定以下办法。

①基地成立防火救护小组。

②如发生火警，应迅速切断供电总开关。基地全体教职员工立即赶到现场，紧急有序将学生疏散到安全地带，接受现场负责人指挥，参加灭火行动。

③立即拨打 119 报警，通知消防人员立即赶往现场组织灭火。

④如有人员受伤，应立即送往基地校医室进行紧急处理，根据伤势情况，决定是否立即送医院救治。

3. 制定相关研学旅行手册

老师要指导学生做好研学旅行活动过程中的记录和活动资料的整理，并对活动过程和活动结果进行系统梳理和总结，那么研学旅行手册是一个极好的选择。它是研学旅行学习过程最直接、最具体的体现，既为学生提供了研学旅行所必需的基础性资料，又为学生开展研究性学习作了方向性指导。学校应根据学生不同年龄段的研学旅行特色编撰研学旅行手册，使研学旅行活动有计划、有组织、有目的地开展。

九、成果展示

回校后积极总结并分享研学旅行活动中所获所得，展示研学旅行作品，举办相关主题活动。在总结过程中，让学生回味研学旅行活动过程，回想研学旅行主题，最终使学生研有所学，研有所悟，研有所得。如表 2-11 所示。

表2-11　长春街小学蔡甸分校“学生因知行而成长”研学旅行活动总结方案

活动标题	活动内容	活动目的
评选优秀研学旅行作品	在研学旅行过程中会有手工实践课程，可对学生动手实践的作品做优秀作品评选。先按年级评选，再进行校级评选，最终将评选出的优秀作品在校公示栏展示	展示学生的创作美，激发学生的手工实践兴趣
开展征文活动	就研学旅行活动进行征文比赛，文章题目自拟。可以要求每个学生都参加，班主任统一收齐本班学生征文，做初步筛选后推荐到评审小组。由校语文老师组成评审小组评选出优秀作品，在校公告栏展示	扩充学生知识储备，展示学生饱满的学习热情和良好的精神风貌
举办演讲	学生围绕对研学旅行活动的感悟设计演讲的具体内容，题目可自拟。每班选送一名选手参赛。以年级为单位成立评委团，对本年级各班选送的学生进行初选。每年级推选出的优秀选手参加学校范围内的优秀奖角逐，最终评选出校优秀演讲员	丰富校园文化生活，进一步培养和提高学生的综合素质，从而促进学生的全面发展
举办辩论赛	活动最好在四、五、六年级中展开，以班级为单位组建辩论队参赛，每队由四名队员组成，选出年级优秀辩手，再进行年级与年级间的辩论赛，最终产生校优秀辩论队	加强学生之间的交流，培养学生的团队合作意识，锻炼学生的应变能力

3 五色课例篇

WU SE KE LI PIAN

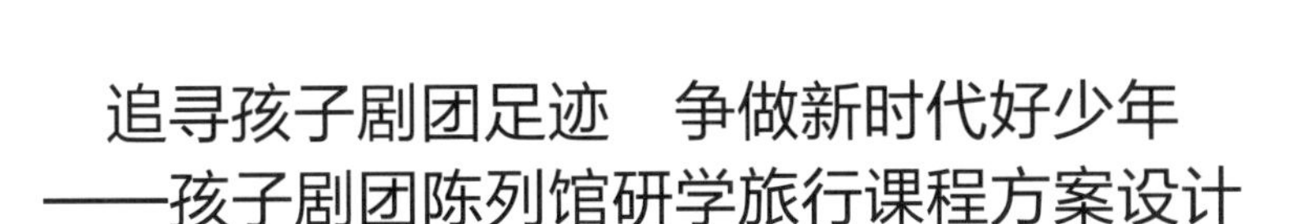

追寻孩子剧团足迹　争做新时代好少年
——孩子剧团陈列馆研学旅行课程方案设计

一、研学旅行课程方案主题

1937 年抗日战争全面爆发，流落于上海的一批少年儿童在中国共产党的领导下成立了“孩子剧团”，积极投身到波澜壮阔的抗日救亡运动中。孩子们以歌曲、舞蹈、戏剧为武器，从事抗日救亡宣传活动，动员群众参加抗战，是全民抗战中的一支生力军。

孩子剧团陈列馆是武汉市爱国主义教育基地，坐落在江岸区长春街小学校园内。学校围绕孩子剧团红色资源，30 多年来坚持开展爱国主义教育活动，积累了许多宝贵的经验。

二、研学旅行地点

武汉市江岸区长春街小学孩子剧团陈列馆。

三、适用学段

小学六年级下学期学生。

四、涉及学科及知识点

1. 语文学科

（1）学生学习孩子剧团重要人物的先进事迹，将信息进行分类整理再加工，深度挖掘孩子剧团背后的故事，培养自主探寻、记录保存、材料整合等能力。

（2）学生通过小组合作交流，共同创作宣传节目，提升分工合作、交流沟通、语言表达等能力。

2. 品德学科

（1）学生通过实地参观孩子剧团陈列馆，开阔视野，加深对红色文化的理解。

（2）学生通过寻访、探究、讨论、制作、演绎等途径，加深对“孩子剧团精神”的领悟，继承弘扬爱国主义精神，争做新时代的接班人。

3. 美术学科

学生通过绘画、制作道具等方式，提高审美能力和动手能力，提升美术素养。

4. 音乐学科

学生欣赏爱国救亡歌曲，学唱孩子剧团团歌。

5. 信息技术

学生利用“互联网 +”进行前置性学习，搜集所需信息，并对信息进行分类整理再加工，深度挖掘“孩子剧团”背后的故事。

五、设计理念

本研学旅行课程的设计理念是：重情境、重感悟、重活动、重实践、重素养，以孩子剧团陈列馆为载体，开展“寻访与体会·集红色元素”“实践与探究·红色故事”“分享与展示·演红色节目”三个活动，多方面、多角度、多层次地展现学生的研学旅行成果，提高学生的语文、品德、美术、音乐、历史、信息学科的素养。研学旅行引导学生将读书与国家紧密联系在一起，最终启发学生思考领会学习的目标——“为中华之崛起而读书”，让红色研学旅行真正成为红色文化传承的生动课堂。

六、课程目标

1. 知识与技能

（1）学生初步了解抗日战争的历史（语文、品德）。

（2）学生深入了解孩子剧团的历史发展进程（语文、品德）。

（3）学生欣赏爱国救亡歌曲，学会唱孩子剧团团歌（音乐）。

（4）学生学习孩子剧团著名人物的先进事迹（语文、道德与法治）。

（5）学生通过实地参观孩子剧团陈列馆，开阔视野，加深对红色文化的理解（道德与法治）。

2. 过程与方法

（1）引导学生有目的、有方法地运用“互联网 +”搜集所需信息，并对信息进行分类整理再加工，深度挖掘“孩子剧团”背后的故事，从而培养学生自主探寻、记录保存、材料整合等的能力（语文、信息技术）。

（2）引导学生通过小组合作交流，共同创作宣传节目，提升学生分工合作、交流沟通、语言表达等能力，从而进一步提高学生团结协作的精神和自主学习的能力（语文、道德与法治）。

（3）通过绘画、制作道具等多种方式，培养学生的审美能力和动手能力，提升美术学科素养（美术、语文）。

3. 情感态度与价值观

（1）通过寻访、探究、讨论、制作、演绎等途径，加深学生对“孩子剧团精神”的领悟，教育、引导学生继承弘扬爱国主义精神，争做新时代的接班人（语文、道德与法治）。

（2）追寻孩子剧团历史足迹，引导学生学习其艰苦奋斗、英勇无畏的精神，感悟当下美好生活的来之不易，激发学生热爱祖国、热爱学习的热情，帮助学生树立建设祖国的理想（语文、道德与法治）。

七、课程时长及内容安排

孩子剧团陈列馆研学旅行课程方案设计如表 3-1 所示。

表3-1　孩子剧团陈列馆研学旅行课程内容安排

时间安排		活动主题	活动内容	学习目标	照片
半天	8：00—8：40	行前专题课	《研学导学单》展示分享	1. 初步了解孩子剧团发展历程； 2. 了解纪律要求，文明活动	导学单照片
	8：40—9：00		了解孩子剧团在抗战时期的影响力		
			讲解研学纪律要求		
	9：00—9：30	活动一：寻访与体会·集红色元素	领取《寻访记录单》，参观孩子剧团陈列馆	1. 有目的地参观孩子剧团陈列馆，搜集所需资料； 2. 将信息分类整理再加工	寻访单照片
	9：30—10：00		整理《寻访记录单》		
	10：00—10：10	活动二：实践与探究·创红色故事	1. 学生自主选择加入宣传队，组建宣传队； 2. 完善小队建设，填写“我们的宣传队”卡片	1. 发挥自主能动性，自由组队； 2. 通过小组合作交流，共同创作出宣传节目	宣传队照片
	10：10—11：30		宣传队组建完成，开始编排宣传队展示节目		
	11：30—12：00	活动三：分享与展示·演红色节目	宣传队展示，完成一次预演	1. 多方面、多角度、多层次地展现研学成果； 2. 欣赏爱国救亡歌曲，学会唱孩子剧团团歌； 3. 学习艰苦奋斗、英勇无畏的精神，激发爱国热情	孩子剧团徽章
	12：00—12：05		齐唱孩子剧团团歌		
	12：05—12：10		聆听孩子剧团老团员寄语		
	12：10—12：30		总结评价，颁发孩子剧团团员纪念徽章		

八、课程实施

1. 研学旅行前：研学旅行旅程我准备——整装待发

1）前置学习

学生自主完成“研学旅行导学单”如图 3-1。

研学团 孩子剧团红色研学旅行导学单

班级：______ 姓名：______

任务一：初步感知

活动1：扫描二维码并借助互联网，了解孩子剧团的发展历程。

孩子剧团资料卡

成立时间：______

成立地点：______

宣传队伍：______

宣传内容：______

发展历程：______

活动2：扫描二维码并借助互联网，收集孩子剧团在武汉发生的故事。

孩子剧团在武汉

到达时间：______

重要人物：______

代表事件：______

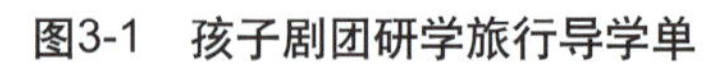

图3-1 孩子剧团研学旅行导学单

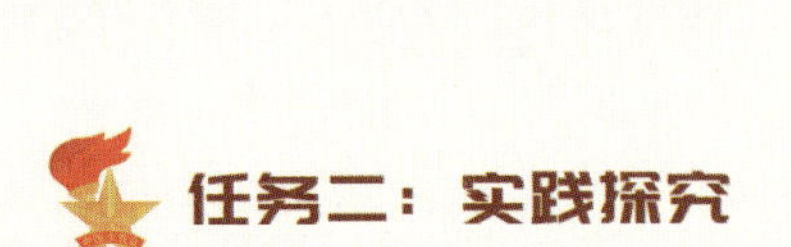

活动 3：借助互联网，观看孩子剧团演出情景，了解他们在武汉表演、募捐时用到的道具、宣讲海报。

孩子剧团的演出用到了________________________________

活动 4：扫描二维码，欣赏《孩子剧团团歌》，先有感情地朗诵歌词，再学着唱一唱。

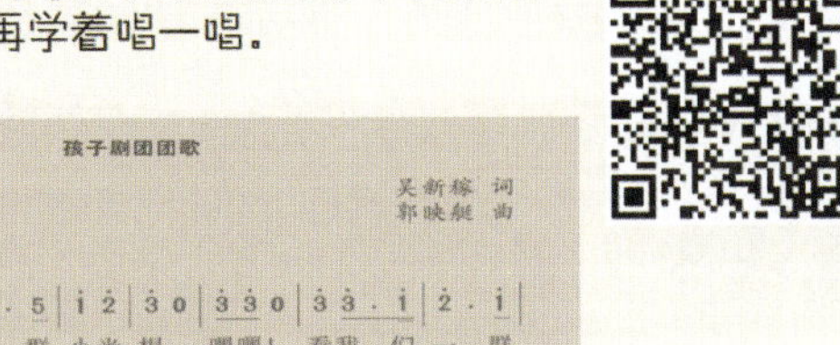

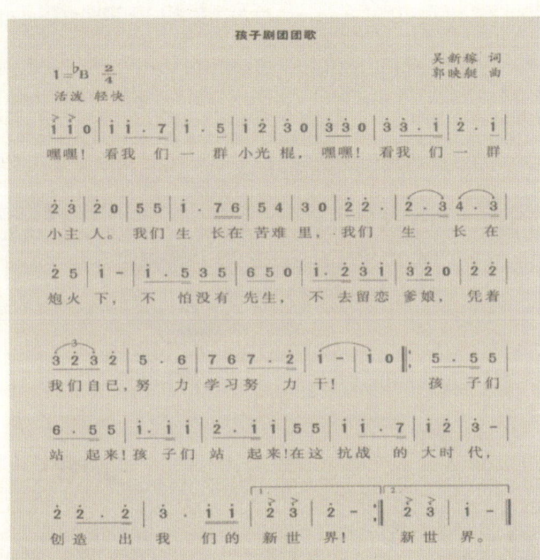

通过欣赏《孩子剧团团歌》，你感受到了孩子们什么样的精神？

续图3-1

2）行前专题课

（1）“研学旅行导学单”展示分享。

（2）学生研学旅行纪律要求：

①着校服，佩戴红领巾，带好水杯、文具盒、研学旅行导学单等物品，早上八点在操场集合。

②活动期间，除特殊情况外，不得随意走动；若要请假，必须向带队老师提出申请，经核准后方可离开。

③活动期间，如感到身体不适，要及时向带队老师报告。

④爱护环境，不得乱扔垃圾，要保持场馆环境整洁。

⑤严格遵守展馆参观的各项纪律，保持场馆安静有序。

⑥展馆中有部分珍贵历史文物，未经允许，不得擅自触摸。

⑦在活动中，请尊重自己及他人，文明活动。

2. 研学旅行中：研学旅行旅程我开启——身临其境

（1）探寻线索图（如图 3-2），展示三把钥匙的获取方法。

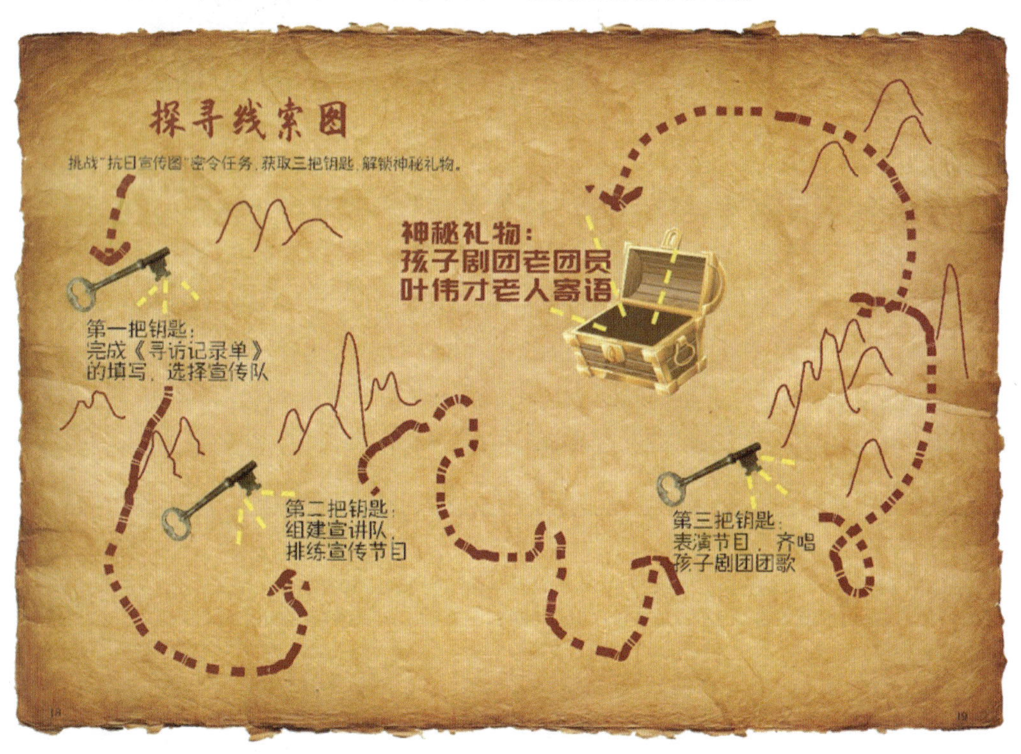

图3-2　探寻线索图

步骤一：研学旅行导师讲解研学旅行过程中的纪律要求；

步骤二：创设情境，研学旅行导师发布“三把钥匙”的获取规则；

步骤三：学生领取寻访记录单，开始寻访。

（研学旅行导师）研学旅行导语：

时空轮转，新时代的少先队员来到孩子剧团陈列馆前，身临其境参观学习一群小孩子在战火纷飞的抗战年代里，拿起“武器”开展抗日宣传活动的事迹。

近期，孩子剧团接到了举行“抗日宣传周”的密令，一方面要躲避各方的围剿，保证团员的安全；另一方面，又要扩大宣传面，确保将此次宣传活动在武汉三镇广泛传播。任务的具体细节，需要今天的寻访者一一进行“破译”，寻访者将得到三把钥匙，获取最终的神秘礼物。

进入场馆后，每位队员——也就是我们新时代的孩子剧团小团员，根据场馆内的讲解获取“情报”。同时，也要在规定的时间内填写寻访记录单。温馨提示各位队员，资料的搜集将直接影响你能否获取第一把钥匙。让我看看，哪些同学能够完成第一项任务，获取第一把钥匙。

（2）研学旅行进行时。

设计沉浸式体验情境，将队员带入生动的“探寻”情境中，增强研学旅行活动的趣味性和神秘感；激发队员的好奇心，让队员在迫切期待解密的心情中，开启研学旅行。

活动一：寻访与体会·集红色元素

步骤一：学生听一听孩子剧团陈列馆讲解；

步骤二：学生写一写寻访记录单；

步骤三：学生梳理孩子剧团在武汉的故事，完成第一项任务。

（师）研学旅行导语：

队员们走进孩子剧团陈列馆，馆内轻声播放孩子剧团团歌，学生讲解员讲述孩子剧团的故事。队员们看着一张张黑白老照片，沉浸在孩子剧团的故事当中。

讲解完毕，队员们在寻访记录单的引导下，独自寻找“红色元素”——孩子剧团在武汉的事迹、剧目、宣传海报，标语等。找到后，队员们自主选择印象深刻的“红色元素”，做好素材笔记。

讲解员可以就队员感兴趣的故事进行补充讲解。

过渡：寻访记录单填写完毕后，为防止孩子剧团宣讲行动和资料的暴露，队员们迅速转移到新的研学旅行点（少先队活动室）。

活动二：实践与探究·创红色故事

步骤一：组建宣传队，学生自主选择加入；

步骤二：学生获取第一把钥匙，得到第二条行动线索指引；

步骤三：学生完善小队建设，填写“我们的宣传队”卡片；

步骤四：宣传队组建完成，宣传队编排节目，获取第二把钥匙。

（师）研学旅行导语：

来到活动室，队员们看到一排排整齐的桌子上摆着四个桌签：歌咏队、戏剧队、海报队、朗诵队。

新的任务指引：恭喜各位队员，在自己的努力下，完成了寻访记录单。为了保护孩子剧团行动秘密，我们现在要把资料通过不同的方式展示出来，下面请大家观察房间内的桌号名称，选择队伍加入。选择完毕后，大家将会获得第一把钥匙，得到获取第二把钥匙的行动线索（5分钟时间选择）。

恭喜大家选择完毕，小队可以指派一位队员，从信封中拿出钥匙，打开摆在桌面的红色储物箱，获得完成行动所需的物资。

歌咏队：

红色学具：第一把钥匙和红色储物箱。红色储物箱内有《孩子剧团团歌》《义勇军进行曲》等爱国救亡歌曲的歌词单、学习方法和平板电脑（内含爱国救亡歌曲微课教学视频）。

宣传背景：孩子剧团成立后，小团员走上街头宣传抗日救亡，教唱抗日歌曲，鼓舞民众的爱国热情。他们的足迹遍布街头、学校、工厂、农村及难民收容所、伤兵医院，取得了良好的抗日宣传效果。

宣传任务：请发挥你的音乐才能，演唱爱国救亡歌曲进行爱国抗日宣传，用激昂的歌声去激发人们。

宣传目标：学会唱孩子剧团团歌，感悟孩子剧团的爱国主义精神。

方法指导：

（1）演唱时，精神饱满，有朝气；

（2）演唱节奏准确鲜明，音准良好；

（3）声音整齐洪亮、有感染力、吐字清晰。

纪律要求：

（1）讨论时用语文明，谦虚有礼，尊重他人；

（2）排练时严肃认真，心存敬畏，不嬉笑怒骂，不随意更改歌词；

（3）完成创作后，及时整理桌面，保持室内整洁，在老师的引导下有序进入下一个环节。

戏剧队：

红色学具：第一把钥匙和红色储物箱。红色储物箱内有武汉“献金运动”的剧本、学习要求和学习方法、平板电脑。

宣传背景：戏剧表演是孩子剧团的主要“武器”之一。1938年，孩子剧团抵达汉口，创作演出《不愿做奴隶的孩子》《孩子血》和新歌剧《农村曲》（冼星海作曲），都获得良好的宣传效果。从1941年春到1942年，剧团演出了六幕儿童剧《乐园进行曲》（石凌鹤编导）、五幕童话剧《秃秃大王》（石凌鹤、张莺改编）。

宣传任务：请发挥你的创作才能，先根据材料提示改编剧本，再分工合作，进行表演，用精湛的演技和强烈的舞台感染力去调动观众的爱国热情吧！

宣传目标：通过具体的事迹——献金运动，体会全国人民的爱国热情和团结一致、一心抗敌的爱国精神。

方法指导：

（1）表演真实、自然、投入，感情充沛；

（2）声音洪亮，能够把握人物特征；

（3）作品有一定的完整性，具有艺术表现力和感染力。

纪律要求：

（1）讨论时，用语文明，谦虚有礼，尊重他人；

（2）排练时，严肃认真，对“献金运动”心存敬畏，更改剧本须符合社会主义核心价值观，宣传正能量；

（3）完成创作后，及时整理桌面，保持室内整洁，在老师的引导下有序地进入下一个环节。

海报队：

红色学具：第一把钥匙和红色储物箱。红色储物箱内有美术材料、学习要求和学习方法、平板电脑（内含美术素材包、微课视频）。

宣传背景：孩子剧团在宣讲、演出过程中，为了扩大影响，发动更多的人投身抗日救亡事业，绘制了许多振奋人心的海报，吸引人们观看，号召人们行动起来，捐物出力，抗战救国。

宣传任务：请你运用此前在搜集资料、参观陈列馆过程中得到的知识，与组员一起，分工合作，以“把握时代主题　勇担革命重任”为题，绘制一张宣讲海报。

宣传目标：让学生通过绘制爱国海报，掌握主题性海报的创作方法，学会用绘画语言表达自强不息、报效祖国的精神，坚定为振兴中华而认真学习、努力奋斗的信念，树立远大理想。

方法指导：

（1)选择创作元素：根据主题，搜索并提炼爱国、自强、和平等元素，力求传达出“天下兴亡，匹夫有责”的道理，激发每一个人的爱国热情；

（2）用铅笔勾线稿：将选取的元素合理地安排在画面上，要图文并茂，构图饱满，突出主题文字，增强画面的视觉冲击力，让人一目了然；

（3）用勾线笔勾线稿：用勾线笔将铅笔稿勾一遍，注意线条流畅，细节准确。

（4）用水彩笔上色：用色要有感染力，注意涂色均匀；

（5）调整细节，完成画面。

纪律要求：

（1）创作前的讨论要文明有礼，善于沟通，合理地发表自己的见解；

（2）创作时，注意保持桌面清洁，安全使用学具，不做危险动作；

（3）完成创作后，及时整理桌面，保持室内整洁，在老师的引导下有序地进入下一个环节。

朗诵队：

红色学具：第一把钥匙和红色储物箱。红色储物箱内有朗诵材料、学习要求和学习方法、平板电脑（内含微课视频）。

宣传背景：朗诵者根据自己对作品的理解和情感表达，把文字作品转化为带有音韵美的有声语言。在朗诵者朗诵时，聆听者可以深刻体会作者的生活环境、心理特征、思想感情。朗诵既能陶冶朗诵者的情操，同时也给聆听者带来美的享受，引起共鸣。

宣传任务：请你发挥朗诵技能，选择合适的爱国救亡朗诵文本，用朗诵的方式表达出强烈的爱国精神，充分调动聆听者的爱国热情。

宣传目标：通过朗读文本，感悟作品中的伟大抗争精神，并提高朗读能力和表达能力。

方法指导：

（1）精神饱满，富有激情，感染力强；

（2）情感饱满真挚，表达自然，能通过表情的变化演绎朗诵的内容；

（3）吐字清晰，声音洪亮，正确把握朗诵节奏；

（4）能准确把握朗诵内容，声情并茂，朗诵富有韵味和表现力，能与观众产生共鸣。

纪律要求：

（1）讨论时，用语文明，谦虚有礼，尊重他人；

（2）排练时，严肃认真，对朗诵材料心存敬畏，不嬉笑怒骂，不随意更改朗诵内容；

（3）完成创作后，及时整理桌面，保持室内整洁，在老师引导下有序地进入下一个环节。

活动三：分享与展示，演红色节目

步骤一：宣讲队完成一次预演，获取第三把钥匙的行动线索；

步骤二：学生齐唱孩子剧团团歌，获取第三把钥匙的行动线索；

步骤三：学生聆听孩子剧团老团员寄语；

步骤四：研学旅行导师总结评价，颁发孩子剧团团员纪念徽章。

（师）研学旅行导语：

“抗日宣传周”的时间突然提前，为保障宣讲任务顺利进行，各宣讲队要提前完成一次预演。预演顺利结束后，各宣讲队将获得第二把钥匙，获取第三把钥匙的行动线索。第三把钥匙的行动线索需要将几个团队的线索结合起来才能获取，需要队员们通力合作。

队员们在演出结束后高唱孩子剧团团歌。在激人奋进的团歌声中，突然，一位老者——孩子剧团老团员叶伟才的声音传来……（观看叶伟才对新时代少先队员的寄语）

最后，各宣讲队打开最终的“红色宝箱”，获得孩子剧团团员徽章，得到小队演出的具体时间、地点。

本次寻访任务圆满结束后，将对优秀队员进行表彰。

3. 研学旅行后：研学旅行我感悟——心得展示

（1）研学旅行报告单。

研学旅行报告单如图 3-3 所示。

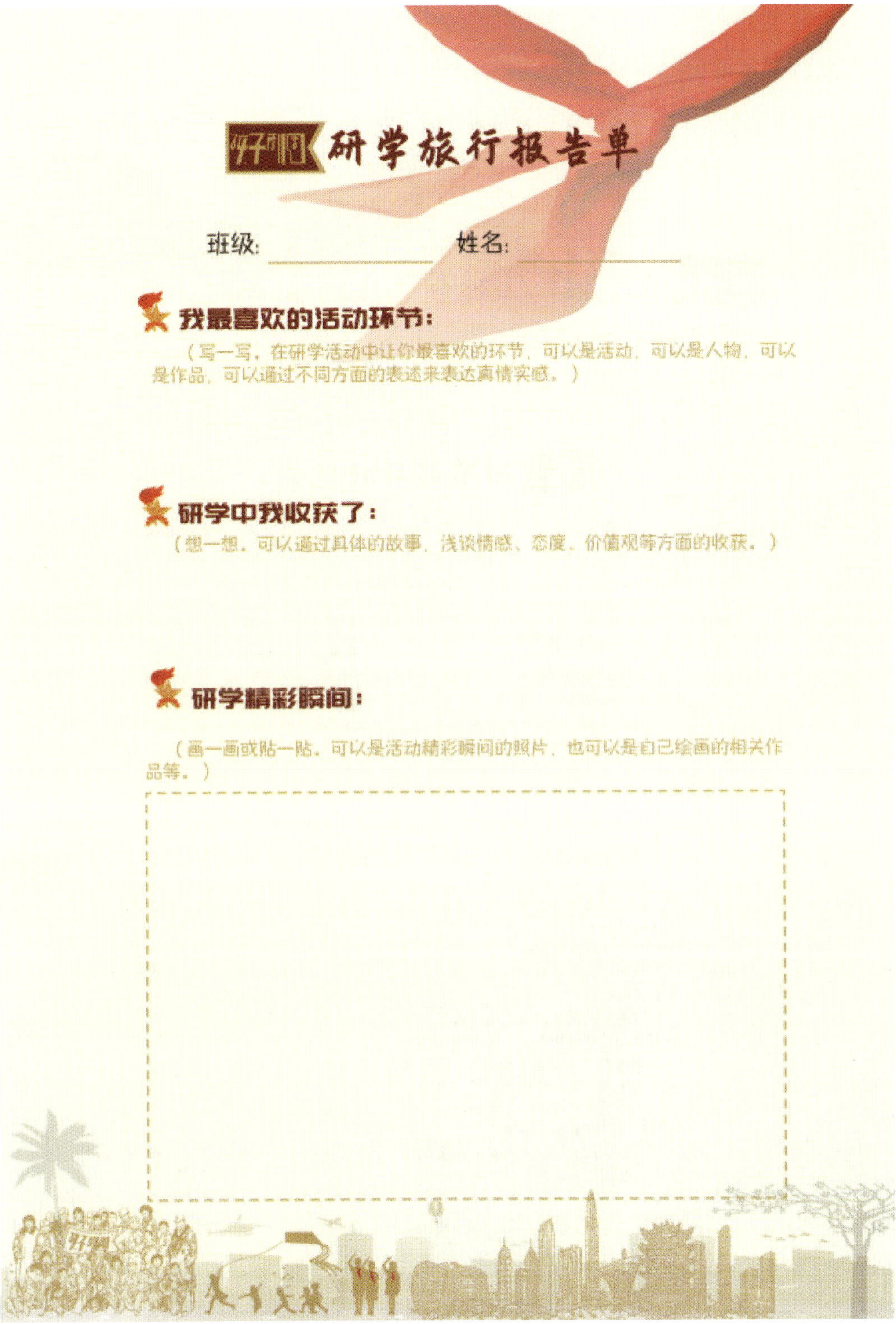

研学旅行报告单

班级：＿＿＿＿＿＿　姓名：＿＿＿＿＿＿

我最喜欢的活动环节：

（写一写。在研学活动中让你最喜欢的环节，可以是活动，可以是人物，可以是作品，可以通过不同方面的表述来表达真情实感。）

研学中我收获了：

（想一想。可以通过具体的故事，浅谈情感、态度、价值观等方面的收获。）

研学精彩瞬间：

（画一画或贴一贴。可以是活动精彩瞬间的照片，也可以是自己绘画的相关作品等。）

图3-3　研学旅行报告单

（2）开展研学旅行分享会。

九、课程评价

孩子剧团陈列馆研学旅行课程评价如图 3-4 所示。

孩子剧团 九、课程评价

请从以下几个方面对本次研学旅行活动做出评价。

附：《研学旅行评价表》

孩子剧团 研学旅行评价表

班级：__________　　姓名：__________

评价项目	评价内容	自我评价	小组评价	教师评价
合作交流	1. 能主动和同学配合	☆☆☆	☆☆☆	☆☆☆
	2. 乐于帮助同学	☆☆☆	☆☆☆	☆☆☆
	3. 能认真倾听同学的观点和意见	☆☆☆	☆☆☆	☆☆☆
	4. 能与本小组人员合作	☆☆☆	☆☆☆	☆☆☆
探究学习	1. 能认真完成研学的前期准备	☆☆☆	☆☆☆	☆☆☆
	2. 能积极主动地参与研学前的各项活动	☆☆☆	☆☆☆	☆☆☆
	3. 会用多种方法搜集处理信息	☆☆☆	☆☆☆	☆☆☆
研学过程	1. 做到不怕困难和辛苦	☆☆☆	☆☆☆	☆☆☆
	2. 能积极主动地参与活动	☆☆☆	☆☆☆	☆☆☆
	3. 能积极主动地发现问题并寻求办法	☆☆☆	☆☆☆	☆☆☆
	4. 能严格要求自己，文明旅行	☆☆☆	☆☆☆	☆☆☆
成果展示	1. 能认真细致地完成研学手册	☆☆☆	☆☆☆	☆☆☆
	2. 能积极主动地展示研学成果	☆☆☆	☆☆☆	☆☆☆
	3. 成果有新意	☆☆☆	☆☆☆	☆☆☆
学科素养	1.（美术）图像识读、美术表现、审美态度、创新能力、文化理解	☆☆☆	☆☆☆	☆☆☆
	2.（语文）语言建构与应用、思维发展与提升、文化传承与理解	☆☆☆	☆☆☆	☆☆☆
	3.（品德）具有爱心、责任心、良好的行为习惯和个性品质	☆☆☆	☆☆☆	☆☆☆
	4.（信息技术）运用平板电脑获取信息、整理信息、应用信息	☆☆☆	☆☆☆	☆☆☆

图3-4　孩子剧团陈列馆研学旅行课程评价表

习惯素养	安静有序、整理个人物品	☆☆☆	☆☆☆	☆☆☆
我对自己的评价				
小组的评价		( )颗	( )颗	( )颗
老师的评价				

140—171 颗星：真棒！能积极参与研学课程全过程，学习专注、学习参与度高，有思考有反思，研学作品有特色。

120—140 颗星：不错哟！参与研学课程学习较积极，学习参与度高，研学作品能反映作者的思考与反思。

100—120 颗星：继续加油！能够按要求参与研学活动，活动中还需更加积极主动。

附：《孩子剧团研学旅行评价（自我评价）》、《孩子剧团研学旅行评价（小组评价）》、《孩子剧团研学旅行评价（教师评价）》。

扫码查看自我评价

扫码查看小组评价

扫码查看教师评价

续图3-4

十、课程效果反馈

通过大数据的方式对研学旅行课程进行过程分析，及时获取课程效果的反馈，同时也能够很好地收集学习者在学习过程中的行为表达数据。收集学生、教师、家长三方在整个学习生态过程中的数据并分析（如图 3–5），能够建立个性化的培养体系，有效地实现因材施教的教育目标。在这个过程中，学校还能够根据教育数据资源调整改进研学旅行课程实施行为，实现课程与学生之间的有效互动，最大限度地发挥研学旅行课程的教育意义。

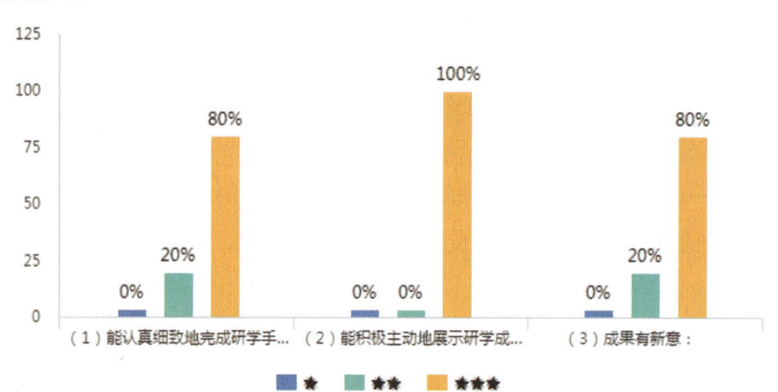

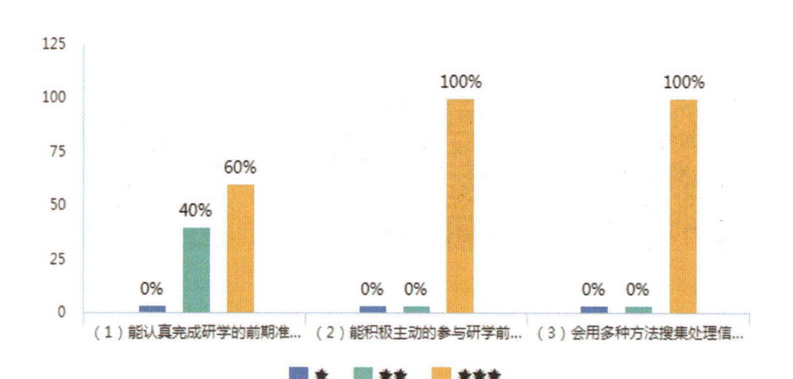

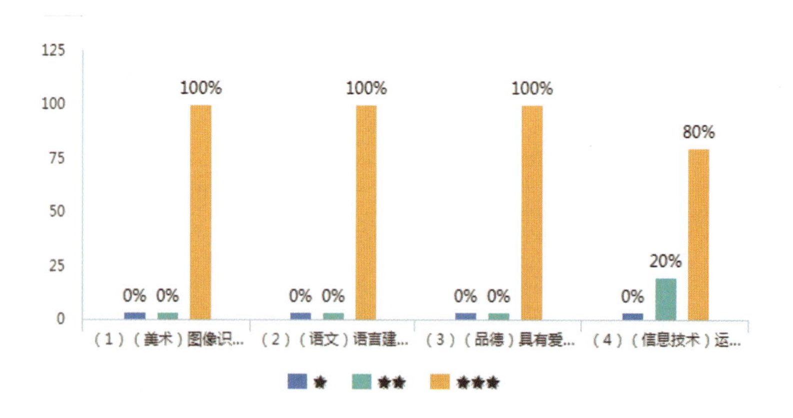

图3-5　学生、教师、家长三方数据分析表

附　寻访记录单与研学旅行报告单①（图 3–6、图 3–7）

寻访记录单

班级:　　　　　　姓名: 李君好

记录单说明：

同学们，你们马上要进入孩子剧团陈列馆，展现在大家眼前的是孩子剧团老团长在革命战争期间的老照片、老物件。在艰难岁月里孩子们是如何在抗日战争中发挥重大宣传作用的呢？希望大家用心感受，记录自己的所听所见，整理好故事的主线，为下一步的揭秘做好准备。你可以记关键词，记重要事件，画一画感兴趣的物件等……

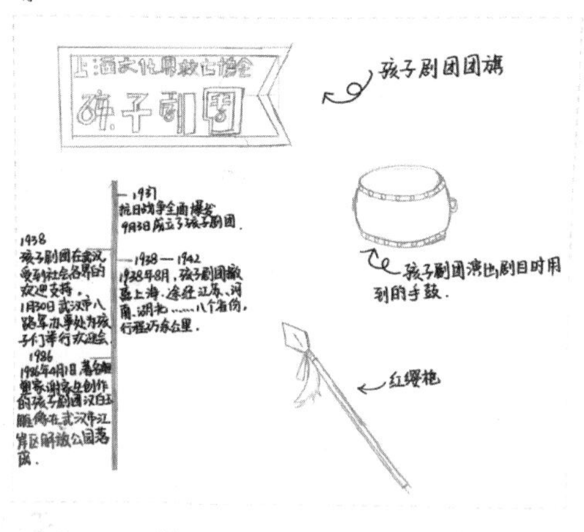

图3-6　寻访记录单

研学旅行报告单

班级:　　　　　　姓名: [illegible]

我对本次活动主题的理解：

[illegible]

我最喜欢的活动环节：

[illegible]

研学中我收获了：

[illegible]

研学精彩瞬间：[illegible]

图3-7　研学旅行报告单

（江岸区长春街小学 杨亮 龙宇航 陈铃 撰写）

① 为展示研学旅行报告单的原真性，未对其中的错误做修改。

公园的那一片绿种植在我心
——绿色研学旅行课程方案设计

一、研学旅行前须知

1. 研学旅行对象简介

解放公园位于武汉市汉口西北隅，南邻解放公园路，西邻市委机关大院。解放公园前身为英、法、俄、德、日、比六国洋商跑马场，俗称西商跑马场。解放公园建成于1955年，当年正好是武汉解放六周年，因此得名“解放公园”。解放公园是武汉市区的大型自然生态公园，占地面积约为46万平方米，园内林木葱茏、绿草成茵、山水相依、鸟语花香。公园东部有绿茵广场、盆景园、荷花池、睡莲塘、朝梅岭等；西部是柳林区，有高大的杨柳、箭杆杨、毛白杨等乔木千余株，林间修建了晓春轩、露华台、依亭、寿石亭等供游人休息。

2. 研学旅行课程方案主题

公园的那一片绿种植在我心。

3. 研学旅行地点

解放公园。

4. 适用学段

小学五年级学生。

5. 涉及学科及知识点

语文、劳动、综合实践。

6. 设计理念

本课程旨在引导学生从书本走向生活，从课堂走向大自然，在大自然里，倾听流水潺潺的声音，闻吸路边泥土、花草的芬芳，亲身感受大自然的美丽，体验种植的乐趣；让教育充满诗意，充分发挥劳动实践教育作用，更好地激发学生的学习热情。

研学旅行将在生态环保体验理念下开展，通过网上查资料初学、实地观察验证、动手体验深化、互动交流探讨、成果展示评比等学习方式，引导学生自觉尊重自然、热爱生命，促使学生将书本知识与生活经验深度融合，培养学生的生态文明意识和绿色旅行习惯。

7. 课程目标

（1）学生通过查阅解放公园的资料，实地察看梅花山、百草园、盆景园、樱花坡、

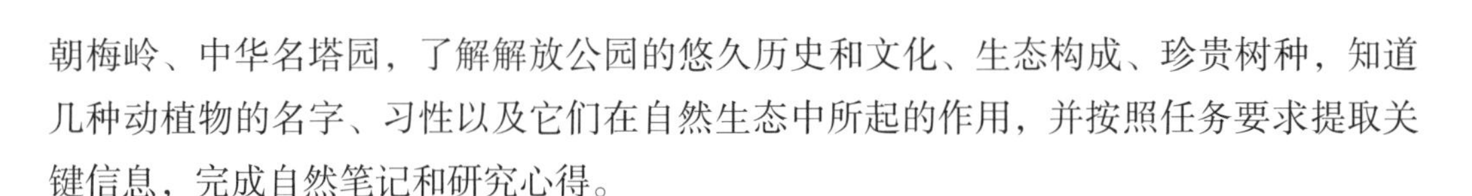

朝梅岭、中华名塔园，了解解放公园的悠久历史和文化、生态构成、珍贵树种，知道几种动植物的名字、习性以及它们在自然生态中所起的作用，并按照任务要求提取关键信息，完成自然笔记和研究心得。

（2）学生通过现场种植，体验劳动，了解植物的种植过程，并通过自行编组、参观等集体活动提升团队协作能力。

（3）举行研学旅行成果展示活动，如研学旅行美照展览、主题班会分享、自然笔记展示、绿色手工制作评比等，锻炼学生的书写、绘画等能力。

（4）学生通过感受大自然的美好，认识环保的意义，形成生态文明意识，并能践行绿色环保理念。

（5）学生通过此次研学旅行，增强热爱武汉、建设武汉的信心，以及作为武汉市民的自豪感。

8. 课程时长及内容安排

日程安排：半天

具体内容：学生通过完成自然笔记的方式亲近大自然，享受与自然共处的愉悦。在自然研学旅行过程中，以公园为阵地，学习绘制动植物的形态，学会思考生命的本质；在生态研学旅行活动中，成为“优秀环保卫士”“最好树木小管家”“绿色种植技术员”，为公园发出环保好声音。课程安排如表 3-2 所示。

表3-2　“公园的那一片绿种植在我心”研学旅行课程方案设计

时间	活动内容	备注
7：30	召集年级研学旅行队伍	
7:35—8:05	前往解放公园	
8:10—8:40	看一看、听一听： 1. 认识解放公园里的各种花草树木，观察树干、树叶的特点； 2. 听小小讲解员讲解树木的习性，开展植物生长知识交流活动	
8：50—10：20	做一做： 1. 成立护绿小队，动手播下种子或种一棵绿植； 2. 认领一棵树，制作护绿卡片，统一悬挂； 3. 开展捡垃圾、擦花坛、养护绿化等活动	
10：25—11：00	画一画： 根据了解到的植物特征，选择印象深刻的地方画一画，并用文字记录	
11：20	合影、总结	
11：30	集合清点人员	
12：00	返回校园	
研学旅行成果	1. 完成自然笔记； 2. 以“绿”为主题，创作环保手工作品	班级组织

二、研学旅行前准备

1. 学习研学旅行活动守则

1）交通安全守则

①排队有序，做到快、齐、静；②路途中不要大声交谈，不要你推我攘、嬉戏打闹，尽量保持安静。

2）活动安全守则

①自觉排队进入公园，不拥挤打闹；②在公园内保持安静，不大声喧哗；③爱护公园内的公共设施和绿植，不随意刻画、毁坏；④认真听活动要求，服从集体领导，如有特殊情况，第一时间找老师。

2. 研学旅行知识储备、物品准备

同学们，独立生活就要开始啦，快来准备你的书包吧！研学旅行物品准备清单、研学旅行活动小组分配任务表如表 3-3、表 3-4 所示。

表3-3　研学旅行物品准备清单

自备物品	数量	出发时清点	返回时清点
随身包或小书包	1		
水杯、干湿纸巾	1		
种植绿植需要的铲子、铁锹、水壶	以组为单位，每组一份		
认领绿植必备的物品：记录本、硬纸板、白纸、固体胶、绳索	各 1		
采集袋、画画板、彩笔	各 1		

表3-4　研学旅行活动小组分配表

小组成员及分工	组　　长： 组员分工： 资料收集： 资料整理： 摄影人员： 活动发言： 活动展示： 其他事宜：	温馨提示： 1. 组长职责：全面负责课题研究活动的组织工作，协调小组成员； 2. 小组成员可以兼职
研究问题计划	根据小组分工，何时何地何人去完成什么任务，采用什么研究方法？ 1. 2. 3. 4. 5. 6.	温馨提示： 可以参考以下提示进行安排： 1. 分解任务：将研究任务细化给个人； 2. 活动方式推荐可采用上网查阅资料法、实地调查法、访谈法。

3. 调查问卷

从学生日常生活中经常遇到的一些情景入手，引发学生对环保问题的重视，激起学生走进绿色生活的愿望。通过问卷（表 3-5）可以了解学生对环保的了解程度及存在的问题，从而帮助学生确立研究主题。

表3-5 调查问卷

同学们，下面的问题大家经常会遇到，希望你能以认真的态度，选择与你的真实情况和想法相符的答案，并和伙伴们交流，谈谈自己的感受。谢谢你对活动的支持！
1. 去参加研学旅行活动时，对于空食品包装袋，我会： （1）随手丢掉（ ） （2）一直拿着，找到垃圾箱时再丢掉（ ）
2. 在外吃饭时，我喜欢用： （1）一次性筷子（） （2）消毒过重复使用的筷子（ ）
3. 学校的水龙头没关好，我会： （1）走过去关好水龙头（ ） （2）别人会关的，我赶着去上课（）
4. 过节时，我喜欢： （1）寄贺卡给我的好朋友（ ）（2）打电话问候（ ） （3）发邮件问候（ ）
5. 作业写错时，我通常： （1）用橡皮擦掉（ ） （2）用涂改液修改（ ） （3）把这张纸撕掉（ ）
6. 我家洗衣服的水经常用来： （1）冲厕所（ ） （2）洗拖把（）（3）直接排到下水道（ ）

4. 研学旅行课程

研学旅行活动——感官特色研学旅行。

（1）用眼看：认识解放公园里的各种花草树木，观察树干、树叶的特点。

（2）用耳听：听小小讲解员讲解树木的习性，开展植物生长知识交流活动。

（3）动手做：成立护绿小队，动手播下种子或种一棵绿植；认领一棵树，制作护绿卡片，统一悬挂；开展捡垃圾、擦花坛、养护绿化等活动。

（4）用笔记：用笔记录知识，完成研学旅行手册中的相关任务，完成自然笔记。

三、活动过程

活动一 认识绿植——走进植物王国

活动时间：8：10—8：40

活动地点：梅花山

知识储备：

（1）在日常生活中观察树叶的形状、颜色，至少了解三种不同植物的名称及其特性，采集至少三种叶片或枝条（在不损伤植物的前提下）。

（2）通过书籍、网络、社会调查等形式了解、记录采集到的植物的特征，给每种植物照张相。

材料用具：记录本、笔、剪刀

活动目标：

（1）通过观察，了解树叶的不同形态。

（2）认识解放公园里常见的树木。

活动重点：

通过图片和实物展示，让学生能够清晰认识几种常见的植物，了解植物的种植技巧和养护方式。

活动难点：

学会调查的方法。

方法指导：

（1）制定小组的调查计划。

根据班级人数，每班组成6个调查小组，确定组长，小组成员有分工，设计好调查表，并制定小组的调查计划。

（2）实施调查。

做好记录，将观察到的植物名称和主要特征记录下来，并适当采集叶片或枝条，对于不认识的植物，可以与同学交流或请教老师，也可记下它们的特征后自己查询；给每种植物拍张照。

（3）做好调查记录（表3-6）。

表3-6　调查记录表

植物名称	主要特征	照片或实物
我的收获		
值得改进的地方		

（4）归纳整理。

全组同学一起整理材料，写出植物的组成、特点，并写一份植物简介。

研学旅行问题：

（1）公园里种植了哪些植物？哪些是开花的，哪些是不开花的？你最喜欢的有哪些？

（2）选一种植物，说说它的特点及绿化作用。

（3）说一说“我的发现”。

活动二　种下绿植——我是绿色小农夫

活动时间：8：50—9：10

活动地点：百草园

活动要求：

（1）每三名学生一组，到老师那里领取树苗。

（2）各小组自主分工，在规定的区域内选择合适的地点种植。

（3）使用工具时注意安全，不要伤着别人。

种植步骤：

（1）各小组到指定区域挖一个深约 20 厘米、宽约 20 厘米的土坑，注意坑与坑之间间隔 2 米；

（2）把包裹树苗根部泥土的塑料薄膜除去，把小树苗根部放到坑里，然后覆盖泥土；

（3）浇适量的水；

（4）“我与小树苗共成长”合影留念。

活动三　认领绿植——我是小主人

活动时间：9：15—9：35

活动地点：盆景园

活动要求：

由班级小组或个人确定认养植物的种类，为认养植物取一个昵称。（对于不认识的花木，老师可利用手机软件帮助学生识别。）

活动步骤：

（1）认养牌由各组或个人自行设计，需要注明植物的种类、昵称、认养小组或个人信息；

（2）认养人在老师的指导下，掌握基本的植物养护知识，特别是不同植物对水、肥的特殊需求，并根据养护知识设计一个温馨提示；

（3）认养人与认养植物合影留念。

活动四　清洁公园——我是护绿小使者

活动时间：10：00—10：20

活动地点：樱花坡、朝梅岭

活动要求：

（1）每三名学生为一组，到老师那里领取手套、垃圾袋。

（2）各组自主分工，在规定区域内搜寻垃圾。

（3）注意安全，不要踩伤小草。

活动步骤：

（1）集结小组，由小组长带队出发，戴上手套，提着垃圾袋，仔细搜寻垃圾，连小烟头、小瓶盖都不放过。

（2）各小组用行动诉说着对生态环境保护的重视，用行动担负起对环境保护的责任，争取不放过一个塑料袋、一个烟头、一张废纸，随时关注公园的小路上、沟渠里、花坛边的垃圾，齐心协力把这些地方拾捡干净。

（3）各小组制作爱绿护绿小标牌，轻轻插在路边、草坪旁，提示大家一起保护环境，爱护树木。

活动五　自然笔记——我眼中的小树

活动时间：10：25—11：00

活动地点：中华名塔园

活动要求：

（1）使学生通过观察公园里的各种植物，最终学会观察并乐于观察，在观察、记录、交流、讨论、思考中不断提高想象力、感受力、领悟力。

（2）感受春天，了解什么是自然笔记、写自然笔记的好处以及自然笔记的格式，学做自然笔记，开启亲近自然、阅读自然之旅。

活动重难点：

掌握自然笔记的格式，完成自然笔记。

活动用具：

放大镜、笔、尺、本子等。

活动步骤：

（1）老师介绍自然笔记以及自然笔记的历史，展示优秀自然笔记范例，让学生明白自然笔记主要是由时间、地点、天气、绘画观察的植物、文字描写和记录者这几部分组成。

（2）学生通过观察植物，提升对环境的主动观察能力，并学会做一份细致的自然笔记。

（3）学生聆听老师对植物的讲解，了解植物适应环境与自然相处之道。

（4）老师引导学生观察自己选定的植物形态特征，让学生能够识别植物的根、茎、叶、花等，学生结合自己的观察和老师介绍的材料，完成一幅简单的自然笔记。

（5）学生回家上网查资料，完善自然笔记内容，补充所观察植物的其他信息，开展自然笔记分享活动。

活动六　巧手工匠——绿色环保小制作

活动时间：活动结束后

活动地点：各班

活动目标：

（1）让学生明白绿色生活的含义，引领学生初步形成自觉保护周围自然环境、节约资源的意识和能力，并身体力行。

（2）鼓励学生从社会、自然和科学等不同角度考察并理解环境问题，激发学生对环境问题的关注及好奇心，鼓励他们积极参与环保活动。

活动重难点：

增强学生的环保意识，提高学生的观察、思考、分析和动手能力。

活动步骤：

（1）学生通过清洁公园的活动，了解自己身边有哪些废弃物可以再次利用，分组讨论并设计方案变废为宝；

（2）师生共同商议，完善方案，学生利用身边的废品制作既简单又实用的小作品，老师可以建议学生制作一些在清洁方面具有实用性的小作品。

四、研学旅行总结

1. 研究成果交流展示阶段

选择合适的时间，由老师组织学生进行成果交流。首先，由小组代表发言，陈述研究的主要内容，重点介绍自己小组研究成果的独到之处，谈谈对整个研究性学习过程的突出体会；其次，由其他组的同学提问；最后，由教师进行小结。

2. 研究成果的几种呈现方式

1）资料呈现

①研学旅行手册填写；②小报：手抄报、电子小报、自然笔记；③展板；④资料夹；⑤课件；⑥过程记录（包括调查表）；⑦活动总结或报告。

2）动手操作呈现

①环保手工制作；②作品展览；③成品展示；④现场操作。

3）记忆呈现

①照片；②录音；③录像；④情景再现（小组表演）。

4）活动体验呈现

①我的成长记录；②主题演讲；③日记汇编；④研究报告；⑤研学旅行活动手册设计（图 3–8）。

图3-8　研学旅行活动手册

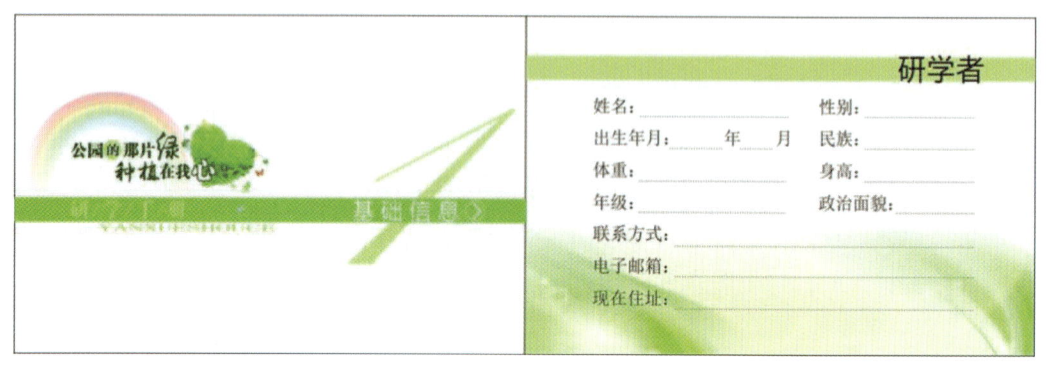

公园的那片绿
种植在我心

研/学/手/册

YANXUESHOUCE

研学内容记录 2

研学地

地点：　　交通：

对外开放时间：　　附近地标：

课程种类：　　教学老师：

联系方式：

续图3-8

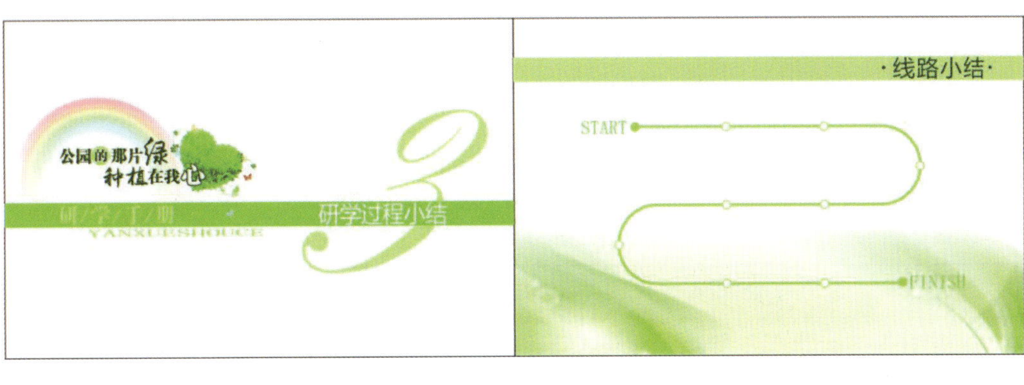
公园的那片绿
种植在我心
研/学/手/册
YANXUESHOUCE
3
研学过程小结
·线路小结·
START
FINISH

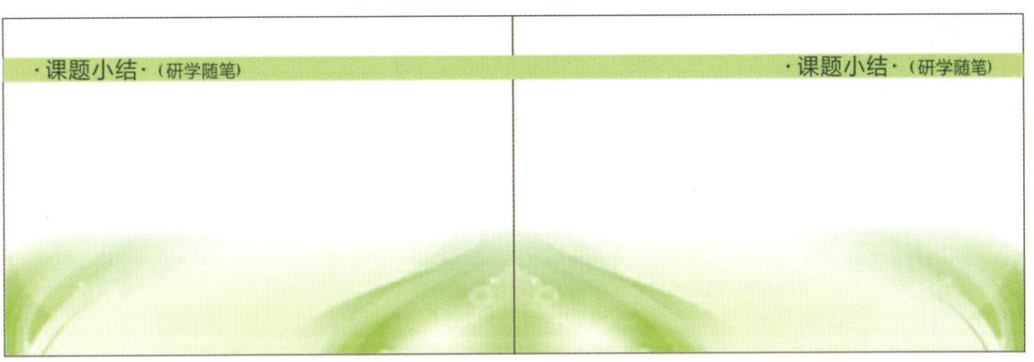
·课题小结·（研学随笔）
·课题小结·（研学随笔）

·小作文·（记叙文）
最难忘的一件事/一个人
·小作文·（记叙文）

结束语
古话说得好，读万卷书，行万里路，万卷书与万里路是一样重要的，我们切莫舍弃了万里路，从某种程度来说，万里路比万卷书更重要，我们要学会了解社会，开拓眼界。由此研学旅行便变得非常的重要了，研学旅行可以增强我们的社会责任感与动手能力，也是我们成长过程中的一位良师。
公园的那片绿
种植在我心

续图3-8

【课程多元评价】

本次研学旅行活动即将结束，请同学们回顾自己的学习经历，反思和总结本次活动的收获和感悟，对研学旅行的过程和成果进行评价（表 3-7、表 3-8），并邀请同行的伙伴、带队的老师写下寄语，为此次精彩的研学旅行留下宝贵的记录。

表3-7　学生评价表

<table>
<tr><th colspan="6">学生评价表</th></tr>
<tr><th></th><th>评价项目</th><th>评价要点</th><th>自我评价</th><th>同伴评价</th><th>老师评价</th></tr>
<tr><td rowspan="4">活动过程</td><td>课程学习</td><td>主动参与，及时认真记录，积极探索，善于发现，能正确使用工具</td><td>☆☆☆☆☆</td><td>☆☆☆☆☆</td><td>☆☆☆☆☆</td></tr>
<tr><td>团队合作</td><td>和谐相处，乐于助人，勇于承担责任，积极寻找解决问题的方法</td><td>☆☆☆☆☆</td><td>☆☆☆☆☆</td><td>☆☆☆☆☆</td></tr>
<tr><td>遵守纪律</td><td>时间观念强，听从指挥，按要求参加活动</td><td>☆☆☆☆☆</td><td>☆☆☆☆☆</td><td>☆☆☆☆☆</td></tr>
<tr><td>文明礼仪</td><td>爱护公共设施，不随意损坏公物，举止文明，不乱丢垃圾，遵守秩序</td><td>☆☆☆☆☆</td><td>☆☆☆☆☆</td><td>☆☆☆☆☆</td></tr>
<tr><td rowspan="4">活动成果</td><td>研究主题</td><td>主题鲜明、独特，与研究内容一致，能提前完成知识储备内容</td><td>☆☆☆☆☆</td><td>☆☆☆☆☆</td><td>☆☆☆☆☆</td></tr>
<tr><td>成果内容</td><td>内容充实完整，思路清晰，有自己的观点与结论</td><td>☆☆☆☆☆</td><td>☆☆☆☆☆</td><td>☆☆☆☆☆</td></tr>
<tr><td>呈现形式</td><td>体现研究特点，适合研究内容，新颖独特</td><td>☆☆☆☆☆</td><td>☆☆☆☆☆</td><td>☆☆☆☆☆</td></tr>
<tr><td>展示效果</td><td>设计制作，完成活动任务，并具有创造性，能积极与同学交流互动</td><td>☆☆☆☆☆</td><td>☆☆☆☆☆</td><td>☆☆☆☆☆</td></tr>
<tr><td colspan="6">个人感悟：</td></tr>
<tr><td colspan="6">同伴留言：</td></tr>
<tr><td colspan="6">教师寄语：</td></tr>
<tr><td rowspan="5">教师评价表</td><td colspan="3">评价要点</td><td>教师评价</td><td></td></tr>
<tr><td colspan="3">学生在活动过程中，不怕苦、不怕累，积极主动地参与各种活动，文明礼貌、爱护公共设施，尊重别人的劳动成果，爱惜自己和他人的劳动成果</td><td>☆☆☆☆☆</td><td></td></tr>
<tr><td colspan="3">学生能够掌握课程中的重点和操作技巧，能够掌握简单工具的使用方法，能够完成各种活动任务</td><td>☆☆☆☆☆</td><td></td></tr>
<tr><td colspan="3">学生在课前能够自主完成知识储备内容；在活动过程中认真、积极、遵守秩序，善于思考，勤于动手，乐于探究，主动帮助同伴；在活动结束时，能主动清理垃圾，保持公园卫生</td><td>☆☆☆☆☆</td><td></td></tr>
<tr><td colspan="3">学生在活动中不怕困难，主动发现问题，并积极寻找解决的方法；在实践过程中，有团队协作精神，有责任心，有创造力</td><td>☆☆☆☆☆</td><td></td></tr>
<tr><td>优秀学生名单</td><td colspan="4"></td><td></td></tr>
<tr><td>教师寄语</td><td colspan="4"></td><td></td></tr>
</table>

备注：此评价表为教师对班级的整体评价（根据本班级所有学生在整个活动中的表现进行评价），优秀学生名单。

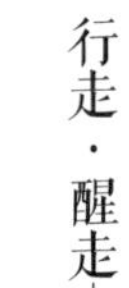

表3-8　家长评价表

	评价要点	家长评价
家长评价表	孩子在本次研学旅行活动中对研学旅行知识的掌握程度	☆☆☆☆☆
	孩子对本次研学旅行活动中涉及的知识的表达程度	☆☆☆☆☆
	孩子动手制作的成果展示	☆☆☆☆☆
	孩子通过本次研学旅行活动所表现出的参与活动的兴趣	☆☆☆☆☆
家长寄语		

备注：家长寄语：结合孩子对本次研学旅行活动的反馈情况及平时在家的表现，送给孩子一句话。

4. 课程效果反馈

课程效果反馈如图 3-9 所示。

学生姓名		性别		班级	
家长姓名		联系电话			
学生身份证					

尊敬的家长，您希望孩子在本次研学旅行活动中得到怎样的成长与进步呢？您对本次活动有什么建议？请写下来吧！

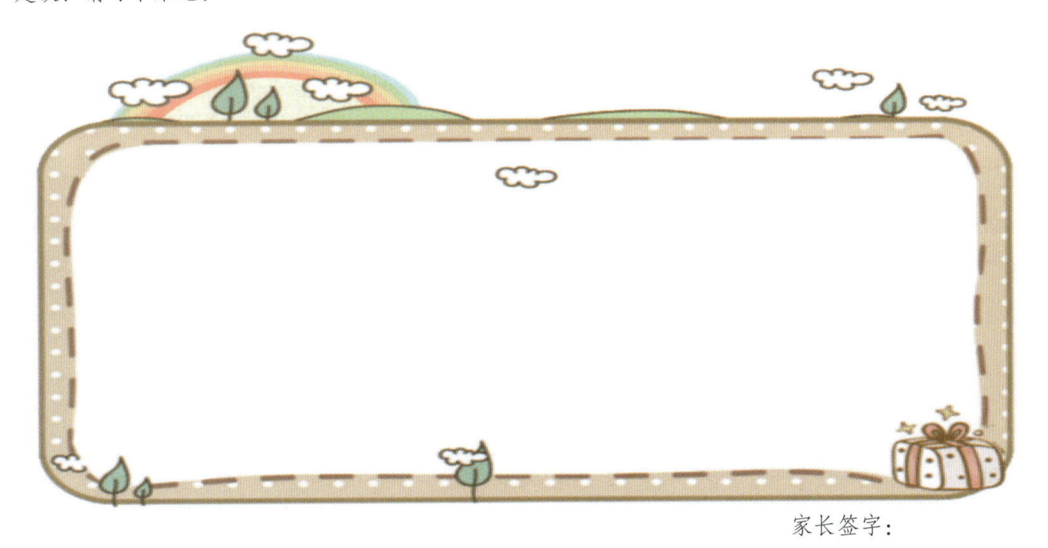

家长签字：

图3-9　课程效果反馈表

（江岸区三眼桥小学 许玲 李妍 罗慧 撰写）

亲近自然　诗意栖居
——探究公园里的二十四节气

一、研学旅行课程方案主题

亲近自然　诗意栖居——探究公园里的二十四节气。

二、研学旅行地点

解放公园。

三、适用学段

五年级。

四、涉及学科及知识点

1. 语文

了解人类非物质文化遗产——中国二十四节气，感悟中国传统文化的博大精深，学会用图表、文字记录观察所得，背诵相关诗词和谚语，感受生活变化，创造诗意美好的生活。

2. 科学

初步了解惊蛰时节动物会逐渐苏醒，观察自然界中蚯蚓喜欢的生活环境，形成爱护动物的意识；模拟“小蜜蜂”为花朵传粉，形成保护植物的意识；制作鸟类羽毛、花卉标本，在不伤害大自然生命的情况下发现美、欣赏美、创造美，意识到节气变化影响着我们的生活，培养科学思维，提升动手实践能力。

3. 美术

感受不同节气的自然气息，认知自然美，体会美术课程中要求回归自然的课程生态观；运用绘画方法表现二十四节气，提升审美及造型表现能力。

五、设计理念

著名教育家卢梭在著作《爱弥儿》中提出，自然教育的形式要以自然为师，以大自然为背景。二十四节气是我国劳动人民长期对物候、气象、天文进行观测、探索、总结后形成的规律。

本研学旅行课程以培养高年段学生的科学探索精神以及理解运用知识的能力为目的，以美育为载体，调动学生探究生活、走进自然的兴趣与热情，去发现生活中的变化，

感悟生活中的美好，让学生在实践中体会古代劳动人民的智慧，感知、弘扬中国传统文化，增强保护环境的社会责任意识，在变与不变中保护生态环境，思考如何创造更加美好的生活。

六、课程目标

（1）观察公园中二十四节气的天文、物候、水文变化，感受中国传统文化的博大精深，感知生活的美好。

（2）搜集相关数据，学习比较、分析数据的方法，学会整理表格，发现数据变化的深层原因，得出相关结论。

（3）思考如何在变与不变中找到生态延续与发展的路径，珍惜当下生活，创造更美好的诗意生活。

七、课程时长及内容安排

以二十四节气为载体，按照春夏秋冬四季，设计四个阶段的研学旅行课程。第一阶段研学旅行过程如表3-9。

表3-9　第一阶段：婉转江流婉转风　春华春意浓——春季研学旅行

研学旅行过程	阶段主题	课程内容	设计理念
研前学	了解中国传统文化的博大精深以及二十四节气的内涵	时间：“惊蛰”前一周 地点：学校教室 课前准备：分小组广泛搜集与二十四节气有关的古诗、谚语，在课堂上汇报； 课中安排：利用一堂语文课，学习《月令七十二候》	学生在五年级上学期和下学期的语文能力培养中，均需增强搜集整理资料的能力，进而为后期的科学探究做好铺垫
玩中研	走进公园，通过小组实验，探究“惊蛰”“谷雨”时段的物候变化	时间：“惊蛰” 地点：解放公园 小组实践活动一：了解雷电的形成（包括空气的流动和摩擦生电）； 小组实践活动二：蚯蚓喜欢的生活环境； 实验材料：纸盒（带盖）、剪刀、铲子、泥土、喷瓶、水、蚯蚓、塑料薄膜、计时器、实验记录单； 小组实践活动三：研究掉落的梨花并为它授粉； 实验材料：镊子、放大镜、白纸、掉落的梨花、竹竿、鸡毛掸子、胶带；	实践一：惊蛰时常常伴随着春雷，春天天气变暖，地面温度升高之后，空气变热就开始上升。空气在上升过程和云发生摩擦，电子发生交换，云朵移动过程产生光，形成闪电。 实践二：惊蛰时节，小动物们也慢慢苏醒。让学生研究常见的蚯蚓喜欢的生活环境，了解蚯蚓为土壤做出的贡献。呼吁学生保护蚯蚓，保护蚯蚓的生活环境。 实践三：惊蛰时节，梨花盛开，学生通过解剖掉落的梨花，了解梨花的内部结构，了解没有完成传粉过程的花朵不会结果，让学生自己当一回“小蜜蜂”为梨花授粉，保护梨树。

续表

研学旅行过程	阶段主题	课程内容	设计理念
玩中研	走进公园，通过小组实验，探究“惊蛰”“谷雨”时段的物候变化	小组实践活动四：制作羽毛标本； 实验材料：公园掉落的鸟类羽毛、剪刀、镊子、透明胶带（6—8毫米宽）、厚卡纸； 小组实践活动五：干制花卉标本； 实验材料：公园掉落的鲜花、干燥剂（硫酸铜）、盒子（带盖）、塑料袋、透明胶带、剪刀； 小组实践活动六：以绘画手账的形式绘制节气与桃花生长变化情况	实践四：谷雨前后，气温升高，鸟类活动频繁，学生可以在公园收集多种鸟类羽毛，并且认识和辨别不同鸟类。 实践五：谷雨时节，天气回暖，花朵盛开，学生很容易在公园地上找到掉落的完整的花朵，学习制作干花，辨认不同植物。 实践六：本环节结合惊蛰三候中的“桃始华”，学生用绘画的形式记录观察结果，为之后回学校整理相关数据提供依据，也可以用来作成果展示
研后思	分析与比较——这是我们身边的环境	时间：“惊蛰”后一周 地点：学校教室 课前准备：分小组整理相关数据、雷电原理图、蚯蚓实验探究记录表、羽毛标本成品、干制花卉标本成品、美术用具。 课中内容：分析相关数据，和古时候的物候规律对比，得出结论；通过实验记录表说说蚯蚓喜欢的生活环境有没有发生变化；分组讨论人工授粉的好处，结合查找的资料说说为什么需要人工授粉；展示自己制作的羽毛标本并介绍这种鸟类；展示自己制作的干制花卉标本并介绍这种植物；运用绘画方式进行初步表达；最后分小组汇报结论	本环节在分析问题、解决问题、探索研究的过程中整合信息，发现变化，提出问题再解决问题，加深学生的印象
思后行	变与不变——时代呼唤更诗意地栖居	学校课堂	本环节让学生在得到数据后进行分析整理，并讨论出让生活变得更美好的方案。引导学生着眼于现实，根据自身能力，提出更诗意地栖居的方式。再一次回到解放公园，对春季研学旅行进行阶段性总结
		小组讨论的方式，结合研究数据和解放公园实地研讨情况	
		解放公园	
		我是垃圾分类管理员 我是候鸟守望者	

第二阶段：蝉鸣阵阵　忽觉夏日悠长——夏季研学旅行（略）。

第三阶段：风吹一片叶　万物已惊秋——秋季研学旅行（略）。

第四阶段：为报方袍客　丰年瑞已成——冬季研学旅行（略）。

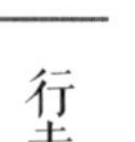

八、课程实施

（一）研前学——校内课程

主题：穿越时空，感受中国传统文化的博大精深

时间：“惊蛰”的前一周

1. 诗意导入

介绍《月令七十二候》，重点介绍“惊蛰”“谷雨”节气天文、水文、物候的变化。总结二十四节气对人们的生活产生了哪些影响。

2. 资料搜索

（1）小组汇报。

（2）教师点拨，激发学生的探究意识。

3. 小组探究

（1）问题提出，填写表格。

①这些变化通过什么样的实验收集数据？

②我们小组擅长研究哪方面的变化？（天文、水文、物候）

请完成研学旅行手册，如表 3-10。

表3-10　研学旅行手册数据记录表

节气名称	研究方向	研究内容	实验内容
惊蛰	（天文、水文、物候）		
（自主选择）			

（2）学生展示。

4. 出行准备

（1）介绍课外研学旅行课程安排以及安全事项。

（2）介绍必备用具。

（3）小组内分工及责任（表 3-11）。

表3-11　参考分组表格

序号	小组名称	组长	组员
1	小得盈满		
2	桃之夭夭		
3	暖意春光		
4	半夏生槿		
5	温风细雨		
6	圆荷泻露		

（二）玩中研——校外课程

主题一：风起竹林耕织早，桃花意蕴浓

时间：惊蛰节气前的周末、惊蛰当天

地址：解放公园

行前准备：彩色铅笔、照片、研学旅行手册

1. 课程导入

讲述惊蛰时桃花盛开的过程（花芽—花蕾—盛放）

2. 观察桃花

（1）分组进行观察并探究以下问题：

①桃花的颜色；

②桃花花瓣的形状；

③桃花叶片的形状；

④桃花的不同形态。

3. 桃花写生

（1）布置写生任务：将自己观察到的结果展现出来，教师作写生示范。

（2）学生分组实践，开始写生，教师轮流指导。

4. 课后作业

学生展示作品并拍照留存，将两次的照片做比较，并和本次实验搜集到的桃花开花时间数据做比较，看看能发现什么，并完成研学旅行手册。

主题二：乍暖还寒时，动物惊春风

时间：惊蛰当天

地址：解放公园

行前准备：动物习性资料、相关实验用具（具体如文中）

1）猜谜导入

2）实验一

蚯蚓喜欢干燥还是湿润的环境？

实验材料准备：纸盒（带盖）、剪刀、铲子、泥土、喷瓶、水、蚯蚓、塑料薄膜、计时器、实验记录单。

（1）研究蚯蚓喜欢干燥还是湿润的环境。

（2）学生说说自己的想法，进行对比实验。

（3）出示实验器材，讨论实验步骤。

（4）学生实验，教师分组指导，学生填写研学旅行手册（表 3-12）。

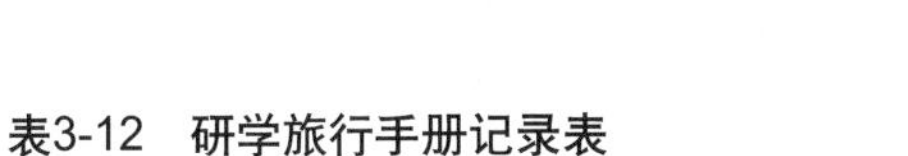

表3-12 研学旅行手册记录表

实验次数	干燥土壤里蚯蚓数	盒子中间蚯蚓数	湿润土壤里蚯蚓数
1			
2			
3			

（5）收回材料，组织交流。

3）实验二

蚯蚓喜欢黑暗还是光亮的环境？

（1）学生设计实验，自由发表。

（2）教师随机出示材料，在交流中概括出合理的实验步骤。

（3）出示实验器材，讨论实验步骤。

（4）学生实验，教师分组指导。

（5）组织交流，学生填写研学旅行手册（表 3-13）。

表3-13 研学旅行手册记录表

实验次数	明亮一端蚯蚓数	盒子中间蚯蚓数	黑暗一端蚯蚓数
1			
2			
3			

学生概括：蚯蚓喜欢黑暗的环境。

主题三：采得百花成蜜后，梨花依依杨柳风

时间：惊蛰当天

地址：解放公园

行前准备：梨花习性资料、相关实验用具（具体如文中）

1. 课程导入

2. 实验探究一

解剖掉落的梨花，了解其内部结构。

实验材料：镊子、放大镜、白纸、掉落的梨花。

提问：

（1）看看公园里这些花朵，它们是虫媒花还是风媒花？

（2）观察公园里的虫媒花有昆虫在为它传粉吗？

3. 实验探究二

（1）为梨花传粉。

（2）自然界的植物有的开花后会结果，有的开花后不会结果，这是什么原因呢？

准备材料：竹竿、鸡毛掸子、胶带。

4. 研后思考

我们可以做些什么，让这些小昆虫能重新回到公园为花朵们传粉？

主题四：缓步春山春日长，流莺不语燕飞忙

时间：谷雨当天

地址：解放公园

行前准备：鸟儿生活习性资料、相关实验用具（具体如文中）

1. 课程导入

2. 参观解放公园湿地科普馆

（1）自由参观。

（2）小组谈感受。

（3）教师总结。

3. 实验探究

制作鸟类羽毛标本。

实验材料：公园里掉落的鸟类羽毛、剪刀、镊子、透明胶带（6—8毫米宽）、厚卡纸。

4. 课后拓展

如果能收集到大量的同种羽毛，可以用来制作羽贴书签。

5. 课后思考

通过本次研学旅行，你发现鸟儿的种类在近几年有无增减变化，是什么原因引起的？

（三）研后思思后行——校内外课程结合

主题：变与不变？——时代呼唤更诗意地栖居

地点：学校教室、解放公园

时间：春季研学旅行结束后

1. 总结导入

2. 成果展示以及数据分享

（1）各小组分享自己的研学旅行手册，总结实验数据。

（2）以小组讨论的方式，结合研究数据和解放公园实地情况，研讨我们能为生态环境做什么（表 3-14）。

表3-14　我是生态保护者（以下活动仅供参考）

我的角色	我的工作
我是垃圾分类管理员	利用美术知识，为解放公园设计垃圾回收桶。全班分成 4—5 组，在解放公园拾捡垃圾，清理公园，限时 20 分钟，最后进行小组评比
我是候鸟守望者	录制相关视频，在研学旅行基地成立“鸟儿观察站”，学生定期来给鸟儿喂食、筑巢
我是土地守护者	和研学旅行基地达成协议，绘制保护标语和图画，提醒大家保护土壤

九、课程评价

江岸区解放公园自身自然资源丰富，是江岸区学子亲近自然的绝佳场所。

本课程充分利用校内外资源，着眼于生活实际，让学生在科学实验、美术体验、观察节气变化的过程中，体会环境的改变，并且能与自己的生活相结合，思考如何创造更诗意的生活，学会与自然和谐相处。

1. 关注过程性评价

在研学旅行过程中，充分关注学生的过程性评价，关注学生的实验积极性、参与状况、研究态度等，利用研学旅行手册，对学生在研学旅行过程中的表现分等级记录。

2. 关注终结性评价

研学旅行结束后，可以通过研学旅行小报、观后感、录制环保视频、撰写“关于解放公园 ××× 的研究报告”等方式来评价学生的研究成果。

最终形成一个科学的评价体系，包括自评、小组互评以及教师评价。

十、课程效果反馈

学生在完成本次研学旅行后，可以用数据进行说明，用美观的画面进行呈现，用优美的语言进行描述，将量化评估和质性评估有机融合。

根据研学旅行活动主题，学生可以用游记、调查报告、手抄报等形式进行作品展示。

十一、其他

1. 安全隐患分析

（1）因涉及外出活动，在学生安全保障上存在一定风险。

（2）在观察和实验过程中，有破坏植物和打碎实验物品的风险。

2. 安全保障措施与规范

（1）在开展校外研学旅行的环节，邀请家长志愿者一起出行，共同保障安全，完成实践课程。

（2）在活动开展中，将学生分成小组，划分活动区域，每小组指定组长负责秩序，对不安全行为及时制止。

（3）邀请公园讲解员为学生介绍相关知识，进行安全提示。

十二、研学旅行手册

亲近自然　诗意栖居——探究公园里的二十四节气研学旅行手册如图 3-10。

CONTENT

目录

填写指南

同学们，你们好！欢迎走进奇妙的大自然，探索公园里的二十四节气。

春夏秋冬，四季变化。在春季我们将走进“惊蛰”、“谷雨”；在夏季，我们将走进“小暑”；在秋季……请同学们以小组为单位，自由选择你们最感兴趣的节气和实验进行探究，并在研学手册上填写自己的简介，选择自己想探究的节气和实验。

以下是研学中的注意事项，请大家认真阅读：

1、写生桃花时一定记得带三种不同粗细大小的针管笔，着色要注意最好使用彩铅或者马克笔。

2、完成科学实验时，请保存好实验用具及数据，不破坏花草树木，不伤害动物。

3、最后请同学们一定别忘了对自己的研学成果进行总结评价哦，相信你们每个人都能获得 9 星研学达人称号！

自我展示

我的小组：

我们选择的实验节气（请在方框内打勾）：

- □ 惊蛰
- □ 谷雨

我们选择的实验内容：

- □ 桃花写生
- □ 蚯蚓喜欢的生活环境
- □ 研究掉落的梨花并为其授粉
- □ 制作羽毛标本
- □ 干制花卉标本

图3-10　亲近自然　诗意栖居——探究公园里的二十四节气研学旅行手册

（武汉市育才小学 胡静娴 廖静文 胡家薇 撰写）

童趣耀江滩　跃然“纸”上行
——绿色研学旅行课程设计

一、研学旅行课程方案主题

童趣耀江滩　跃然“纸”上行——光华路小学绿色研学旅行课程。

二、研学旅行地点

汉口江滩二期。

三、适用学段

小学五年级学生（下学期）。

四、涉及学科及知识点

语文学科：跟着课文去研学旅行，结合部编语文三年级上册《纸的发明》课文，让学生在活动中进一步了解与纸有关的历史、成语等；结合部编语文五年级下册第三单元习作《写简单研究报告》，在活动中，培养学生主动获取知识和信息、探究合作的能力。

体育学科：在研学旅行过程中，通过练习，让学生进一步掌握肩上屈肘投掷、快速鞭打的技术动作，提高投掷的准确度。同时，在游戏中提升学生的速度、灵敏素质及平衡能力。

信息技术学科：在研学旅行课程中，学生通过LOGO语言绘图的基本命令（移动命令和旋转命令）的引导完成闯关游戏；通过网络搜索引擎查询所需的网络信息，提升运用关键字搜索的能力，掌握精准获取网络信息的策略与技巧；通过Word软件提高编辑整理资料的能力。

五、设计理念

赏春日美景，感绿色生命；歌游戏趣乐，思故知新学；融学科之长，研纸中迷藏。通过江滩绿色生态之行，让学生走出课堂，和春天一同成长。

纸在学生的学习生活中是非常常见的物品，通过关于“纸”的主题户外课程，让学生了解纸的起源、制作及利用，并养成爱护纸、有效利用和重复利用纸的环保好习惯，从身边小事做起，践行环保理念。意趣盎然的“纸”主题活动，也让学生在童趣中学到知识，快乐、健康成长。

六、课程目标

（1）让学生通过各种学习渠道，提前了解有关纸的历史、用途、制作过程等知识，提升主动获取知识和信息的能力。

（2）使学生了解纸的消耗对环境及资源的影响，关注造纸与环境、能源的关系，养成节约用纸的好习惯，增强环保意识。

（3）培养学生收集信息和处理信息的能力，学会上网查找资料的探究方法，提高学生的创新能力和自主探究能力。

（4）使学生学会分享、表达、交流与合作。

七、课程时长及内容安排

童趣耀江滩　跃然“纸”上行——绿色研学旅行课程内容如表3-15。

表3-15　童趣耀江滩　跃然“纸”上行——绿色研学旅行课程内容

时间	课时	活动安排	教学方法	收获
上午	30分钟	08：30—09：00 研学旅行导师到各班，开展行前一课	研学旅行导师组织	研学旅行导师与学生们沟通交流，让学生了解行程安排及课程目标
	30分钟	09：00—09：30 从光华路小学出发，乘车前往汉口江滩二期。活动安排：让学生们感知身边的环境，遵守交通规则，了解行中纪律	研学旅行导师带领，加强安全防范	增强安全意识和组织纪律性
	30分钟	09:30—10:00 研学旅行课程一：报春·晖 课程安排：芳草青青树成荫，小径绵绵曲折行，漫步江滩二期，感受绿色生态之美，观察沿途植物，了解江滩有哪些植物品种，着重观察春季芦苇	在研究旅行导师带领下，开展自我观察与探索发现，并记录在研学旅行手册上	让学生感受春天的气息，增加对大自然的热爱之情，增进对大自然的了解，认知植物品种
	60分钟	10：00—11：00 研学旅行课程二：纸秘·觅 课程安排：学生按5人一组分组，借助平板电脑中LOGO语言绘图基本命令的引导，完成通关游戏，通过提示探寻纸的秘密与历史	研学旅行导师引导，学生分组协作完成	团队趣味活动，尽显童趣。学生获取文学知识，同时掌握LOGO语言中的简单绘图命令
	60分钟	11：00—12：00 研学旅行课程三：纸迹·探 课程安排：按活动分组，运用平板电脑的网络搜索引擎，查找造纸历史、制纸工艺发展、纸在生活中的作用、废纸妙用、纸的成语故事等方面的资料，完成调查报告	老师组织，学生分组完成	了解古代造纸术，增强节约用纸的环保意识；学会运用信息化手段精准获取网络信息的技巧；提高解决实际问题的能力；提高利用Word软件编辑整理资料的能力

时间	课时	活动安排	教学方法	收获
中午	60 分钟	12：00—13：00 活动安排：以班级为单位找草坪或空地休息，享用自带的午餐，调整体力	研学旅行导师带领，学生分组完成	保持体力，稍作休息
下午	30 分钟	13：00—13：30 研学旅行课程四：纸趣 乐 课程安排：分不同班级完成打雪仗、快速送报、踏石过河游戏活动	研学旅行导师带领，团队协作完成	提高投掷和奔跑能力以及身体协调素质
	60 分钟	13：30—14：30 研学旅行课程五：纸鸢 · 舞 课程安排：学生按游戏分组，完成风筝的绘画与制作，放飞风筝也放飞希望	研学旅行导师带领，学生分组完成	系上少年心，绘上满园春，动手又动脑，创意无限，学会放风筝的方法
	30 分钟	14：30—15：00 研学旅行课程六：分享 · 明 课程安排：经过一天的研学旅行课程，学生观察了春季的特征，分组合作探寻了纸张的历史、制作工艺和多种用途，完成了纸鸢的制作和放飞。积极分享所得，完成研学旅行手册中的“纸的研究”报告内容	互动分享	分享心得体会，碰撞集体思维
	30 分钟	15：00—15：30 乘车返回学校，结束美好的旅程		

八、课程实施

1. 研学旅行前准备

（1）在老师指导下完成“行前一课”，了解汉口江滩二期以及芦苇的相关知识，提前了解“纸上谈兵”“甲骨”“丝帛”以及四大发明相关内容，预习如何写研究报告。

（2）研学旅行过程中学生所需物品：笔记本、彩色笔、游戏道具、平板电脑（四人一组配备）。

（3）提前通知学生统一着校服或班服，穿运动鞋参与研学旅行活动，了解当天行程中的安全注意事项及具体安排。

2. 主要研学旅行活动流程

研学旅行课程一：纸秘 · 觅（如表 3-16）

表3-16 “纸秘·觅”研学旅行活动流程

活动顺序	内容
1	分组游戏：盲人点秋香 方法：先组织学生围成一个圈，然后用转动水瓶的形式选出各组的组长。组长要蒙上眼睛，在老师的带领下，轮流沿着内圈开始绕，当他的手指到谁，谁就是他的组员，直到选出 5 人为止。其他组长按照同样的步骤挑选组员

续表

<table>
<tr><th>活动顺序</th><th colspan="4">内容</th></tr>
<tr><td rowspan="5">2</td><td rowspan="5">寻宝</td><td>寻宝游戏：荒岛求生
方法：五人一组，在规定时间内，全部站在一张 A4 纸上停留 5 秒即为挑战成功</td><td>提示密语：赵括赵奢</td><td rowspan="6">游戏说明：
1. 学生依据游戏要求完成分组，再到达各自小组的闯关地点。
2. 学生根据平板电脑所示的游戏方法，完成第一个闯关游戏。
3. 第一个游戏闯关成功后即可得到平板电脑中的闯关成功提示密语，同时依据平板电脑中 LOGO 语言相关指令 [移动命令（前进 FD x 步数、后退 BK x 步数）和旋转命令（左转 LT x 度、右转 RT x 度）] 的引导，到达第二个闯关地点。
3. 以此类推，完成后面的三个闯关游戏，集齐四个闯关成功提示密语，获得闯关宝藏——纸鸢材料。
4. 学生结合手中所有闯关成功提示密语，归纳总结得出本次研学旅行主题。</td></tr>
<tr><td>寻宝实验：游“纸”吟
方法：准备玻璃杯一个、大头针一根、水一杯，用大头针在准备好的白纸上扎许多小孔。用准备好的玻璃杯盛满水（如果太满，需要将漫出的水擦掉），用有孔的纸片盖住盛满水的玻璃杯口，用手压着纸片，将被子倒转，使杯口朝下。将手轻轻移开，会发现纸片纹丝不动地盖住杯口，水也未从小孔中流出来。纸片能托起杯中的水是因为大气压强作用于纸片上，产生了向上的托力。水没有从小孔中漏出来，是因为水表面有张力，水在纸的表面形成水的薄膜，使水不会漏出来</td><td>提示密语：四大发明</td></tr>
<tr><td>寻宝游戏：投“篮”
方法：每人 4 个纸球，每组共 20 个纸球，在投掷线后将纸球投入“篮”中。投中 15 个球为挑战成功，挑战失败的小组重新排队进行挑战</td><td>提示密语：甲骨丝帛</td></tr>
<tr><td>寻宝游戏：飞过“地平线”
方法：每人用一张 A4 纸折飞机，在“起飞”线上投纸飞机，飞机“飞过”目标“地平线”为成功，每组 5 架飞机，飞过 3 架为挑战成功，挑战失败的小组重新排队进行挑战</td><td>提示密语：残红飘落日已昏</td></tr>
<tr><td>寻宝游戏：爆竹声声
方法：每人用一张 A4 纸制作纸炮，制作完成后逐个打响，全组纸炮均可打响且发出 10 次爆竹声即为挑战成功</td><td>提示密语：陆游《示子聿》</td></tr>
<tr><td>3</td><td colspan="3">寻获宝物——纸鸢材料　　　　关键词：纸</td></tr>
</table>

研学旅行课程二：纸迹 · 探（表 3-17）

表3-17　“纸迹·探”研学旅行活动流程

序号	活动内容	活动方法
1	在平板电脑上通过网络搜索引擎查找纸的历史、造纸技术、纸在生活中的作用、废纸妙用、纸的成语故事等方面的资料，完成调查报告。	打开网络浏览器，在搜索栏中输入所需信息的关键字，查找相关信息资料。 通过浏览器中的“搜索类别”快速分类搜索信息。 运用多个关键字搜索，提高查询资料的精准性。 把搜索到的资料编辑整理到 Word 文档中，完成调查报告

续表

研学旅行课程三：纸趣·乐（表 3–18）

表3-18 “纸趣·乐”研学旅行活动流程

序号	游戏名称	游戏方法
1	快速送报	将一张报纸打开横放在胸前，起跑后手不要抓报纸，采用接力的方式，分组对抗，比一比哪组最先跑完全程。（报纸掉落，要返回掉落地点，捡起后接着跑完剩下的距离。）
2	踏石过河	在地上放若干张报纸作为露出河面的“石块”，此外的区域作为“小河”。以接力方式分组比赛，在不落入“小河”的前提下，看哪组最先通过“小河”
3	打雪仗	A、B 两队各十人分别站在场地两边，每人两个“雪球”，听到哨音后将场地内的“雪球”越过中间隔网投到对方的场地上，在规定时间内，场地内“雪球”少的队伍获胜

3. 研学旅行手册

“童趣耀江滩　跃然‘纸’上行” 研学旅行手册如图 3–11 所示。

研学手册
童趣耀江滩　跃然“纸”上行
江岸区光华路小学绿色生态研学课程

图3-11　研学旅行手册

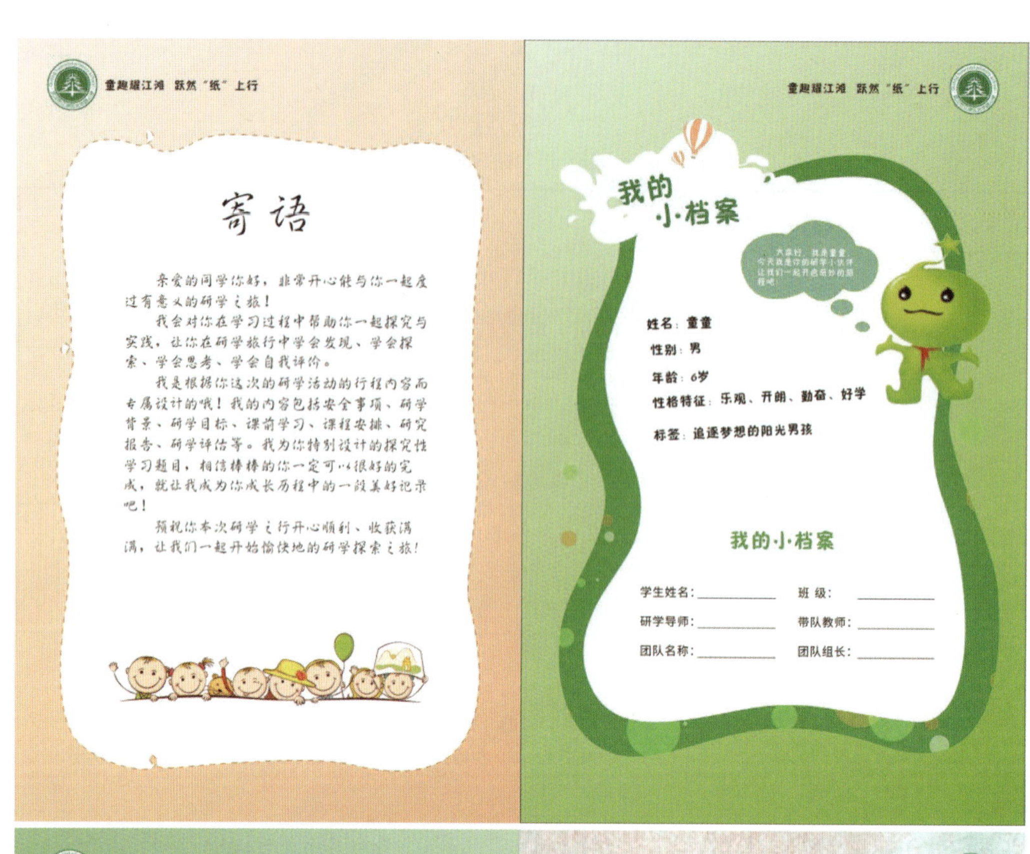

童趣耀江滩 跃然“纸”上行

寄语

亲爱的同学你好，非常开心能与你一起度过有意义的研学之旅！

我会对你在学习过程中帮助你一起探究与实践，让你在研学旅行中学会发现、学会探索、学会思考、学会自我评价。

我是根据你这次的研学活动的行程内容而专属设计的哦！我的内容包括安全事项、研学背景、研学目标、课前学习、课程安排、研究报告、研学评估等。我为你特别设计的探究性学习题目，相信棒棒的你一定可以很好的完成，就让我成为你成长历程中的一段美好记录吧！

预祝你本次研学之行开心顺利、收获满满，让我们一起开始愉快地的研学探索之旅！

童趣耀江滩 跃然“纸”上行

我的小档案

姓名：童童

性别：男

年龄：6岁

性格特征：乐观、开朗、勤奋、好学

标签：追逐梦想的阳光男孩

我的小档案

学生姓名：__________ 班 级：__________

研学导师：__________ 带队教师：__________

团队名称：__________ 团队组长：__________

童趣耀江滩 跃然“纸”上行

目录

童趣耀江滩 跃然“纸”上行

学员公约

我承诺：

在每一次的研学旅行课程中，全程参加并实践，以真诚、热情的心，遵守下列公约。

一、三绝不：活动中绝不擅自离队随意活动；公共场所绝不大声喧哗；绝不乱丢垃圾，破坏公物；

二、我能够：严格遵守研学旅行各项要求，做到守时守规，集体行动听从研学导师/老师指挥。

三、我愿意：讲文明有礼貌，尊重他人劳动。爱护实践课程活动地点物品，如有损坏照价赔偿。

四、我可以：保管好自己的贵重物品，确保自己的人身安全。牢记自己的车号，车标，记住同伴同学的姓名，如发现同伴离队，马上向老师汇报。

五、我希望：参加研学旅行活动的同学都能积极参与，学有所获。

六、我一定：听研学导师和老师的话，和我的伙伴们互帮互助，团结友爱，建立我们最优秀的团队。认真完成研学旅行课程，完成手册内容，用心记录研学旅行课程活动。

七、如果我：活动期间遇到身体不适或突发事件，我会第一时间告诉研学导师和带队老师，而不是自行处理。有物品丢失情况我会及时向老师报告。

八、不忘记：每次研学旅行课程中，我一定随身携带手册，出现任何问题，我可以按照研学手册上的号码打电话求助。

谨誓。

承诺人：

年 月 日

-1-

续图3-11

壹趣耀江滩　跃然“纸”上行

壹趣耀江滩　跃然“纸”上行

注意事项

出发前

1.明确出行时间、出行时的分组安排，做到心中有数；
2.根据自身情况，准备好必备药品，有特殊情况及时向老师报告；
3.提前了解研学当天天气情况，准备好衣物着装。

用餐

1.用餐期间不大声喧哗，确保用餐秩序；
2.研学过程中，不得私点外卖；
3.不在研学目的地或附近购买不卫生的食品。

在车上

1.在研学导师及老师的安排下，有序上下车，不在车上随意走动；
2.清点并整理好个人物品，确保不遗落在车上；
3.将垃圾及废弃物品带下车，扔到垃圾桶里。

学习中

1.携带好研学手册，保管好个人贵重物品；
2.坚持团队行动，不擅自脱离集体，合作探索完成学习任务；
3.遇到问题或突发事件时保持冷静，及时向研学导师、老师、工作人员求助；
4.自觉爱护环境和文物，自觉遵守纪律，遵守研学目的地的游览规则；
5.参观学习时，不要大声喧哗，按照场馆参观守则文明参观；
6.行走要严格遵守交通规则，确保自身安全。

学习后

1.及时记录研学收获，主动和同学、老师、家长分享感受；
2.主动完成研学旅行活动手册相关内容，自觉做好课程的延伸；
3.自觉将研学活动中的行为改变融入和落实在日常的学习和生活中。

-2-

行前准备

行前物品准备

物品名称	备齐打√	物品名称	备齐打√
双肩包或者挎包		研学手册	
写字笔		彩色笔	
帽子		水壶	
雨伞		手机	
少量零食		零用钱	

注：以上为建议物品，请同学们根据研学实际需要准备哦。

行前知识准备

课前准备
（1）汉口江滩二期芦苇你观察过吗？
（2）“甲骨、丝帛”的作用？
（3）“纸上谈兵”是怎么回事儿？
（4）四大发明有哪“四大”？

-3-

壹趣耀江滩　跃然“纸”上行

壹趣耀江滩　跃然“纸”上行

行程安排

壹趣耀江滩　跃然“纸”上行

—— 光华路小学绿色生态一日研学课程 ——

时间	课时	活动安排
上午	30min	08:30-09:00 研学导师到各班，开展行前一课。
	30min	09:00-09:30 从光华路小学出发，乘车前往汉口江滩二期。 活动安排：让孩子们感知身边的环境，遵守交通规则，了解行中纪律。
	30min	09:30-10:00 **研学课程一：报春·寻** 课程安排：徒步汉口江滩二期，观察学习沿途的古海洋生物浮雕群，感叹大自然的优胜劣汰及进化繁衍之神奇。“芳草青青树成荫，小径绵绵曲折行”，漫步江滩，感受绿色生态之美，观察沿途植物，了解江滩有哪些植物品种。
	60min	10：00-11：00 **研学课程二：纸秘·觅** 课程安排：学生按5人分组，根据平板电脑中LOGO语言绘图的基本命令的引导，完成通关游戏，通过提示探寻纸的秘密与历史。
	60min	11：00-12：00 **研学课程三：纸途·探** 课程安排：按活动分组，运用平板电脑的网络信息查询功能，查找造纸历史、制纸工艺发展、纸在生活中的作用、废纸妙用、纸的成语故事等方面的资料，完成研究报告。
中午	60min	12：00-13：00 活动安排：以班级为单位找草坪或者空地休息，享用自带午餐，调整体力。
下午	30min	13：00-13：30 **研学课程四：纸趣·乐** 课程安排：分不同班级完成“打雪仗”“快速送报”“踏石过河”游戏活动。
	60min	13：30-14：30 **研学课程五：纸鸢·舞** 课程安排：学生按游戏分组，完成风筝的绘画与制作，放飞风筝也放飞希望。
	30min	14：30-15：00 **研学课程六：分享·略** 课程安排：经过一天的研学旅行，观察了春季的特征，分组合作探寻了纸张的历史、制造工艺和多种用途，完成了纸鸢的制作和放飞。积极分享交流所得，完成研学手册中的“纸的研究”报告内容。
	30min	15：00-15：30乘车返回学校，结束美好的研学之旅！

-4-

知识导航

芦苇

芦苇，多年水生或湿生的高大禾草，根状茎十分发达。

芦苇在全球广泛分布，生于江河湖泽、池塘沟渠沿岸和低湿地。

芦苇在开花季节特别漂亮，可供观赏。由于芦苇的叶、叶鞘、茎、根状茎和不定根都具有通气组织，所以它在净化污水中起到重要的作用。芦苇茎秆坚韧，纤维含量高，是造纸工业中不可多得的原材料。

-5-

续图3-11

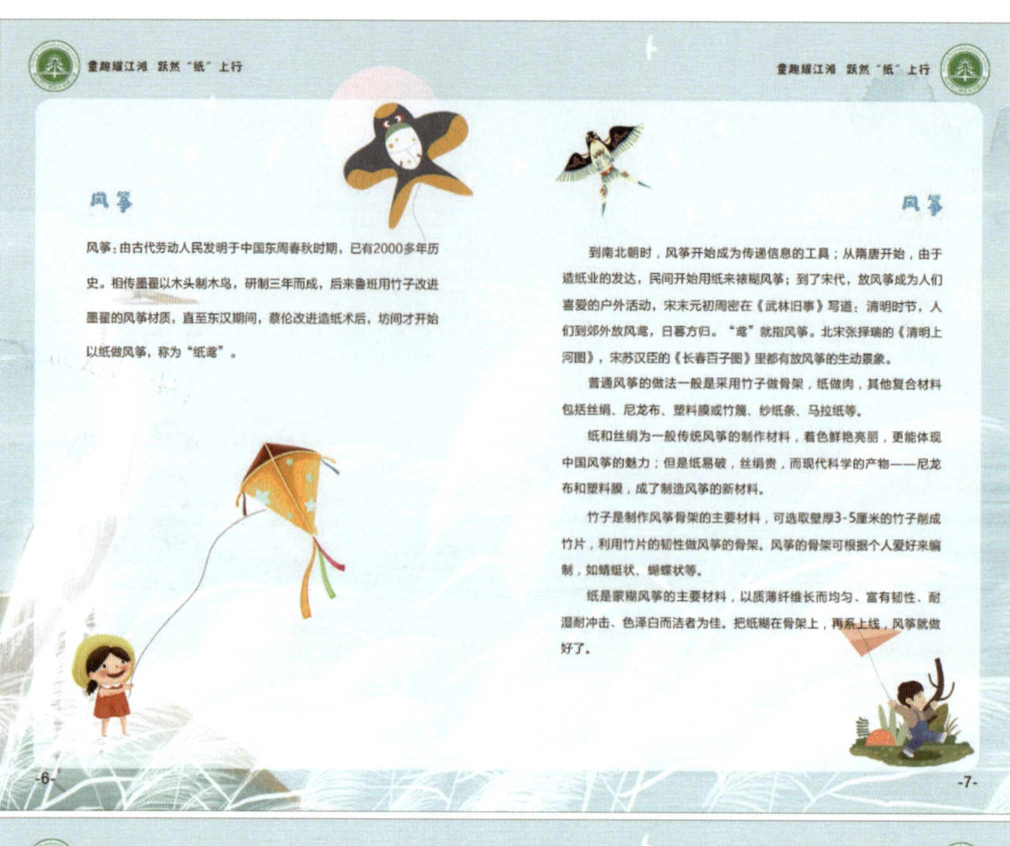

童趣耀江滩 跃然“纸”上行

童趣耀江滩 跃然“纸”上行

风筝

风筝：由古代劳动人民发明于中国东周春秋时期，已有2000多年历史。相传墨翟以木头制木鸟，研制三年而成，后来鲁班用竹子改进墨翟的风筝材质，直至东汉期间，蔡伦改进造纸术后，坊间才开始以纸做风筝，称为“纸鸢”。

-6-

风筝

到南北朝时，风筝开始成为传递信息的工具；从隋唐开始，由于造纸业的发达，民间开始用纸来裱糊风筝；到了宋代，放风筝成为人们喜爱的户外活动，宋末元初周密在《武林旧事》写道：清明时节，人们到郊外放风鸢，日暮方归。“鸢”就指风筝。北宋张择瑞的《清明上河图》，宋苏汉臣的《长春百子图》里都有放风筝的生动景象。

普通风筝的做法一般是采用竹子做骨架，纸做肉，其他复合材料包括丝绢、尼龙布、塑料膜或竹篾、纱纸条、马拉纸等。

纸和丝绢为一般传统风筝的制作材料，着色鲜艳亮丽，更能体现中国风筝的魅力；但是纸易破，丝绢贵，而现代科学的产物——尼龙布和塑料膜，成了制造风筝的新材料。

竹子是制作风筝骨架的主要材料，可选取壁厚3-5厘米的竹子削成竹片，利用竹片的韧性做风筝的骨架。风筝的骨架可根据个人爱好来编制，如蜻蜓状、蝴蝶状等。

纸是蒙糊风筝的主要材料，以质薄纤维长而均匀、富有韧性、耐湿耐冲击、色泽白而洁者为佳。把纸糊在骨架上，再系上线，风筝就做好了。

-7-

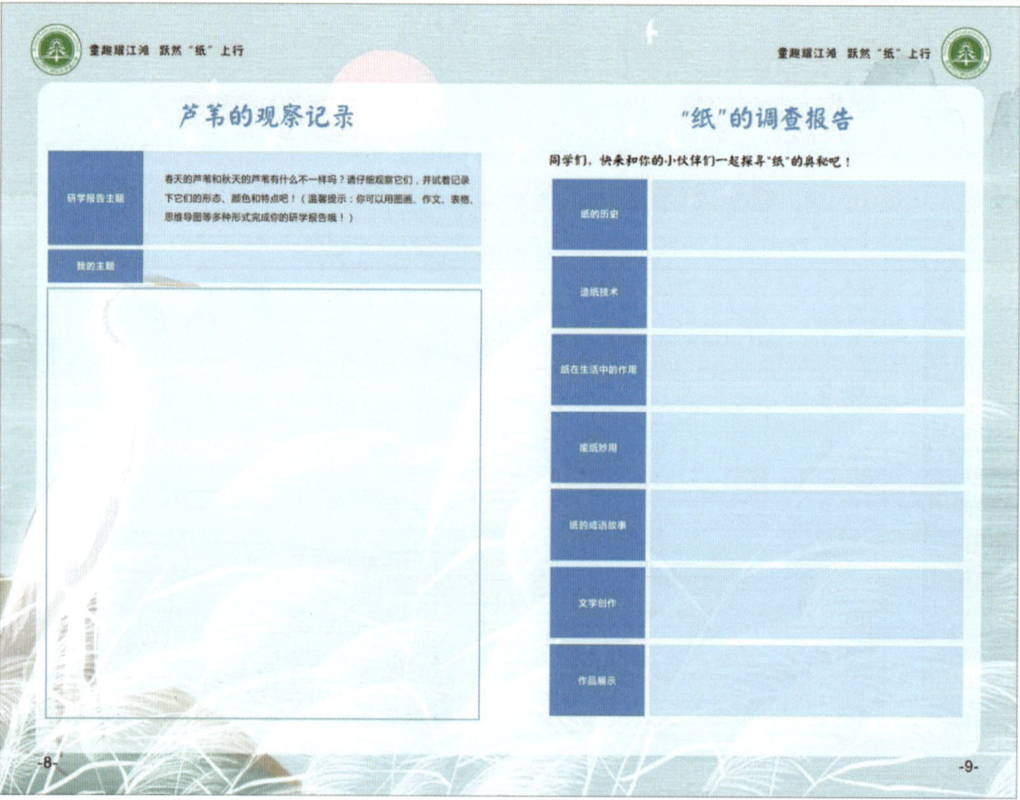

童趣耀江滩 跃然“纸”上行

童趣耀江滩 跃然“纸”上行

芦苇的观察记录

研学报告主题	春天的芦苇和秋天的芦苇有什么不一样吗？请仔细观察它们，并试着记录下它们的形态、颜色和特点吧！（温馨提示：你可以用图画、作文、表格、思维导图等多种形式完成你的研学报告哦！）
我的主题	

-8-

“纸”的调查报告

同学们，快来和你的小伙伴们一起探寻“纸”的奥秘吧！

纸的历史	
造纸技术	
纸在生活中的作用	
废纸妙用	
纸的成语故事	
文学创作	
作品展示	

-9-

续图3-11

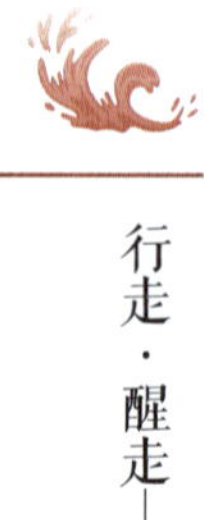

续图3-11

4. 研学旅行成果

（1）纸的研究报告。

（2）电子寻宝图、自制风筝、芦苇及相关绿植观察笔记。

（3）研学旅行手册。

九、课程评价

“童趣耀江滩　跃然‘纸’上行”旅行课程评价如表 3-19 所示。

表3-19　“童趣耀江滩　跃然‘纸’上行”旅行课程评价表

过程性评价				
评价阶段	教师指导		学生学习	
行前 获取间接经验	1. 学生通过网络、书本、视频等方式了解课程知识； 2. 活动课程能够调动学生参与体验的积极性	评价等级 ☆☆☆☆☆ ☆☆☆☆☆	1. 积极收集相关资料； 2. 了解研学旅行课程的知识要点； 3. 明白自己需要关注的重点知识	评价等级 ☆☆☆☆☆ ☆☆☆☆☆ ☆☆☆☆☆

过程性评价				
评价阶段	教师指导		学生学习	
行中 获取直接经验	1. 活动课程形式与场馆资源、环境有机结合，活动内容指向课程目标，活动方式富有趣味； 2. 观察学生参与活动的状态，适时进行指导	☆☆☆☆☆ ☆☆☆☆☆	1. 多感官参与活动，感知课程； 2. 理解活动中的各学科信息及关系，善于发现问题、提出问题； 3. 掌握纸与环境、能源的关系，增强环保意识； 4. 提升收集信息和处理信息的能力，对信息进行归纳整理； 5. 学会分享、表达、交流与合作	☆☆☆☆☆ ☆☆☆☆☆ ☆☆☆☆☆ ☆☆☆☆☆ ☆☆☆☆☆
行后 经验反思	对课程进行概括、总结与反思： 1. 组织不同形式的活动进行交流； 2. 指导学生完善自己的研究报告	☆☆☆☆☆ ☆☆☆☆☆	1. 对课程信息资料进行整理、归纳，形成自己的研究报告，分享自己的经验或作品； 2. 学习他人的经验或作品，完善自己的学习成果	☆☆☆☆☆ ☆☆☆☆☆
	对学习过程与结果进行评价，构建学习过程与结果的评价标准并做出归纳与总结	☆☆☆☆☆	依据标准对他人做出适当的评价	☆☆☆☆☆
总结性评价				
我还需要改进的地方				
教师评价	研学旅行整体参与评价	☆☆☆☆☆		
	求知态度	☆☆☆☆☆		
	求知方式	☆☆☆☆☆		
	团队表现	☆☆☆☆☆		
	旅行文明	☆☆☆☆☆		

十、课程效果反馈

1. 研究报告

“童趣耀江滩　跃然‘纸’上行”研究报告如图 3-12 所示。

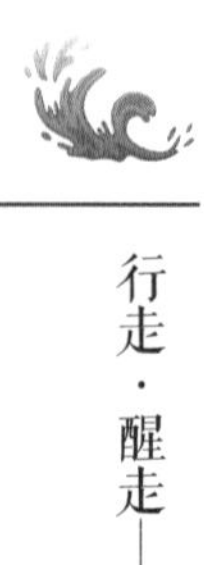

续表

<table>
<tr><th colspan="3">《纸和我们的生活》研究报告</th></tr>
<tr><td colspan="2">一. 问题的提出</td><td>最早的纸是什么时候发明的？
纸的历史与发展过程
造纸术过程</td></tr>
<tr><td colspan="2">二. 调查方法</td><td>上网搜集资料
查阅书籍报刊
其它方法</td></tr>
<tr><td rowspan="6">三. 调查情况和资料整理</td><td>纸的历史</td><td>最早的纸诞生于2200年前，西汉初期已有，但并没有广泛运用。春秋时期又将竹片与木片以及缣帛作为书写材料。但由于缣帛太昂贵，竹片太笨重，于是产生了纸，一直沿用至今。</td></tr>
<tr><td>造纸技术</td><td>1、将麻类植物用水浸泡，去皮后再用刀剁碎，放入锅中煮，待晾凉后进行浸泡、用脚踩，用棍棒搅拌使其纤维变碎、变细。
2、掺入辅料，制成纸浆。
3. 用抄纸器进行抄捞、晾干，即可制成为纸。</td></tr>
<tr><td>纸在生活中的作用</td><td>制作书本，卫生纸，纸杯、餐具、纸箱子，彩纸、折纸、包装纸……
还可以记录文字图画。</td></tr>
<tr><td>废纸妙用</td><td>卖钱，做纸篓，做纸画，烧火，做纸花</td></tr>
<tr><td>纸的成语故事</td><td>唐昭宗时，经常给皇帝治病的医生孟斧十分羡慕帝王与王孙贵族们的生活。生活起居都极力模仿宫廷样式，就连住所的家具都包上一层金纸，于是有了"纸醉金迷"这个成语。</td></tr>
<tr><td>文学创作</td><td>萧詧创作《咏纸诗》　白居易创作《写新诗寄微之偶题卷后》
李商隐创作《送崔珏往西川》　苏轼创作《次韵宋肇惠澄心堂纸》
……</td></tr>
<tr><td colspan="2">四. 结论</td><td>1、纸诞生于西汉初期，春秋时期被广泛利用。
2、将植物纤维提取再利用便可造纸。
3、纸在生活中作用广泛。
4、废纸作用很广。
5、孟斧将家具包上金纸，产生"纸醉金迷"一词。
6、有关纸的文学创作很多。</td></tr>
</table>

图3-12　研究报告①

① 图3-12为学生书写的研究报告，为展示报告的原真状态，未对报告中的错误进行修改。

《纸和我们的生活》研究报告		
一. 问题的提出		最早的纸是在什么时候发明的？纸的材质变化？纸的制造过程？纸在生活中的应用？关于纸的故事？
二. 调查方法		1.上网查询 2.询问身边的人 3.查阅书籍报刊 4.其他方法
三. 调查情况和资料整理	纸的历史	最早的纸在2200年前，西汉初期已有，但还是很粗糙，不被广泛使用。公元105年，东汉蔡伦改进后，被认为是现代造纸术的鼻祖。
	造纸技术	造纸技术总结起来可归纳以下几点： 一是将砍伐来的植物浸泡，剥皮，剁碎，煮，晾晒，搅拌。 二是掺入辅料，制成纸浆。 三是用抄纸器进行抄捞、晾干，即可制成为纸。
	纸在生活中的作用	纸在生活中可以写字，比如说像作业本一类的。还可以用来包装，像是书本封面等。还能用来清洁，比如卫生纸之类的。也可以用来装饰，像窗花之类的。
	废纸妙用	废纸可以卖钱、做纸篓、做纸画、烧火、纸花、当草稿纸，回收、包果皮等等妙用。
	纸的成语故事	纸的成语故事有：《纸醉金迷》、《纸上谈兵》、《染翰操纸》、《洛阳纸贵》、《三纸无驴》……
	文学创作	关于纸的文学创作有：出自《晋书·文苑·左思传》的《洛阳纸贵》，出自《颜氏家训》的《三纸无驴》，出自《清异录》的《纸醉金迷》……
四. 结论		最早的纸在2200年前就已经发明了，由西汉时期的粗糙纸变为蔡伦造的可书写纸。纸是由植物掺入辅料，制成纸浆这样来的，并在生活中可用于写字、包装、清洁、装饰等。关于纸的故事有《纸醉金迷》、《纸上谈兵》、《洛阳纸贵》……

续图3-12

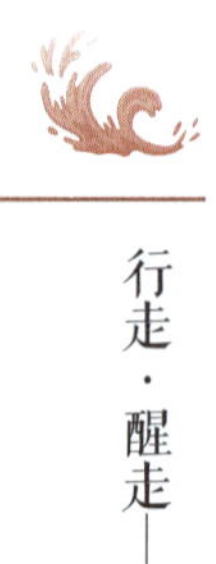

2. 自制风筝

学生在研学旅行过程中自制风筝（图 3-13）。

图3-13　学生自制风筝

3. 课程感受反馈

“童趣耀江滩　跃然‘纸’上行”课程感受反馈如表 3-20 所示。

表3-20　“童趣耀江滩　跃然‘纸’上行” 课程感受反馈表

身份	课程感受
学生	“纸上得来终觉浅，绝知此事要躬行。”对于我们而言，成长的过程不单纯是知识累积的过程，更是开阔眼界的过程
	沐春色，寻春踪，行走于春芳美景间，感受自然的美丽，用充满好奇的眼光探索大自然的魅力
	旅有所思，行有所悟。研纸寻宝的过程，增强了我们的团结力、凝聚力，在这个过程中我和小伙伴们笑得很开心，玩得很高兴
教师	春天是充满希望与喜悦的季节，处处蕴藏着教育契机。为了让学生开阔眼界，增长知识，培养其观察、合作、探究的能力，我们让学生走出课堂，走进自然，拥抱春天，探索大自然的奥秘，同时还巩固和延展了课本知识。本次研学旅行，美景与活动结合，热爱与保护并存，让同学们都受益匪浅。

十一、安全管理项目

（1）严格遵守研学旅行安全管理制度。

（2）所有研学旅行产品均有事前路线安全评估考察。

（3）配置随团医护人员或医疗箱全程服务。

（4）配置安全管理员进行安全保障。

（5）购买旅游意外险。

（江岸区光华路小学 熊星 詹晓燕 余秀芳 撰写）

同研现代城市规划　共筑美好生活愿景
——“行走江岸·五色研学旅行”课程设计方案

一、研学旅行课程方案主题

同研现代城市规划　共筑美好生活愿景。

二、研学旅行地点

武汉规划展示馆。

三、适用学段

六年级上学期学生。

四、涉及学科及知识点

语文（诗歌鉴赏技能）、创客（123D软件制作）、英语（课文《Big Cities》）、美术（课文《建筑艺术的美》）。

五、设计理念

学生通过参观武汉规划展示馆，全面了解家乡武汉从古至今政治、经济、文化、生态等方面的发展历程，重点学习武汉“桥都”文化、长江生态文化和城市建设崛起文化，构建现代化文明城市立体发展观，感受科学的伟大。通过研学旅行，学生能进一步拓展，用课内所学语文知识抒发爱国爱乡情感，用信息技术和美术技能描绘家乡未来城市发展蓝图，用英语搭起沟通世界的桥梁，讲好中国故事，真正领会“用知识武装我们的头脑，用科学实现我们的梦想”的内涵，树立建设祖国、建设家乡武汉的宏志。

六、课程目标

1. 知识与技能目标

（1）在研学旅行的行前安全课程中，学生掌握基本的外出安全知识，遵守文明研学旅行的要求，提高生命安全和文明出行意识。

（2）学生通过查阅武汉历史文化、水域生态发展以及“桥都”文化等资料，欣赏毛泽东词作《菩萨蛮·黄鹤楼》《水调歌头·游泳》，以及听导游和老师讲述等方式了解武汉历史，更直观地了解武汉的飞速发展，提高保护长江母亲河的意识。

（3）学生通过融合国家课程知识，利用3D编程软件设计自己心中的“第16座桥

梁”和“未来幸福之城”，熟练运用和掌握123D软件制作电脑模型，用英语介绍自己的家乡和祖国，提高英语综合运用能力，学会运用思维导图。

2. 过程与方法目标

（1）在研学旅行行前准备阶段，学生通过互联网查阅资料并搜集、整理信息，提前做好知识储备，提高搜集信息的能力、探索求真的能力。

（2）在研学旅行过程中，学生通过自主编组、参观纪实、研究反馈等活动，提高团队协作能力；通过实地参观，提高观察、比较、辨别和验证的能力。

（3）学生通过举行研学旅行成果展示，如征文比赛、研学旅行摄影展览、主题班会分享以及3D创意作品展览等，提高书写、绘画等能力。

3. 情感态度与价值观目标

（1）学生通过研学旅行课程，学习武汉城市规划发展史，了解武汉在中国革命历史中的重要地位，学习伟大的革命乐观主义精神和勇往直前的创造精神。

（2）通过探秘长江生态文明，了解武汉构建的“两轴两环、六楔多廊、北峰南泽”生态框架，学习独具武汉地域特色的“蓝绿网格”，提高生态环保意识和技能。

（3）通过本次研学旅行，学生深入了解家乡武汉的发展历史、城市特色和未来规划，积极宣传武汉这个城市，增强家乡自豪感，激发爱国、爱乡情怀。

4. 核心素养目标

（1）通过研学旅行活动，综合发展学生四大核心素养——科学精神、学会学习、责任担当和实践创新。结合当下社会城市发展热点话题，培养学生的科学探究精神，让学生学会利用互联网等学习分享，提高社会责任意识和城市主人翁意识。

（2）通过展示研学旅行成果，提高学生的观察能力、动手能力和实践能力，培养学生敢于表现、学会倾听、乐于分享的能力。

七、课程时长及内容安排

本研学旅行课程共分为八个课时。第一阶段：行前准备（一课时），利用研学旅行前一天的主题班会课讲解本次研学旅行主题，学生阅读研学旅行手册，完成行前攻略单；第二阶段：行中研学旅行（一天，六课时），完成研学旅行主要任务；第三阶段：研后分享（一课时），利用研学旅行后一周的主题班会课进行研究报告的成果展示。本研学旅行课程日程安排如表3-21。

表3-21 “同研现代城市规划 共筑美好生活愿景”研学旅行课程表

序号	具体时间	主题内容	负责人
1	行前班会（研学旅行前一天）	教师布置行前攻略单，给定“古色武汉历史文化”“绿色武汉生态资源文化”“金色武汉桥梁科技文化”三大主题任务。学生自选主题分小组，搜索行前攻略资料	班主任、小组组长、小组成员
2	8：30—9：00	研学旅行行前安全教育，教师与学生沟通安全和文明出行注意事项，集合前往武汉规划展示馆	班主任、小小安全员

续表

序号	具体时间	主题内容	负责人
3	9：00—10：00	师生在展馆讲解员的带领下参观全馆，听全程讲解	班主任、小小安全员、展馆讲解工作人员
4	10：00—10：15	中场休息	班主任、小小安全员
5	10：15—12：00	在小组长的带领下，组内成员深入研究自选主题，完成研学旅行过程记录	各分队小组长、各学科教师
6	12：00—13：30	午餐、午间休息	班主任、小小安全员
7	13：30—15：30	小组活动成果交流会，可以是主题知识分享、绘画设计简介、城市规划建言献策等形式	班主任、各小组成员
8	15：30—16：00	全体师生在一楼大厅进行题为“传革命红色文化　抒爱国爱乡之情——红领巾在行动”的朗诵活动，全体师生朗诵展馆一楼大厅的毛泽东词作《菩萨蛮·黄鹤楼》	班主任、音乐老师
9	16：00—16：30	愉快返程	班主任、小小安全员
10	研学旅行结束后一周的主题班会	研学旅行结束后，学生在已有成果基础上，还可以通过实地走访、网上搜索资料等方式补充完善小组报告，在研学旅行结束后一周的主题班会上汇报研学旅行成果	班主任、小组长及成员

八、课程实施

1. 行前准备（研学旅行开始前一天主题班会课）

（1）明确研学旅行主题，确定研学旅行主题为“同研现代城市规划 共筑美好生活愿景”，研学旅行地点为武汉规划展示馆。

（2）研学旅行出发前，学校研学旅行领导小组联合后勤保障部门，考察研学旅行基地路线、学生就餐和道路交通以及学生安全保障等具体事宜。

（3）学生提前阅读研学旅行手册，了解武汉规划展示馆的相关信息，准备研学旅行当天要带的学具，如纸、画笔、摄像机、平板电脑等，穿学校统一校服，戴红领巾，预备雨具，严禁携带危险物品（刀具、打火机等物品）。

（4）教师对学生进行安全教育和文明教育培训。

（5）教师布置行前攻略单（表 3-22），学生自选兴趣小组分组填写。

表3-22　行前攻略单

小组名称	主题内容	
确定研究专题		温馨提示： 小组讨论后，从“古色武汉历史文化”“绿色武汉生态资源文化”“金色武汉桥梁科技文化”三大研究主题中任选其一

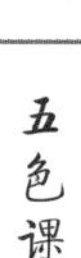

续表

小组名称	主题内容	
提出研究问题		温馨提示： 可以结合研学旅行资料库确定研究主线，开展研究
研究计划与措施	何时何地何人去完成什么任务，采用什么研究方法？ 1. 2. 3. 4.	温馨提示： 可以参考以下提示进行安排： 1. 分解任务：将研究任务细化给个人； 2. 活动方式推荐：上网查阅资料法、实地调查法、访谈法
研究必备学习用品		温馨提示： 结合小组主题以及预设成果，列举研学旅行当天必备的学具和工具，如画笔、平板电脑、相机等
小组成员及分工	组长： 组员分工： 资料收集： 资料整理： 基地摄影： 活动发言： 活动展示： 其他事宜：	温馨提示： 1. 组长职责：全面负责课题研究，协调小组成员的活动研究； 2. 小组成员的分工可以兼职
小组安全公约		温馨提示： 根据小组预设活动，由小组长带领组员共同制定小组安全公约，做文明研学旅行人
成果汇报展示形式	1. 小论文　2. 手抄报 3. 故事集　4. 微视频 5. 幻灯片　6. 摄影展示 7. 实物展示　8. 书法展示 9. 朗诵展示　10. 情景剧 11. 其他形式	

（6）学生使用手机或平板电脑下载研学旅行知识库，以便在研学旅行过程中随时查阅和补充知识。

2. 行中研学旅行（8：30—16：30）

（1）安全规则记我心 文明研学旅行我能行（8：30—9：00）。

研学旅行形式：安全和文明出游知识讲解培训

辅导老师：班主任、研学旅行辅导员

研学旅行目标：行前再次强调安全和文明出行，让学生了解基本安全知识和文明出行要求。

研学旅行过程：

①班主任和研学旅行辅导员再次对学生进行行前安全和文明教育；

②学生集合，前往武汉规划展示馆。

（2）全线参观游览 探索武汉崛起之路（9：00—10：15）。

研学旅行形式：倾听讲解、观看演示片、师生互动

辅导老师：班主任、馆内讲解员

研学旅行地点：武汉规划展示馆

研学旅行目标：

①通过游览武汉规划展示馆，学生对武汉城市规划发展历程会有更直观和动态的感受，树立现代城市发展理念，提高城市主人翁意识。

②通过场馆讲解员的细心讲解，学生能够结合自己选择的研究专题记录相关信息，提高判断力、观察力，为下一阶段深入合作探究学习打下坚实的基础。

研学旅行过程：

①学生整体参观武汉规划展示馆。学生在武汉规划展示馆一楼城市印象大厅集合后，由讲解员带领参观全馆，聆听讲解。

②学生在游览过程中记录下收获和感想，并标注与自己研究主题相关联的楼层。

③学生参观结束后，回到一楼大厅休息调整，然后根据分组自行前往相关联的楼层。

（3）互助合作学习 共研武汉规划（10：15—12：00）。

研学旅行形式：合作共学、动手制作、网上搜索

辅导教师：班主任及美术、信息技术、英语科教师

研学旅行地点：武汉规划展示馆各小分馆

研学旅行目的：

①给学生讲解武汉的特色地域、特色建筑、特色科技、特色文化，同时结合学校所学课程内容进行实操训练，如美术绘画、3D 制作、英语口语表达等，让学生将知识运用到生活中，提升综合素养。

②学生自选主题，自主探究“古色武汉历史文化”“绿色武汉生态资源文化”和“金色武汉桥梁科技文化”主题，了解当代武汉飞速发展的原因，激发学生学习现代科技知识的兴趣。

研学旅行过程：

①学生根据行前攻略单，从“古色武汉历史文化”“绿色武汉生态资源文化”“金色武汉桥梁科技文化”三大主题中选择研究专题，再次深度游览，完成研学旅行过程记录（约 1 小时 45 分钟）。

②小组活动结束后回到一楼大厅集合，在服务中心集中用餐、午间休息（约 1.5 小时）。

（4）展示研学旅行成果 共享知识乐趣（13：30—15：30）。

研学旅行形式：动手制作、合作共享

辅导教师：班主任及美术、信息技术、英语科教师

研学旅行地点：武汉规划展示馆各小分馆

研学旅行目的：通过学生作品现场互动分享，培养学生敢于表现、学会倾听、乐于分享的能力。

研学旅行过程：

①午休结束后，如果小组内有新的思路，可以继续补充完善研学旅行过程记录（表3-23）。

表3-23　研学旅行过程记录表

研学旅行时间	
研学旅行地点	
研学旅行过程记录	
成果交流展示内容	提示：主题表现形式不限，可以参考教师建议，内容可以另附附件
未解决的问题	
最难忘的时刻	

②每个小组组长负责收集组员的作品并整理汇编，挑选优秀作品开展小组分享活动。绘画作品由创作者解读绘画主题和构思，演说作品由创作者进行角色扮演、情景演出，3D 创客作品由创作者说明设计思路和应用技术，其他形式亦可（约 2 小时）。

③成果交流展示内容形式小建议。

主题一：古色武汉历史文化——小小画家

武汉历史悠久，积淀深厚。距今 4 万年至 1.5 万年的汉阳人留下了古老的足迹，3000 多年前的盘龙城揭开了武汉城市文明之序幕……在历史的长河中，武汉从通都大邑成为九省通衢，并走向世界。在本区域你会看到展馆对武汉历史的勾勒和对 3000 余年建筑史的展示，了解武汉在中国城市发展史中的重要地位。

请在本楼层选择一个你感兴趣的武汉历史片段，或者历史大事件，或者一处风格独特的建筑，用你的巧手画下来并配简单的文字介绍。

主题二：绿色武汉生态资源文化——小小宣传员

习近平总书记明确提出，要把修复长江生态环境摆在压倒性位置，共抓大保护，不搞大开发。武汉是长江主轴上的重点发展城市。保护长江母亲河，擦亮长江母亲河是目前武汉城市规划的重中之重。武汉要打造“世界级城市中轴文明景观带”，让花海、江水、桥梁、楼宇相得益彰，塑造城市“最美天际线”，打造城市靓丽风景线。大美武汉美在百里长江生态廊道，美在滨水公共空间，美在“生活—生态—景观”岸线。虽然环境保护已成为全社会的一个共识，但是，我们时而会见到长江上漂浮白色垃圾、长江沿岸工厂排放废水、违反禁渔期规定捕捞等让人痛心的现象。

请结合上述现象，积极在武汉城市留言板建言献策，将你的金点子写下来，并录制一份中英文的微视频，以城市小小宣传员的身份走进社区、走进景点进行宣传吧！

主题三：金色武汉桥梁科技文化——小小设计师

提到中国桥梁，就不得不提逢山开路、遇水架桥的武汉。在武汉市的现代化建设过程中，桥梁的建设占有举足轻重的地位。武汉现已建成长江大桥11座，过江通道16条，造桥规模、造桥水平、影响力、开创性等综合性造桥实力雄居全国前列。每一座桥梁都是武汉市的荣誉勋章，比如，被誉为“万里长江第一桥”的武汉长江大桥、实现了中国铁路桥梁跨度从300米级到500米级跨越的天兴洲长江大桥、世界上跨度最大的双层悬索桥杨泗港长江大桥。大桥，实现了武汉交通格局从平面到立体的跨越，促进了武汉城市的快速发展。

请同学们结合展厅模型，深入探索武汉桥梁种类和科学技术，运用创客知识和信息技术理论，使用123D软件制作模型，创作属于你的桥梁。

（5）传承红色文化 齐诵中国经典（15：30—16：00）。

研学旅行形式：师生互动、诵读诗文

辅导老师：班主任、音乐教师

研学旅行地点：武汉规划展示馆一楼城市印象大厅

研学旅行目标：通过诗歌表演的形式齐诵革命经典诗词，学习伟大的革命乐观主义精神、勇往直前的创造精神，激发学生爱祖国、爱家乡的热情。

研学旅行过程：

①全体师生以诗歌表演的形式诵读毛泽东词《菩萨蛮·黄鹤楼》，安排有书法才艺的学生现场题词一幅（约0.5小时）。

②全体师生和场馆工作人员拍合影，整队集合回程。

（6）城市规划进校园 我是武汉小主人（研学后一周主题班会）。

研学旅行形式：班会分享

组织教师：班主任

研学旅行地点：各班

研学旅行目标：

①通过班会分享成果，提升学生的参与兴趣，提高学生的思维能力，提高学生的自主能动性，最终达到升华学生对本次研学旅行主题认知的目的。

②通过本次研学旅行的分享，提高学生的整体意识，促进学生自主学习能力的提高。

研学旅行过程：

①实地研学旅行结束后，学生可以利用班会前一周的时间继续补充资料，完善研学旅行报告，自创汇报成果的形式和内容。

②邀请家委会成员参与主题班会，共同见证。

③班主任统计研究小组人数，然后将统计数据做成表格，详细分析学生的研究过程、研究方法、研究结果以及研究问题，最后带领全班学生提升对主题的认识：武汉这座城市色彩斑斓，古色、蓝色和金色都只是其中的一抹靓丽色彩，我们的家乡武汉还有

很多的色彩等着我们去探索和发现。打造武汉这座美丽城市的名片，做城市规划的小主人，是我们每个小学生努力和奋斗的目标。

3. 研后成果

（1）根据本次研学旅行的特点，提前给学生布置研学旅行成果分享任务。分享从作品展和交流会两个方面进行，作品包括研学旅行手册、研学旅行小报、研学旅行摄影图、研学旅行征文等，交流会主要指主题班会上的分享。

（2）研学旅行成果具体要求。

①摄影展示：学生将自己的研学旅行过程制作成微视频或MV等形式，在研学旅行结束后进行展示。学生自发进行投票，选出一、二、三等奖。

②手抄报分享：在摄影比赛结束之后，小组自选主题合作制作手抄报。学校对获奖作品进行为期一周的展示分享，同时也设置一、二、三等奖。

③征文比赛：研学旅行归来，学生书写研学旅行感受。学校举行“同研现代城市规划　共筑美好生活愿景”主题征文评比，设一、二、三等奖。

④主题班会，研学旅行之后，各班班主任辅助，各班班长组织，并邀请家委会成员参加，开展“同研现代城市规划　共筑美好生活愿景”主题班会。学生将此次研学旅行成果展示出来，同时谈一谈自己如何为建设家乡大武汉贡献力量。

九、课程评价

武汉市育才怡康小学研学旅行课程评价反馈表如表3-24所示。

表3-24　武汉市育才怡康小学研学旅行课程评价反馈表

<table>
<tr><td>姓名</td><td colspan="2"></td><td colspan="2">班级</td><td></td></tr>
<tr><td rowspan="3">学生填写</td><td rowspan="2">主题学习</td><td colspan="4">1. 你最喜欢哪个展区？为什么？</td></tr>
<tr><td colspan="4">2. 如果让你设计未来城市，请选择城市发展的一个方面进行描述或绘图。</td></tr>
<tr><td>情感体验</td><td colspan="4">此次活动中你做得最自豪的一件事是什么？</td></tr>
<tr><td rowspan="6">教师填写</td><td>行前备学</td><td>A 优秀</td><td>B 良好</td><td>C 合格</td><td>D 待提高</td></tr>
<tr><td>求知方式</td><td>A 优秀</td><td>B 良好</td><td>C 合格</td><td>D 待提高</td></tr>
<tr><td>团队表现</td><td>A 优秀</td><td>B 良好</td><td>C 合格</td><td>D 待提高</td></tr>
<tr><td>文明研学</td><td>A 优秀</td><td>B 良好</td><td>C 合格</td><td>D 待提高</td></tr>
<tr><td>成果意义</td><td>A 优秀</td><td>B 良好</td><td>C 合格</td><td>D 待提高</td></tr>
<tr><td>总体评价</td><td>A 优秀</td><td>B 良好</td><td>C 合格</td><td>D 待提高</td></tr>
</table>

十、课程效果反馈

方式一：班级汇总每个小组的研究成果，利用每周一升旗仪式时间，以班级为单位做研学旅行成果发布，国旗下讲话内容也要围绕班级研学旅行主题。

方式二：研学旅行结束后，各班级上交主题研学旅行成果（如研学旅行手册、研学旅行作文、手抄报、微视频等），学校利用校园平台公开投票系统评选优秀研学旅行班级和优秀学生。

方式三：学校公众号将对主题研学旅行活动做专题系列报道，分批展示学生研究成果，以直播形式面向家长和社会。

方式四：鼓励各班级利用班级公众号，发布各小组主题研学旅行成果。

（武汉市育才怡康小学 徐珮雯 撰写）

4 学生成果篇

XUE SHENG CHENG GUO PIAN

生长观察表

（三）

日期	天气	观察时温度	观察时湿度	观察状态及思考
2021年4月16日	多云	22℃	58%	南瓜苗长出四片真叶后要开始施第一次肥。这种肥名为"复合肥"，其中所含的"氮磷钾"对植物的"叶茎根"有好处。不宜施太多、太浓，否则容易烧伤根系。

传承红色基因　童心永远向党
——红色教育研学旅行报告

红色基因是一种迸发的激情、一种昂扬的姿态，催人奋进，使人警醒。在革命战争年代，红色基因象征着百折不挠、坚韧不屈，为实现民族独立而英勇战斗；在和平建设年代，红色基因象征着自强自主、艰苦奋斗，为实现国家富强而不懈奋斗；在改革开放年代，红色基因象征着不忘初心、勇担使命，为实现人民美好生活而努力拼搏。

一、团队成员介绍

武汉市育才行知小学五（4）中队红色教育研学旅行团队由王琳珊、吕佳颀、唐熙雯三名同学组成。其中，王琳珊和吕佳颀是江岸区第四届“红领巾小小讲解员”、江岸区“战疫最美少年”，唐熙雯是武汉规划展示馆第四届“城市小讲解员”。

二、研学旅行安排

武汉市育才行知小学五（4）中队红色教育研学旅行团队以“传承红色基因　童心永远向党”为主题，以学习先烈事迹、感受革命精神、讲解红色故事、传承红色基因、分享实践心得为主线，在不同阶段开展了系列红色研学旅行活动，争做红色基因的坚定传承者、实践者、弘扬者。

1. 学习先烈事迹

为更好地铭记革命历史，传承革命精神，在课余时间和暑假，团队成员分别来到武汉中共中央机关旧址纪念馆、宋庆龄汉口旧居纪念馆等场馆，跟随场馆的老师们走进往昔峥嵘岁月，学习、探寻中国共产党人的精神内核（图 4–1）。正如习近平总书记所强调的——“中国革命历史是最好的营养剂”。学生认真学习中国革命历史，才会“知史爱党，知史爱国”。同时，学生通过参观爱国主义教育基地、国防教育基地、武汉城市规划馆等，进一步使红色基因内化于心，达到“补钙壮骨、立根固本”的目的。

图4-1　学生走进红色场馆

2. 感受革命精神

为了追寻红色足迹，进一步感受革命先辈的英雄气概和奋斗精神，2021 年 4 月，团队成员随汉口学院管理学院红色文化践行班的师生一起来到武汉市江岸区戎创营地，开展了主题为“学黄继光事迹 悟黄继光精神”的学习交流活动，以及 “情系红领巾 相伴共成长”的活动。

在讲解员的细致介绍中，团员们深刻理解到“加强国防教育，振奋民族精神”的重要性。通过参观陈列馆了解先进党员事迹，团员们深刻领悟到弘扬红色精神的重要性。在互动环节，黄继光连曾任连长、“武汉楷模”“最美退役军人”李明龙为同学们分享了黄继光的事迹。他说：“一个有希望的民族不能没有英雄，一个有前途的国家不能没有先锋。苦难的民族历史不能忘记，为中国人民指引前进方向的中国共产党不能忘记，革命先烈不能忘记。”团队成员还与李明龙进行了近距离交流（图 4-2）。

图4-2 学生与先进楷模交流

作为当代少年，我们应该学习革命先烈胸怀全局、奋不顾身的大无畏精神，承担起自身的历史责任，不断开拓进取、艰苦奋斗，为全面开创社会主义现代化建设新局面贡献自己的力量！通过深度访谈，我们还发现，红色故事不只有悲壮激昂的杀敌就义，也不只是催人泪下的妻离子别，更有亲如手足的战友情谊、君子之交的同志情谊、紧张活泼的官兵情谊。在学习老前辈的奋斗精神的同时，我们更要培养坚韧品质，树立正确的价值观，好好学习，争当新时代的接班人。

3. 讲解红色故事

江岸区是具有光荣革命传统的城区。在风云激荡的战争年代，中国共产党的许多重大历史事件发生在江岸区，一大批革命志士在这片土地上留下了光辉足迹。研学旅行团队利用业余时间，走向社会大舞台，通过参与红色场馆讲解、朗诵红色诗歌、讲解红色故事，在实践中认识红色基因、认同红色基因、传播红色基因。

2019 年 5 月，王琳珊和吕佳颀通过全区竞选，成为正式的“江岸区红领巾小小讲解员”，分别走进武汉中共中央机关旧址纪念馆和宋庆龄汉口旧居纪念馆，志愿为一

批批游客讲解革命事迹，传播江岸区红色文化（图 4-3）。2019 年 7 月，唐熙雯正式成为武汉“城市小讲解员”，积极参与到武汉规划展示馆的志愿服务中，普及城市知识，宣传城市规划，激发青少年对城市未来的向往。

图4-3　“江岸区红领巾小小讲解员”为游客讲解

2019 年 8 月，在后湖街最美退役军人发布会上，团队成员王琳珊在听取了“最美退役军人”徐文涛爷爷的报告后，受邀朗诵原创诗歌《爷爷的军功章》，献礼最美退役军人。“那是他用生命换来的荣誉，活动结束后，这句话一直萦绕在我耳边，让我知道了今天美好的生活来之不易。”王琳珊如是说。2019 年 10 月 1 日，团队成员王琳珊受武汉市图书馆邀请，参加“小脚印故事吧”公益故事讲演活动，为小朋友们讲解红色故事《草原英雄小姐妹》，获得“爱心主讲人”称号。2020 年疫情期间，吕佳颀积极参与了“战疫故事从我说起”海内外儿童云故事会活动，通过全国小朋友们的投票获得了优秀奖。她通过自己的努力，将 2020 年这场疫情中的英雄人物和故事，分享给了全国的小朋友和大朋友们，让他们了解什么是团结一心，众志成城。2021 年 4 月 1 日，在中国共产党建党 100 周年之际，团队的王琳珊与吕佳颀同学，在江岸区胜华社区联合育才行知小学开展的“百年党史照初心　红色基因代代传”党史学习教育活动中，分别为同学们讲解了《小萝卜头》和《刘胡兰》，将红色故事带进校园，引导同学们坚定不移听党话、感党恩、跟党走，争做担当民族复兴大任的时代新人（图 4-4）。

图4-4　王琳珊与吕佳颀讲述红色故事

4. 传承红色基因

志愿服务是现代社会文明进步的重要标志，是加强精神文明建设，培育和践行社会主义核心价值观的重要内容。为了进一步播撒红色基因的种子，团队成员在业余时间也积极投身到扶弱助残、疫情防控、手工义卖、绿色环保等各项志愿服务活动中，在平凡的生活中，做出自己应有的贡献。2018 年，在由阿里巴巴、中华少年儿童慈善救助基金会、武汉市慈善总会等机构联合举办的“彩虹之家”慈善公益活动中，王琳珊获得“公益宝贝奖”。2018 年，吕佳颀利用周末时间，多次走进武汉儿童医院，通过“阳光音乐台”为患儿提供表演、朗诵等志愿服务，并连续两年获得“优秀志愿者”称号。2019 年 10 月 18 日，第七届世界军人运动会在武汉开幕，这是大武汉向世界展示新时代武汉精神风貌和城市文明形象的好时机。王琳珊作为武汉广播电视台的小记者，积极参与拍摄军运会文明公约宣传片。宣传片在武汉地铁车厢内循环播放，倡议全市广大青少年都积极行动起来，迎接军运会，打造新环境，当好东道主，为武汉市能够圆满成功举办军运会贡献自己的力量（图 4–5）。

图4-5　王琳珊与吕佳颀积极参与志愿服务

2020 年是特殊的一年，为引导全区少先队员以“红领巾小小讲解员”为榜样，走进江岸区红色场馆，了解江岸区红色历史，继承革命先烈遗志，争做新时代好少年，在 7 月 1 日建党节当天，团队成员王琳珊、吕佳颀通过参与“云游江岸红色场馆”与“传承红色基因 争做时代新人”原创视频拍摄这一特别的形式，献礼建党 99 周年（图 4–6）。中央电视台《朝闻天下》栏目、湖北卫视、湖北之声、长江日报等多家媒体进行了报道，引发积极反响。她们还分别从不同角度，用自己的行动，为疫情防控做出了贡献，被评为江岸区“战疫最美少年”（图 4–7）。2021 年 2 月，团队成员学习了由全国少工委推出的“寒假 10 课”。唐熙雯作为优秀少先队员代表，带领全校学生一起深入学习。她说，习爷爷勉励我们今天做祖国好儿童，明天做祖国的建设者。我们要牢记习爷爷的教诲，回看先辈的足迹，做新时代的好少年。

纪念证书
CERTIFICATE OF HONOR
王琳珊 同学：
感谢你参与“传承红色基因 争做时代新人”江岸区红领巾小小传播员原创视频大赛。
特发此证，以资纪念！
江岸区关工委　江岸区少工委　共青团江岸区委员会　江岸区教育局
二〇二〇年九月

纪念证书
CERTIFICATE OF HONOR
吕佳颀 同学：
感谢你参与“传承红色基因 争做时代新人”江岸区红领巾小小传播员原创视频大赛。
特发此证，以资纪念！
江岸区关工委　江岸区少工委　共青团江岸区委员会　江岸区教育局
二〇二〇年九月

图4-6　王琳珊与吕佳颀参与“传承红色基因 争做时代新人”原创视频拍摄

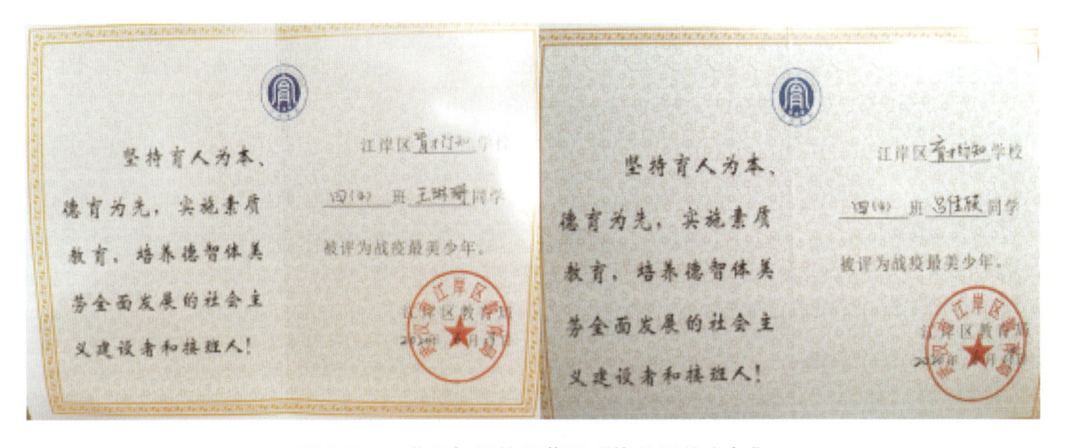

坚持育人为本、德育为先，实施素质教育，培养德智体美劳全面发展的社会主义建设者和接班人！
江岸区育才行知学校
四(4) 班 王琳珊 同学
被评为战疫最美少年。
江岸区教育局

坚持育人为本、德育为先，实施素质教育，培养德智体美劳全面发展的社会主义建设者和接班人！
江岸区育才行知学校
四(4) 班 吕佳颀 同学
被评为战疫最美少年。
江岸区教育局

图4-7　王琳珊与吕佳颀获评“战役最美少年”

2021 年 4 月，在黄继光连曾任连长李明龙和汉口学院管理学院红色文化践行班师生的带领下，我们用红领巾叠成朵朵红花，共同创作出一幅大型红领巾作品。作品象征着中华民族的悠久历史和中国人民不屈不挠的精神，也将指引我们立足新征程，担当新使命，接好时代的“接力棒”，走好当代人的“长征路”。如图 4–8 所示。

图4-8　创作大型红领巾作品

5. 定期分享交流

红色足迹历久弥新，红色精神薪火相传。在红色教育研学旅行过程中，我们重温革命历史，缅怀革命先烈，切身感受了爱国主义将士临危不惧的英雄气概，身临其境地体会了当年的峥嵘岁月以及领袖们运筹帷幄的伟人风范，接受了精神上的洗礼。

三、研学旅行成果

1. 研学旅行心得

学生研学旅行心得如图 4-9 所示。

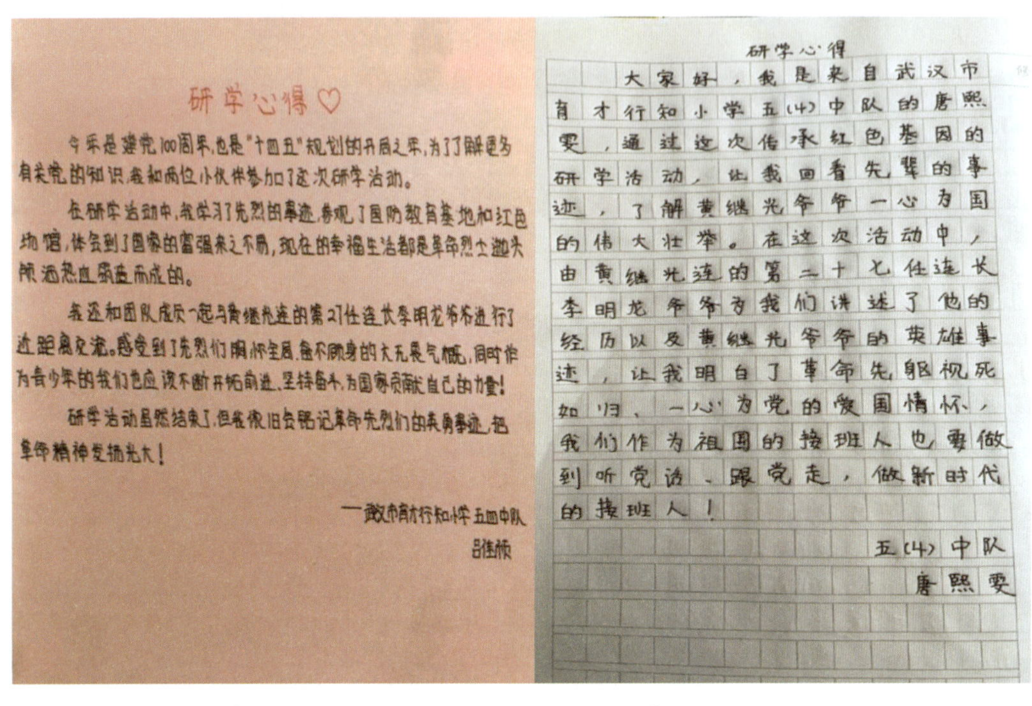

研学心得♡

今年是建党100周年，也是"十四五"规划的开局之年，为了了解更多有关党的知识，我和两位小伙伴参加了这次研学活动。

在研学活动中，我学习了先烈的事迹，参观了国防教育基地和红色物馆，体会到了国家的富强来之不易，现在的幸福生活都是革命烈士抛头颅洒热血缔造而成的。

我还和团队成员一起与黄继光连的第27任连长李明龙爷爷进行了近距离交流。感受到了先烈们胸怀全局、舍不顾身的大无畏气概，同时作为青少年的我们也应该不断开拓前进、坚持奋斗，为国家贡献自己的力量！

研学活动虽然结束了，但我依旧会铭记革命先烈们的英勇事迹，把革命精神发扬光大！

——武汉市育才行知小学五（4）中队
吕佳桢

研学心得

大家好，我是来自武汉市育才行知小学五(4)中队的唐熙雯，通过这次传承红色基因的研学活动，让我回看先辈的事迹，了解黄继光爷爷一心为国的伟大壮举。在这次活动中，由黄继光连的第二十七任连长李明龙爷爷为我们讲述了他的经历以及黄继光爷爷的英雄事迹，让我明白了革命先躯视死如归、一心为党的爱国情怀，我们作为祖国的接班人也要做到听党话、跟党走，做新时代的接班人！

五(4)中队
唐熙雯

图4-9　学生研学旅行心得[①]

2. 红色手工作品

团队成员在黄继光连曾任连长李明龙的带领下，共同创作出一幅红领巾作品。他们共同表示：红领巾代表着国旗的一角，是用革命烈士的鲜血染红的，作为少先队员，我们要时刻牢记自己的使命，努力学习，增强本领，在祖国的未来建设中贡献自己的力量。

四、媒体报道推送一览表

武汉市育才行知小学的"传承红色基因　童心永远向党"研学旅行活动获得媒体大量报道，如表 4-1。

① 图 4-9 为学生书写的研学旅行心得，为展示学生作品的原真状态，未对其中的错误进行修改。

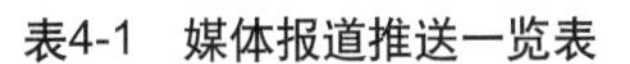

表4-1　媒体报道推送一览表

时间	报道标题	报道平台或网页
2019 年 8 月	武汉市江岸区“红领巾小小讲解员”用行动传递红色基因	“学习强国”学习平台
2020 年 7 月	央视等多家权威媒体聚焦我馆小小讲解员带你云游红色场馆活动	“武汉中共中央机关旧址纪念馆”微信公众号
2020 年 7 月	央视《朝闻天下》聚焦红领巾小小讲解员：云游江岸红色场馆，传承江岸红色基因拍摄与宣传	“青春江岸”微信公众号
2021 年 4 月	汉口学院：学习英雄事迹 传承榜样力量	人民网
2021 年 4 月	大学生携手小学生，朵朵红花致敬黄继光	楚天都市报极目新闻

（武汉市育才行知小学：王琳珊、吕佳颀、唐熙雯 指导教师：王思淇）

航空母舰电磁弹射装置模型
——惠济路小学学生研学旅行报告

一、研学旅行主题

本作品的研学旅行主题属于五色研学旅行中的金色科技研学旅行部分，作品名称为《航空母舰电磁弹射装置模型》。

二、研学旅行背景和目的

小组成员邓皓跃和赵思远的爸爸都是现役军人，在爸爸们的影响和熏陶下，从小就非常关注中央电视台 CCTV-7 国防军事频道，对各式各样的军事装备和科技作品都有着浓厚的兴趣。

三、邓皓跃和赵思远的研学记录

有一次，我们俩无意中看到国防军事频道介绍强国强军标志之一的航空母舰，在感叹航空母舰的震撼力和威慑力之余，也为中国国防军事的崛起和强大而感到骄傲和自豪。

通过电视介绍，我们了解到，能否在短时间内让更多战斗机弹射起飞是衡量现代航空母舰先进性的一个重要指标。

现代航母的弹射方式主要有蒸汽弹射和电磁弹射等方式，电磁弹射以它的可靠性和优越性成为各个国家科学家们重点研究的对象。在这样的背景下，学校正开展五色研学旅行活动，我们希望通过本次活动，自己动手做出航空母舰电磁弹射装置模型，一方面看看能否实现自己的想法，另一方面也想让更多的同学了解电磁弹射的基本原理，更希望能通过这个活动开阔自己的视野，学到更多的科学知识。

图4-10　磁铁吸引铁块

如何将飞机快速电磁弹射出去呢？通过军事频道中的介绍我们了解到，战斗机是靠电磁的相互作用来推动的，而小时候我们玩的磁铁对铁块有吸引作用，如果能做一个磁铁吸引铁块（图 4-10），再用铁块带动飞机不就可以了吗？

我们按照初期的想法讨论制作出了第一套方案：简单地在一个平板上用一个永磁铁

吸引一个铁块，铁块上放着飞机模型。我按照方案制作完成后进行效果测试。在测试的过程中，虽然铁块能拖动飞机，但仍存在三个问题：一是永磁铁吸力太小，二是作用距离太短，三是永磁铁一直有磁性，没法做到持续推动铁块，加速效果不好。这可怎么办呢？此时，汪老师看到我们两个在课下讨论时抓耳挠腮，知道我们在制作过程中碰到了困难，便把我们叫到一起研究。

汪老师首先肯定了我们的创新想法，但又语重心长地对我们说：你们认为制作电磁弹射装置很简单，但是要想做出成熟的电磁弹射装置并不容易，你们需要全面考虑，要有更多的知识储备，不能靠凭空想象，而且只掌握理论知识远远不够，还要多动手，将其付诸实践。虽然你们在研究过程中遇到了困难，但不能轻易放弃。

在汪老师的鼓励和引导下，我们进行了明确分工：邓皓跃负责在网上查阅电磁场的相关知识，赵思远负责翻阅相关科普书籍。

经过资料的收集、整理和学习，我们更加深入地了解了电场和磁场的基本知识，掌握了产生磁场的方法，懂得了永磁和电磁的区别。很快我们研究制定出第二套方案：换掉永磁铁，制作一个电磁铁来吸引铁块，以达到加速的效果。我们拿着这套方案请教汪老师，汪老师微笑着说："成不成试试呗！不要怕失败。"说干就干，邓皓跃在纸上画起了结构设计草图，赵思远按照电磁铁的原理缠起了线圈，不一会儿线圈缠好了，配上电池后做成了一个简易的电磁铁（图 4-11）。测试效果后，我们发现电磁铁的吸力比永磁铁大了一些，作用距离也长了些，整体来说比第一套方案的加速效果要好。尽管如此，还是存在作用距离不够、吸引力太小的问题。

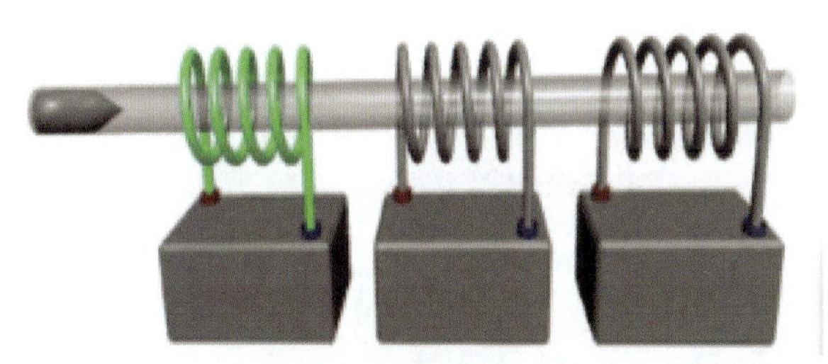

图4-11　电磁铁

回到家后，我们有点垂头丧气，这时候坐在一旁暗中观察我们很久的邓爸爸走了过来，给我们介绍了多级加速的基本原理：我们推一个物体运动，推一下不行，那我们就多推几下，电磁铁的吸力不够，可以给线圈加上更高的电压或更大的电流。我们和邓爸爸坐在一起讨论了很久，最终确定采用光滑导管、电路控制电容放电产生强磁、三级电磁加速的方案。

方案确定后，我们列出制作材料清单并再次进行了分工。为了使制作出来的模型实物更好看，邓皓跃在网上购买了航空母舰模型、亚克力板、电池盒、导线、导管、电容、升压模块等材料。材料采购齐全后，我们一起画出草图，并在邓爸爸的帮助下组装制作出了航空母舰电磁弹射装置模型（图 4-12）。

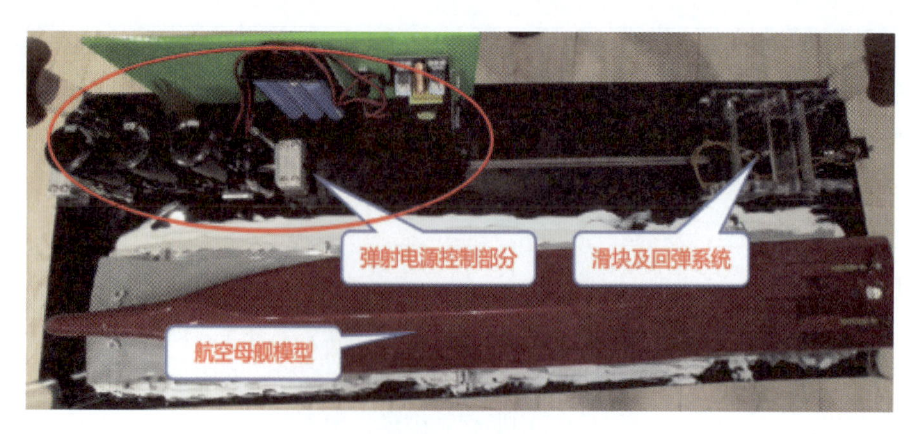

图4-12　航空母舰电磁弹射装置模型

航空母舰电磁弹射装置模型制作完成后，我们迫不及待地进行了效果测试。整个装置操作起来非常简单，只有一个充电按钮和一个弹射按钮，按一下弹射按钮，小飞机能快速地被弹射起飞，弹射加速非常明显，达到了预期的效果（图4-13）。

图4-13　航空母舰电磁弹射装置外观实物图

通过此次研学旅行活动，我们收获满满，不仅实现了自己最初的想法，也学到了平时课本上学不到的东西，开阔了视野，掌握了更多的科学知识，对电场和磁场有了进一步的了解，知道了永磁铁、电磁铁和多级加速的基本原理。在制作过程中，我们也深深体会到，做任何事情都不是一帆风顺的，很多事情看似简单，但在完成的过程

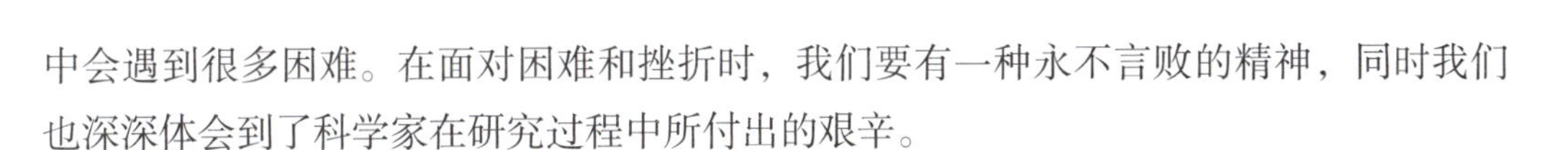

中会遇到很多困难。在面对困难和挫折时，我们要有一种永不言败的精神，同时我们也深深体会到了科学家在研究过程中所付出的艰辛。

我们要以此次研学旅行活动为契机，激励自己更加努力刻苦地学习，成为一个敢于创新、知识渊博、素质全面的人，这样将来才有机会为国家建设和国防建设贡献力量！

四、航空母舰电磁弹射装置模型操作步骤

第一步：正确安装电池，中间电池反向安装；

第二步：拖动导轨滑块至导轨末端，使牵引绳绷直，将飞机模型放在滑块上；

第三步：按住红色充电按钮 5 至 7 秒，松开红色按钮；

第四步：按下绿色弹射按钮，观察飞机快速弹射现象。

航空母舰电磁弹射装置模型操作步骤（图 4-14）。

图4-14　邓皓跃和赵思远研究和操作模型

作品操作视频，大家快来看看吧！

（研究人员：邓皓跃 赵思远 指导老师：汪萍）

关于荷叶特性的观察实验
——江岸区小学生五色研学旅行报告

一、问题的由来

我们赏荷时会发现一个有趣的现象——荷叶上大大小小的水珠就像玻璃弹珠一样，圆溜溜的，晶莹剔透，一阵风吹来，有的在荷叶上来回滚动，有的顺势滚落到池塘里，而且水珠滚过的叶面竟然还是干爽的。在日常生活中，水滴落到叶子上一般会以不规则的形状晕开，那么荷叶上的水珠为什么与众不同呢？我们通过肉眼观察并没能找到答案，决定回到学校后再进行更全面详细的研究。

二、观察与思考

1. 观察

（1）荷叶呈圆形，为伞状结构，叶面为黄绿色（图 4–15），上面分布着密密麻麻的白色小短刺，摸起来不光滑，有点硌手，但不扎手（图 4–16）。

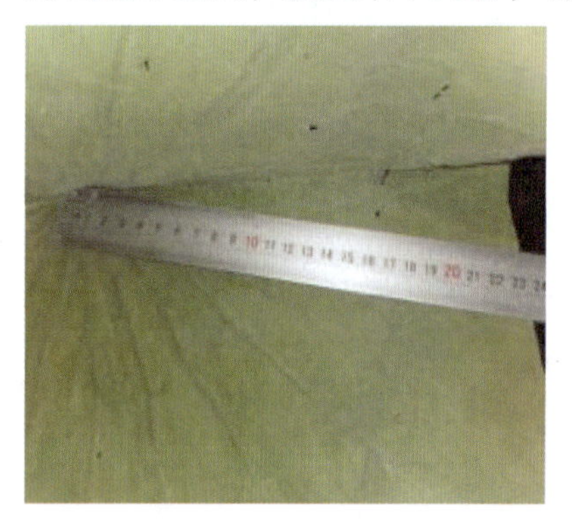

图4-15　荷叶外形

图4-16　荷叶表面（在3倍放大镜下）

（2）用滴管（口径约 1 毫米）吸入自然水，在距离荷叶表面 12 厘米高的地方垂直向下滴一下。落在荷叶上的水珠呈球形，一颗一颗的，可在荷叶上自由滚动，甚至弹跳。分散开的小水珠可以汇聚成一个较大的水珠（直径约 5 毫米），新的水珠仍然是球形的（图 4–17）。我们对比观察水滴在其他叶子上的样子，以玫瑰叶为例，其叶子上的水珠呈散开状弧形水面（图 4–18），与荷叶截然不同。

（3）在荷叶片上撒粉红色粉笔灰，让水珠在上面滚动。水珠滚过的地方，粉笔灰几乎全部被水珠吸附，透明水珠变成粉色水珠，荷叶露出原本的颜色（图 4–19），水珠滚动过的地方以及荷叶的背面仍是干爽的，没有留下任何水迹。

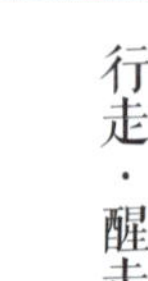

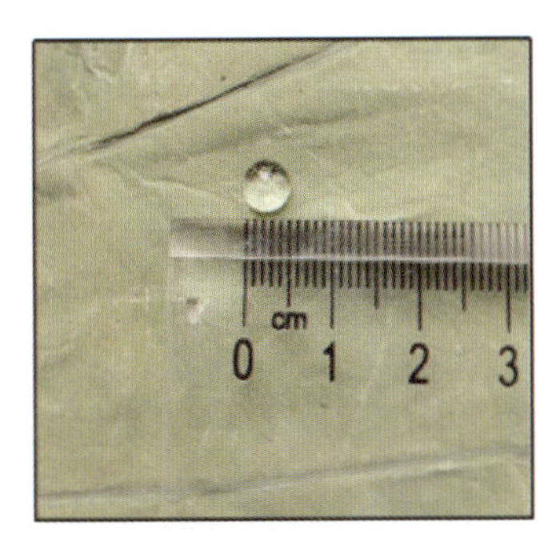

图4-17　荷叶上的水珠

图4-18　玫瑰叶上的水珠

图4-19　水珠吸附粉尘

小结：荷叶上的水珠呈球形，水珠滚动时吸附粉尘，荷叶叶面保持干爽清洁。

2. 猜想

（1）猜想1：是因为荷叶叶面足够大，给了水珠足够大的空间自由滚动吗？

实验：将荷叶剪成小块（长约5厘米，宽约3厘米）后，用同样的方法在荷叶上滴水（图4-20）。

图4-20　小荷叶特性不变

实验结果：荷叶面积变小后，水珠依然呈球形。因此，荷叶特性与叶面面积大小无关。猜想1不成立。

（2）猜想2：是不是因为荷叶比较平整，能将水滴兜成球形水珠？

实验：将荷叶卷曲一定的弧度后，用同样的方法在荷叶上滴水。

实验结果：水珠会随着叶面曲线变形，但当叶面被打开还原后，水珠立刻又恢复为球形（图4-21），因此，荷叶的特性与叶面的平整程度无关。

图4-21　弯曲荷叶，特性不变

猜想 2 不成立。

（3）猜想 3：是否与荷叶表面不光滑有关？

实验：在同一张荷叶叶面上，右侧保持原样，左侧用磨刀石来回摩擦，直至其表面的小刺消失，摸起来很光滑。摩擦后的荷叶有明显的刮痕，对比荷叶原来的颜色偏淡青（如图 4-22），再用同样的方法在荷叶上滴水、撒粉、滚动。

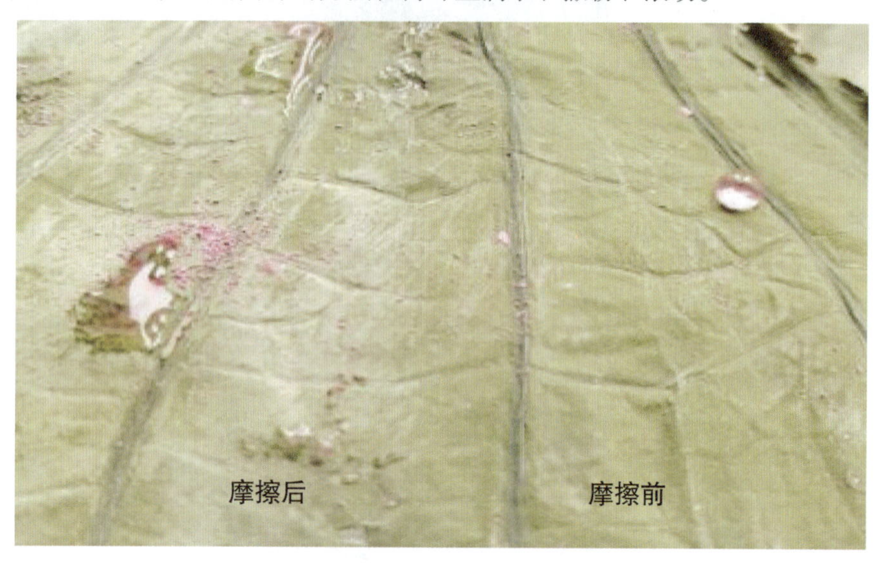

图4-22　荷叶摩擦前后效果对比图

实验结果：荷叶左侧摩擦过的地方，水珠不呈球形且无法吸附粉尘；右侧未摩擦的地方，水珠呈球形且可快速吸附粉尘。荷叶表面被破坏之后，不再具备原有的特性。

猜想 3 成立。

（4）猜想 4：是不是表面有小短刺的物品都具有这样的特点呢？

实验：选一块带短绒的布料和带绒毛的向日葵叶子，用同样的方法将水滴在上面（图 4-23）。

图4-23　短绒布和向日葵叶滴水效果图

实验结果：左侧绒布上的水瞬间被吸收了，留下一个圆形水印；右侧带绒毛的叶子上的水珠呈球形。荷叶特性与表面是否有短刺没有绝对的关系。

猜想 4 不成立。

小结：荷叶特性与叶面大小、平整程度无关，但与叶子表面情况有关。

3. 联想

（1）联想一：其他液体滴在荷叶上会怎样？将按 1:5 的比例稀释后的胶水滴在有粉尘的荷叶上进行观察（图 4-24）。

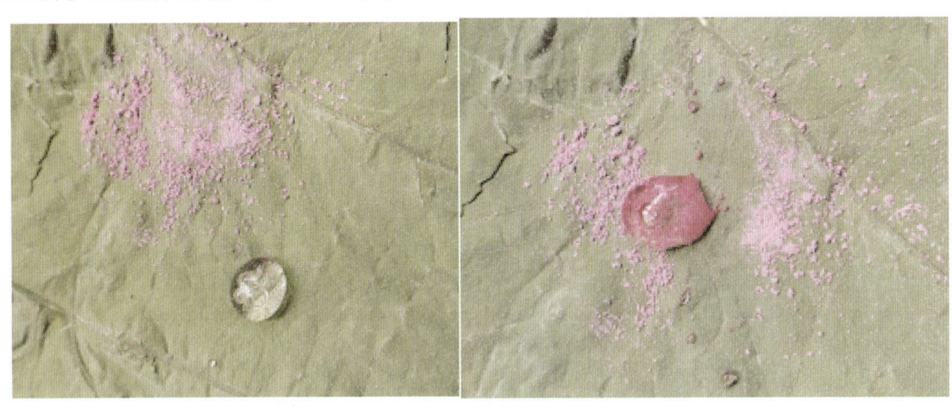

图4-24 胶水吸附粉尘效果图

荷叶上的胶水有与水一样的特性：呈球形、吸附粉尘、不透明。

再将食用油滴在荷叶左侧，将水滴在荷叶右侧，进行观察。荷叶左侧的食用油呈扁圆状，没有吸附粉尘，有浸润感，而荷叶右侧的水珠呈球形（图 4-25）。荷叶上的食用油流动缓慢，荷叶背面有少许油渗透的迹象（图 4-26）。因此，食用油滴在荷叶上不具备上述特性。

图4-25 油与水效果对比图

图4-26 滴油后的荷叶正反面

小结：荷叶特性与液体本身有关。

（2）联想二：生活中有些物品与荷叶有相似的特性。如毛桃不像别的水果那么容易润湿(图 4-27)，百合花上的水珠也呈球形，酒店提供的无纺布拖鞋不容易被水浸润(图 4-28)，滴上去的水珠也呈球形。

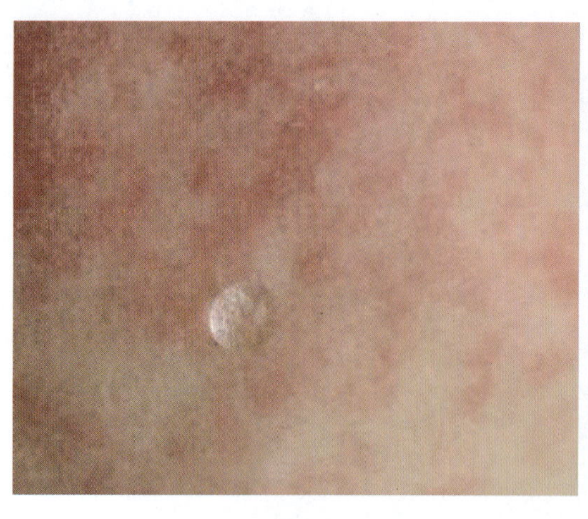

图4-27　毛桃皮上的水珠

图4-28　无纺布上的水珠

用同样的方法将水滴在毛桃上，水珠呈球形，可以成颗滚动，水珠滚过的地方毛桃表面比较干爽。但与荷叶也有不同，用力按压水珠后，水珠会润湿毛桃皮，不再呈球形。同样，水珠滴在无纺布上也呈球形，水珠滚过的地方基本干爽。

将水滴在百合花上，水珠呈球形，可以来回滚动，能较好地吸附粉尘。百合花特性与荷叶很相似，但没有荷叶那么典型（图 4-29）。

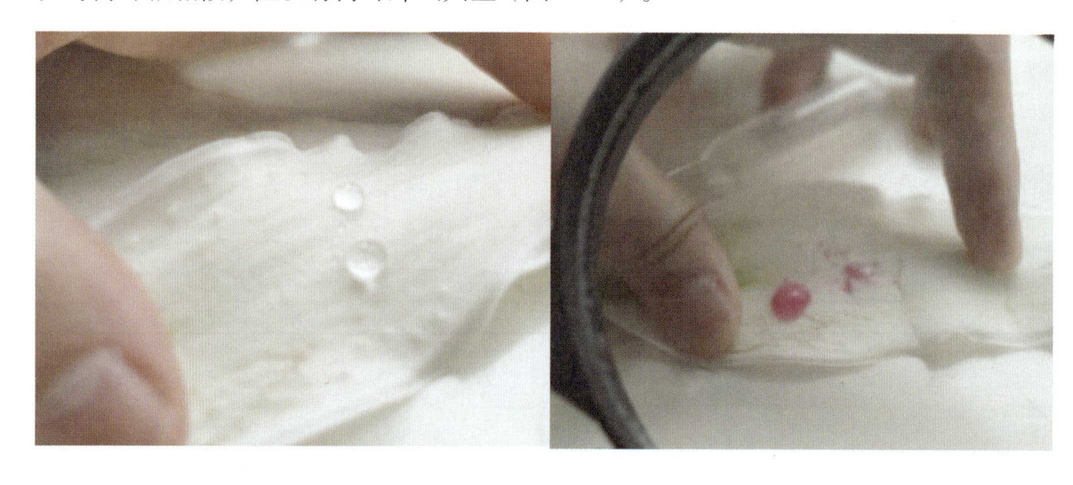

图4-29　百合花上的水珠

小结：大自然存在与荷叶相似特性的叶子，生活中也有具备这一特性的物品。

三、实验与验证

荷叶叶面到底隐藏了什么奥秘呢？我们来到了武汉工程大学化学与环境工程学院实验室展开新的实验。

实验准备：选取荷叶、百合花、毛桃皮、玫瑰叶、无纺布作为观察对象。

实验工具：XP-213 型透射偏光显微镜（光学显微镜）、载玻片、盖玻片、镊子、刀片、胶头滴管。其中，显微镜主要技术参数：机械筒长 160mm；物镜 4X、10X、25X、40X；目镜 10X。

实验步骤（以毛桃皮为例）：

第一步：清洁，用清水将毛桃洗净，去除表面污垢；

第二步：取样，用刀片沿着毛桃皮表面轻轻切下；

第三步：滴水，用胶头滴管将清水滴在载玻片上；

第四步：放置，用镊子将样品放在浸水的载玻片上，盖上载玻片；

第五步：观察，将样本置于旋转载物台上，选择清晰的画面观察；

第六步：拍照，电脑端拍下镜头下样本的照片。

实验步骤（第一步至第四步）如图 4-30 所示。

   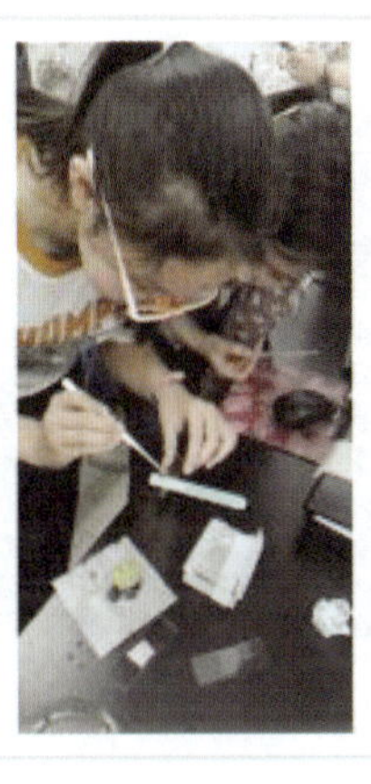 

图4-30　实验步骤（第一步至第四步）

观察结果：

光学显微镜下(放大40倍)的荷叶、百合花、毛桃皮、玫瑰叶、无纺布图片(图4-31)。

 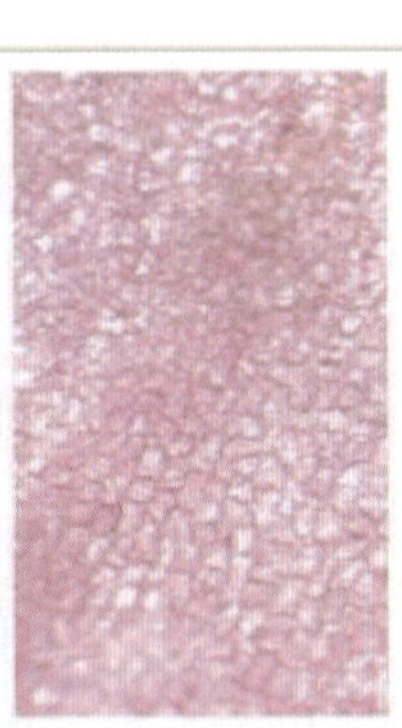  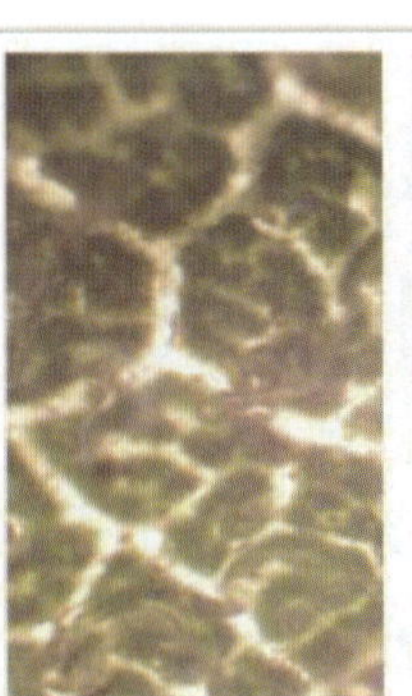 

图4-31　从左至右：荷叶、百合花、毛桃皮、玫瑰叶、无纺布

①荷叶表面由五边形或六边形按照 120° 夹角有规律地排列；②百合花表面由四边形在一个方向上错开、有规律地排列；③毛桃皮表面有杂乱小刺，不规律；④玫瑰叶表面由大大小小斑块组成，小斑块聚集在一起成大斑块；⑤无纺布表面有杂乱的小刺，其间还有空隙。

小结：从光学显微镜的观察结果看，并没有发现上述样本间存在明显的异同点。

要进一步看清荷叶表面更细微的结构，必须借助电子显微镜。于是，我们将烘干后的荷叶样本送往武汉工程大学分析测试中心。一周之后我们得到了电子显微镜下的照片（图 4-32、图 4-33）。从照片上，我们终于看到了荷叶的“另一面”——荷叶表面附着无数个微米级的凸状结构，其宽 7—12 微米，相互间隔 10—25 微米。

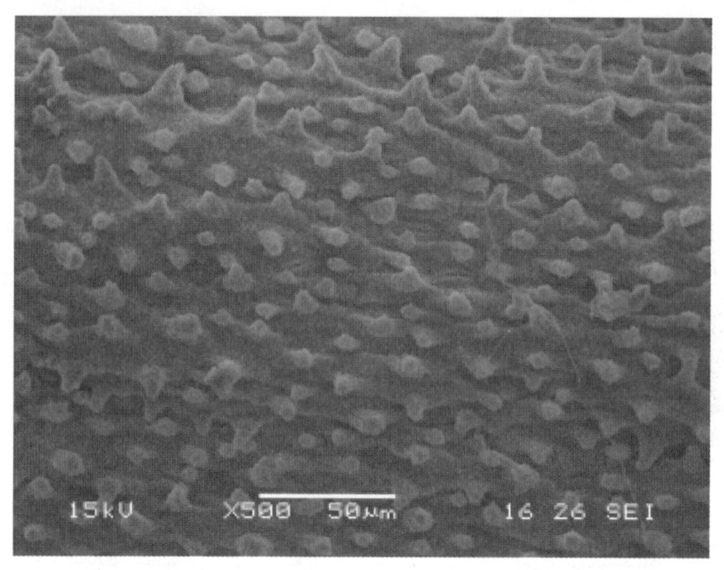

图4-32 镜下显微结构（放大500倍）

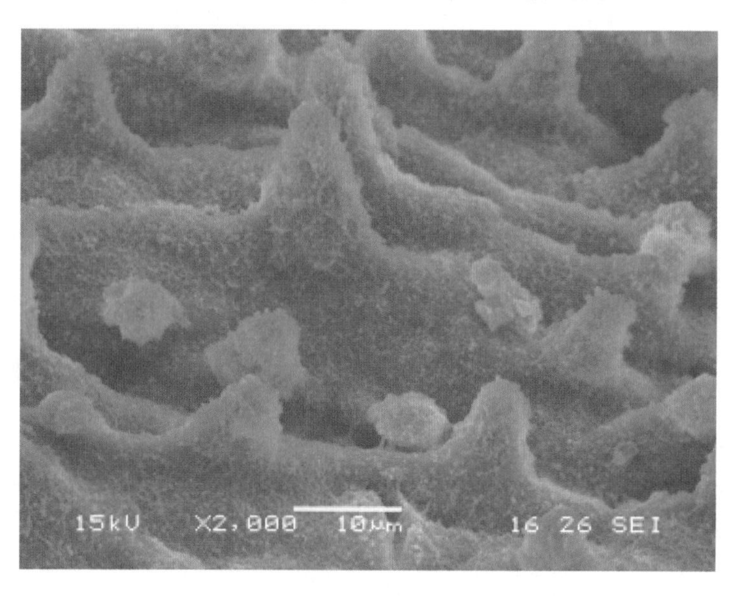

图4-33 镜下显微结构（放大2000倍）

（猜想 5：是不是荷叶上小水珠的分子比这个凸状结构间隔要大，能够被凸状结构托举起来，使得水珠呈球形且不透水呢？而油的情况正好相反，油的分子比这个凸状结构间隔要小，所以没有水珠那样的特性？为了验证猜想，我们想到在电子显微镜下观察水珠吸附粉尘的动态过程、水珠与荷叶凸状结构的空间关系等，但因武汉工程大学分析测试中心管理规定以及电子显微镜条件限制，上述实验内容无法开展。）

四、结论与应用

荷叶上的水珠呈球形，对粉尘有快速高效的吸附性，且具有不透水的特点，这与荷叶表面附着无数个微米级的凸状结构，以及水本身的特性有关。大自然存在与荷叶相似特性的叶子，生活中也有具备这一特性的物品，它们能起到防水的作用。

利用荷叶这一特性我们大胆设想，将来如果能生产出具备荷叶般防雨、防污特性的涂料应用在汽车上，那么人们在下雨天开车的时候，就再也不用担心污泥会溅脏车身了，就算脏了，用少量水也很容易清洗干净。我们常见的汽车（图 4-34），在车引擎盖上轻轻洒水，水会汇集起来，不易流走。原有的灰尘和水一起停留，水干后灰尘依旧会附着在表面。表面涂着荷叶仿生涂料的汽车（图 4-35），当我们向车引擎盖上洒水的时候，水会像在荷叶表面那样形成小水球，极容易滚落下来，还会带走原有的灰尘，这样车表面就比较光洁了，可以节省很多水资源，非常环保。

图4-34　普通汽车　　　　图4-35　涂上荷叶仿生涂料的汽车

五、结语

在这次研究中，我们做了很多实验，有些猜想得到了验证，但有些猜想还有待继续研究（如猜想 5），得出的结论也只是初步的。关于猜想 5，我们通过查阅相关资料，了解了以下内容：

荷叶表面的凸状结构叫作乳突，乳突结构的存在使得乳突和乳突间的凹陷部分充满空气，紧贴着叶面形成一层非常薄的达到纳米级厚度的空气薄膜。而灰尘、雨水等其他物质的尺寸要远大于这种乳突结构，水珠落在荷叶上后，实际上与荷叶隔着一层极薄的空气，这才使得荷叶不被水珠浸润。正是这些微小的乳突结构，再加上水珠表面的张力，使得荷叶表面与水珠或灰尘的接触面积非常有限，因此便产生了水珠在叶面上滚动并能带走灰尘的现象。

看来我们猜想的不算错，令人欢欣鼓舞！大自然有许许多多奇妙的事等着我们去探究，相信我们一定能从大自然中获得启示，让生活变更美好！

（江岸区鄱阳街小学：陈悦浠 康津玮　指导教师：陈茜 袁冰）

雅食汇之乐享吉庆街
——汉之吉庆街城市明信片套装

一、设计意图

依托江岸区特色资源，我校中高年级学生通过寻访古色文化，探索吉庆老街发展与文化的关联，在“赏、听、闻”中体验老街的特色；在“玩、做、尝”中品尝美食的味道；在“研、思、学”中增强文化认同与文化自信。怎样通过研中行、行中思、思中获，激发学生热爱家乡、热爱祖国的家国情怀呢？对此，我们进行了深入思考。在众多作品中，我们发现，学生对制作城市明信片非常感兴趣，而且参与面广，明信片可以快捷直观地向更多外地游客和外国友人介绍大武汉。于是结合研学旅行体验，老师指导学生再次收集整理吉庆街的素材，抓住吉庆街的市井特色，从特色美食、标志建筑和武汉方言入手，启发学生思维，为学生提供广阔的思考空间。

二、研学旅行过程

雅食汇之乐享吉庆街研学旅行课程内容及过程见表4-2。

表4-2　雅食汇之乐享吉庆街研学旅行课程过程

过程	时间	内容	任务
行前准备	提前1—2天	智慧背囊	1. 观看《日出之食：武汉篇》，搜集吉庆街文化资料，了解吉庆街美食及特色； 2. 观察记录家人经常食用的早餐品种； 3. 调查家人及同学中会说武汉话的人数； 4. 积累与美食有关的英语单词及句子
	40分钟（行前一天）	行前一课	1. 明确研学旅行任务及出行要求； 2. 团队建设； 3. 防疫安全教育
	8：30—9：00	集合乘车准点到达	安全乘车，管好物品
研学旅行体验	9：00—9：30	游吉庆街	利用多种方法估量街长街宽，估算人流量，了解吉庆街的街貌
	9：30—10:50	老店探寻	寻镇店之宝，弄清食材以及工艺，感受老字号的工艺精湛和勇于创新
	10：50—11：40	美食达人	任务卡：完成特色小吃的模拟食材搭配
	11：40—13：00	开心午餐	综合运用学科知识合理搭配午餐
	13：00—14：10	玩转方言	方言游戏，体会汉味方言的魅力
	14：10—15：00	活“话”雕塑	还原市井生活，体验地域特色文化

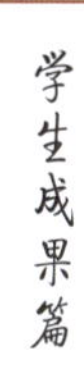

续表

过程	时间	内容	任务
行后分享	15：00—15：30	游学闭营，在研学旅行中成长	1. 分享交流研学旅行心得； 2. 多元研学旅行评价； 3. 评选并颁发证书，辅导员完成研学旅行总结
活动拓展	回校作业	让世界了解吉庆街	制作城市名片，向世界友人宣传大武汉

三、研学旅行成果

研学旅行成果包括武汉方言明信片、雕刻作品等，如图 4-36 至图 4-39 所示。

图4-36　武汉方言明信片

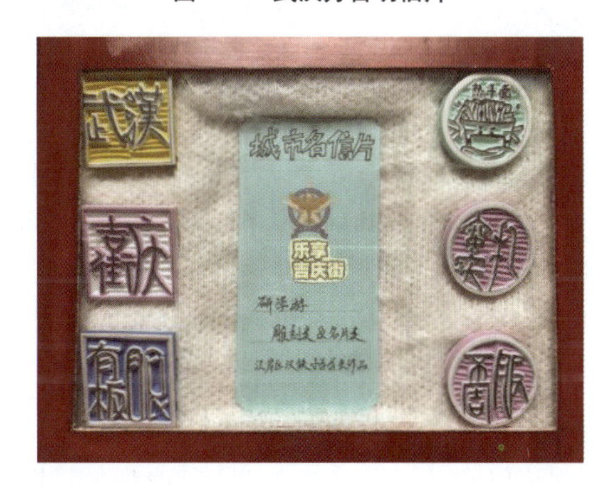

图4-37　雕刻作品

图4-38　武汉美食明信片

童眼看世界，社会做课堂，研学旅行伴成长。在我校“雅育—行走”研学旅行总体思路的引领下，我们中高年级学生通过寻访古色文化，探索吉庆街发展与文化的关联。在“赏、听、闻”中体验老街的特色；在“玩、做、尝”中品尝美食的味道；在“研、思、学”中增强文化认同与民族自信。怎样通过“研中行、行中思、思中获”，激发学生热爱家乡、热爱祖国的家国情怀呢？对此，我们进行了深入思考。

1. 从汉味特色入手，启发学生思维，绘制城市名片

老字号云集的吉庆街烟火气十足，汉味文化元素也在吉庆街得以充分展现。徜徉吉庆街，可以近距离体验老武汉人的市井生活。在学生参加“雅食汇之乐享吉庆街”

研学旅行活动后，老师指导学生结合研学旅行体验，收集整理关于吉庆街的素材，抓住吉庆街的市井特色选材，并从特色美食、标志性建筑和武汉方言入手，启发学生思维，为学生提供广阔的思考空间。

图4-39　百年老街明信片

学生手绘作品取材于吉庆街老街建筑和老字号美食，“四季美”“老通城”“蔡林记”“汪玉霞”等老店的“镇店之宝”最能体现“汉之吉庆”的特点。学生用马克笔进行表现，各种颜色搭配在一起，形成一种色彩斑斓的视觉效果，气氛热烈，视觉效果强。画面具有趣味性，图案表现充满想象力，人物造型夸张而可爱，画面营造出活泼、梦幻的气氛。

2. 从校本优势入手，依托特色工作室，制作雕刻印章

本研学旅行活动充分发挥我校“刀笔痕”工作室的优势，以雕刻的形式创作“汉

之吉庆”城市橡皮章，聚焦古色文化、汉味方言，鼓励学生大胆地用小刀和画笔进行创作。学生参与的热情高涨，闲暇时间，大家一起讨论修改方案，一个个新点子不断涌现。在研学旅行的时候，学生印象最深的是吉庆街文化墙，以及每个店铺门前悬挂的不同的武汉方言彩旗，比如：“好吃佬”“不服周”“铆倒”“过早”等，十分有汉味特色。方言是一种独特的文化，有丰厚的文化底蕴，是文化的活化石。武汉方言博大精深，与武汉数千年的历史文化紧密关联。让更多的人了解和喜爱武汉方言，也是学生设计作品的初衷。老师鼓励学生采用钢笔画、小篆和雕刻的形式去表现，呈现出来的效果也是非常独特的。

3. 从多元评价入手，激发学生热情，促进生命成长

（1）以学生为中心，激发其内在动力。人的内心有一种根深蒂固的需求——感觉到自己是发现者、研究者、探索者。研学旅行这种全新的学习形式，可以说很好地满足了学生的这一心理需求。我们从学生的生活实际和真实需求出发，设计命题，让学生在生活情景中通过亲身体验来解决问题，并在教师的指导下，以小组合作的方式进行探究，培养创新精神和实践能力。研学旅行课程的出发点，是以学生发展为本。我们主张“以学生为本”，在研学旅行过程中既要尊重学生的个性，又要注意正面引导，让学生形成正确的人生观和世界观，努力促进学生社会性和个性的和谐发展。

（2）学会合作交流，学会与人分享。不论是行前一课还是研中合作，抑或是研后作业设计，学生都以组为单位，进行团队合作，共同推进任务。比如在研后作业设计中，我们将各组收集到的资料进行班级交流评价，请学生将相关资料分组粘贴在布告栏上，供全班学生阅览。这样，所有的资源都实现了共享，学生在与人合作中完成任务，在与人合作中分享快乐。

（3）创新研学旅行课程，实施多元评价。让学生进行探究性学习，教师要进行多样化指导，建立开放型评价体系，注重评价多元化，这是开放式实践课程教学的要求，也是社会发展的要求和必然，我们要有意识地让学生在开放的环境中发展。

总之，立德树人是教育的宗旨，研学旅行是落实立德树人宗旨，发展素质教育，培养合格接班人的课程形式之一，是转变人才培养模式的重要举措。你来，我来，大家携手向前！把研学旅行活动课题做好，做足，做出特色。愿学生制作的靓丽城市名片能让更多的人关注武汉，爱上武汉，建设武汉。

（江岸区汉铁小学：曹雅渲 黄雅萱 周小雅 指导教师：占丽君 曹中华）

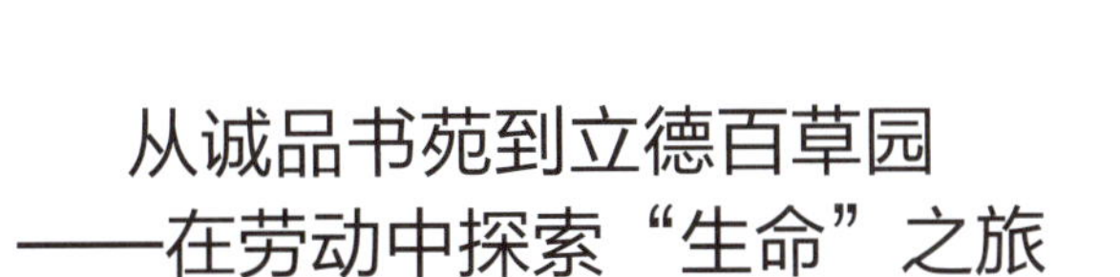

从诚品书苑到立德百草园
——在劳动中探索“生命”之旅

一、研学旅行背景

翻开散发着淡淡墨香的《从百草园到三味书屋》，那段熟悉的文字再次跃入眼帘：“不必说碧绿的菜畦，光滑的石井栏，高大的皂荚树，紫红的桑葚；也不必说鸣蝉在树叶里长吟，肥胖的黄蜂伏在菜花上，轻捷的叫天子忽然从草间直窜向云霄里去了。单是周围的短短的泥墙根一带，就有无限趣味，油蛉在这里低唱，蟋蟀们在这里弹琴……”让我们对这神奇的世界充满了向往。

我们都是生活在“水泥森林”里的孩子，与土地和动植物的近距离接触非常少。这一次，我们走出教室，让知识不再拘泥于书本，在立德百草园这本“立体的教科书”中体验到了一个不一样的世界，学会观察和劳动，走近自然，走向独立。

敬爱的习爷爷曾寄语青少年：生活靠劳动创造，人生也靠劳动创造。你们从小就要树立劳动光荣的观念，自己的事自己做，他人的事帮着做，公益的事争着做。我们青少年是建设社会主义现代化强国的未来生力军，更应躬体力行，这次的活动仿佛给我们打开了一扇重新认识自我的大门，让我们这些“不事稼穑，不辨菽麦”的孩子学会思考，走向成熟。少年强则中国强，我们将努力成长为能够担当民族复兴大任的时代好少年！

二、研学旅行过程

1. 萌发：自然的种子和劳动的种子同在春天萌发

（1）种子的萌发（以向日葵为例）。

①材料准备。

向日葵种子、玻璃杯、无纺布纸巾、水、育苗盘、温度计、湿度计。如图 4-40 所示。

图4-40　向日葵种子萌发

②观察记录表。

对种子萌发情况进行观察记录，如图 4-41 所示。

日期	天气	温度	湿度	工作项目	种子的变化
3月26日	小雨	18℃	78%	浸种	将种子放在水中浸泡。
3月27日	多云	23℃	70%	选种	将漂在水面上的空瘪种子清除，选取沉下的饱满种子，放在有湿纸巾的杯子里继续吸收水分。
3月28日	晴	26℃	65%	种植	将杯子中的种子种植到已经准备好的育苗盘中。
3月30日	中雨	21℃	80%	喷水	保持培养土的湿润，种子没有变化。
4月5日	晴	15℃	70%	喷水.晒太阳	见到种子破土而出，一种子发芽了，有的还长出了两片小小的叶子。
4月9日	晴	21℃	68%	喷水.晒太阳	经过几天的生长，大部分种子发育成小苗了，有的长出了第二对叶子。

向日葵种子发芽观察记录表

学校	武汉市育才第二小学立德校区	班级	六(3)班
记录人	喻可欣.孙一诺.叶一帆	种植时间	2021.3.26

向日葵种子的观察：

向日葵种子一般被传统认为是它的果实，俗称瓜子、葵花籽。但是果实包括果皮、种皮、胚三个部分，向日葵的种子具体是指它的胚即瓜子仁。种子可以食用和榨油，其富含不饱和脂肪酸、蛋白质、糖类等多种维生素和微量元素，是一种非常受欢迎的休闲零食和食用油源。

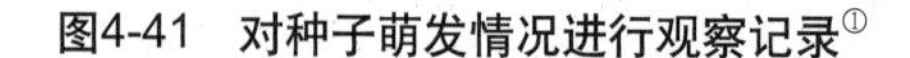

图4-41　对种子萌发情况进行观察记录①

① 图 4-41 为学生书写的观察记录表，为展示学生作品的原真状态，未对其中的错误进行修改。

（2）观察日记。

向日葵搬新家

经过两周的等待，我们精心培育的向日葵长出了一棵棵嫩绿的幼苗，老师说等到向日葵幼苗长出4—6片叶子的时候，就可以将它们移栽到我们的“立德百草园”里去了。就在今天，我们要给向日葵的小苗搬家了。

一来到楼顶，我大吃一惊，两周前平整好的土地，因为干涸，裂出了一道道口子，这种土地可没办法直接种植向日葵。我赶紧和其他组员一起，将地面上的杂草清理干净，将土地重新翻整了一遍，浇上水，让土壤保持湿润，并按横竖之间均匀的距离挖好坑，然后小心翼翼地将一株株幼苗移栽到坑里，再填上土，浇上一些水，就大功告成了。但是我发现种好的幼苗有一些又细又长，跟豆芽菜似的，有的还有点头重脚轻，感觉快要弯下腰来了，是小苗生病了吗？带着这个疑问，我询问了老师才明白，原来是因为小苗之前缺少阳光才成了这样，过一段时间就会变得强壮起来。

看着我们精心种好的小苗在微风中一摇一摆的样子，我感到无比的自豪和骄傲。希望它们一天天快快长大，它们好像也在对我说：“你不要看我现在是如此的渺小，不久的将来我就会变成一株美丽的向日葵，结出丰盛的果实哟！”（观察笔记见图4-42）

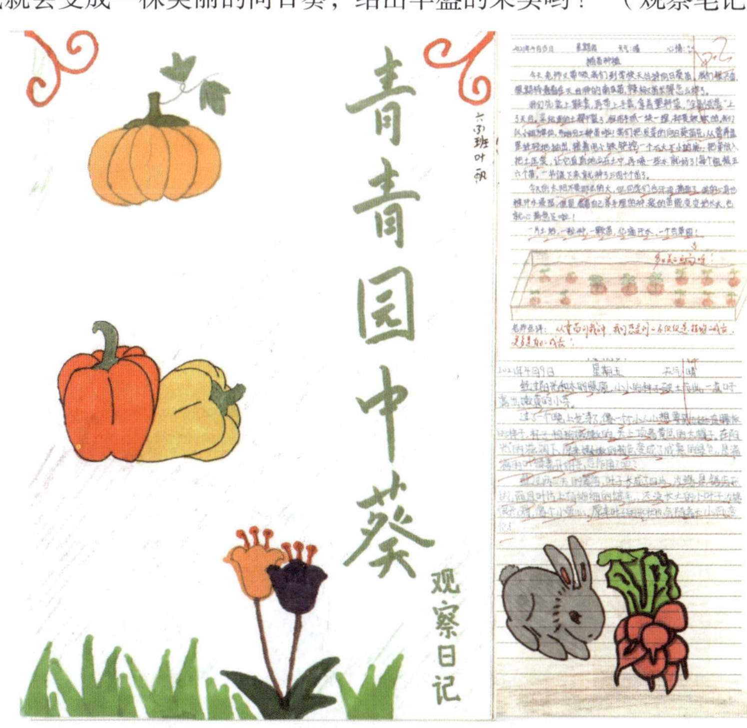

图4-42 观察笔记[①]

（3）探究结果与思考。

通过这一个多月来植物的种植和管理，我们发现了两个问题：

---

① 图4-42为学生书写的观察笔记，为展示学生作品的原真状态，未对其中的错误进行修改。

①我们种的植物刚破土而出时全是两片叶子，那么是不是所有植物发芽后长出的幼苗都是两片叶子呢？（图 4-43）带着这个疑问我们上网查了一下，原来单子叶植物的胚胎有一个子叶，而双子叶植物的胚胎则有两个子叶。因为我们种植的都是双子叶植物，所以碰巧看到的新芽都是两片叶子。以后有机会一定要尝试种植单子叶植物，相信会有不同的种植体验。

图4-43　植物幼芽

②有的植物发芽后，芽儿细细长长，看起来一点都不健康，为什么会出现这种情况呢？带着这个问题，我们请教了老师。原来，芽苗太细可能是因为种植密度过大，导致芽苗无法完全受光，所以会出现芽苗生长过于细长的现象。在养护芽苗的过程中，如果补给了过多的肥料，也会导致芽苗出现徒长的现象。这两种情况，都会使苗长得不好，以后种植的时候，我们一定会多加注意。

2. 观察：打开课堂的一扇窗，开启了心智的一扇门

（1）问渠那得清如许，为有源头活水来。

①诚品书苑。

诚品书苑是我们的知识宝库。“阅读不打烊”既是诚品的理念，也是我们这些学子们牢记的信念。我们在诚品书苑中孜孜不倦地探寻植物生长的科学知识，探讨科学种植的方法（图 4-44），用科学知识来不断充实自己，我们也对科学种植有了新的认识。

图4-44　学生们在诚品书苑读书

②别开生面的种植活动。

我校的校外辅导员——武汉市农业科学技术研究院祝老师在诚品书苑为我们进行了培训，生动地讲解了植物栽种的科学方法和步骤，并且演示了铁锹、锄头、修枝剪等工具的操作方法和注意事项。大家都专心致志，听得兴趣盎然。后来，学校还为我们请来了湖北大学的李教授讲授配置肥料的方法，请来了华中农业大学的专业老师来讲解土壤改良的好处。

理论课听完，终于到了实战阶段，我们拿起工具迫不及待地上了天台——是的，我校的“立德百草园”就在我们学校的顶楼天台上，我们要给天台的“立德百草园”翻新添绿了！

在家长的帮助和老师的指导下，我们把土全部翻松。分配好任务后，我们二话不说就冲进了花圃，开始了我们最喜欢的种植。

先从育苗盘上小心翼翼地取出一棵小苗，然后在规定的地方挖上一个小洞，接着把苗轻轻地放进去，再将土轻轻地填平，用铲子整平，然后从袋子里抓一小把营养土撒上，最后在苗附近喷一些水，一棵苗就种好了。同学们分工合作，有的松土，有的挖坑，有的栽苗，有的浇水，不一会儿，南瓜苗和辣椒苗就种得差不多了，“百草园”也从单调的褐色，变成了生机勃勃的翠绿色。当然，土里面除了种好的小苗，也有我们劳动的汗水。如图 4-45 所示。

图4-45　学生在“立德百草园”种植

周末我们还去了武汉市农业科学技术研究院参观，我们被那一垄垄整齐的土地、一排排科学种植的蔬果彻底地震撼了。在那里，我们仿佛置身于一本巨大的3D立体“生活教科书”中，求知若渴地汲取着宝贵的种植知识。

（2）纸上得来终觉浅，绝知此事要躬行。

看看我们的植物生长观察表吧。

植物生长观察表如图4-46所示。

品种：金南瓜

观察人：喻可欣

种植时间：2021年3月26日

品种介绍：金南瓜也叫金瓜，是南瓜的一种。它的外表金黄，个头不大，质地有些硬，多用来煮粥或者制作南瓜饼。金南瓜的味道甜若诱人，而且多种保键功效对人体健康有利。它含有大量的锌存在，进入人体以后可以与核酸蛋白一起合成肾上腺的皮质激素，这种激素是人体生长发育的时候最重要的能量。因此处于发育期的我们多食用一些金南瓜是大有好处的。

形态特征：为葫芦科，南瓜属，一年生蔓生草本。株高可达3米以上。茎被粗毛，叶直立，广卵形，长约20厘米，边缘有不规则锯齿。花单生，黄色。果柄具明显棱沟。瓠瓜，其形状、颜色等因品种而异。种子扁平，白色。自然花期7~10月，果熟期9~11月。

图4-46　植物生长观察表[①]

① 图4-46为学生书写的观察表，为展示学生作品的原真状态，未对其中的错误进行修改。

生长观察表

（一）

日期	天气	观察时温度	观察时湿度	观察状态及思考
2021年3月26日	小雨	18℃	78%	浸泡好的幼芽，胚根与种子平面垂直，胚根伸长0.3～0.5厘米时播种，也可以用种子直接播种。要适量浇水，也需要充足的阳光。芽儿就像刚出生的婴儿，需要小心仔细的呵护并照顾它们。

续图4-46

生长观察表

（二）

日期	天气	观察时温度	观察时湿度	观察状态及思考
2021年4月6日	阴	18℃	68%	经过一周的时间，南瓜芽儿长出了两片真叶，需要适当的浇水，近段日子以阴雨天为主，缺少阳光，芽儿显得有些瘦弱，不够挺拔。 我发现，充足的阳光是植物生长过程中必不可少的一部分。

续图4-46

生长观察表

（三）

日期	天气	观察时温度	观察时湿度	观察状态及思考
2021年4月16日	多云	22℃	58%	南瓜苗长出四片真叶后要开始施第一次肥。这种肥名为"复合肥"，其中所含的"氮磷钾"对植物的"叶茎根"有好处。不宜施太多、太浓，否则容易烧伤根系。

金南瓜生长观察表

续图4-46

向日葵成长记录
品种：向日葵
种植地点：武汉市育才二小立德校区"百草园"
种植时间：2021年3月26日
记录人：孙一诺
品种简介：向日葵(别名：朝阳花、向阳花)，
·是桔梗目、菊科、向日葵属的植物。
·因花序随太阳转动而得名。
·一年生草本，高1~3.5米，喜欢温暖的地方，耐旱、耐盐。
·可观赏、可食用、可药用。

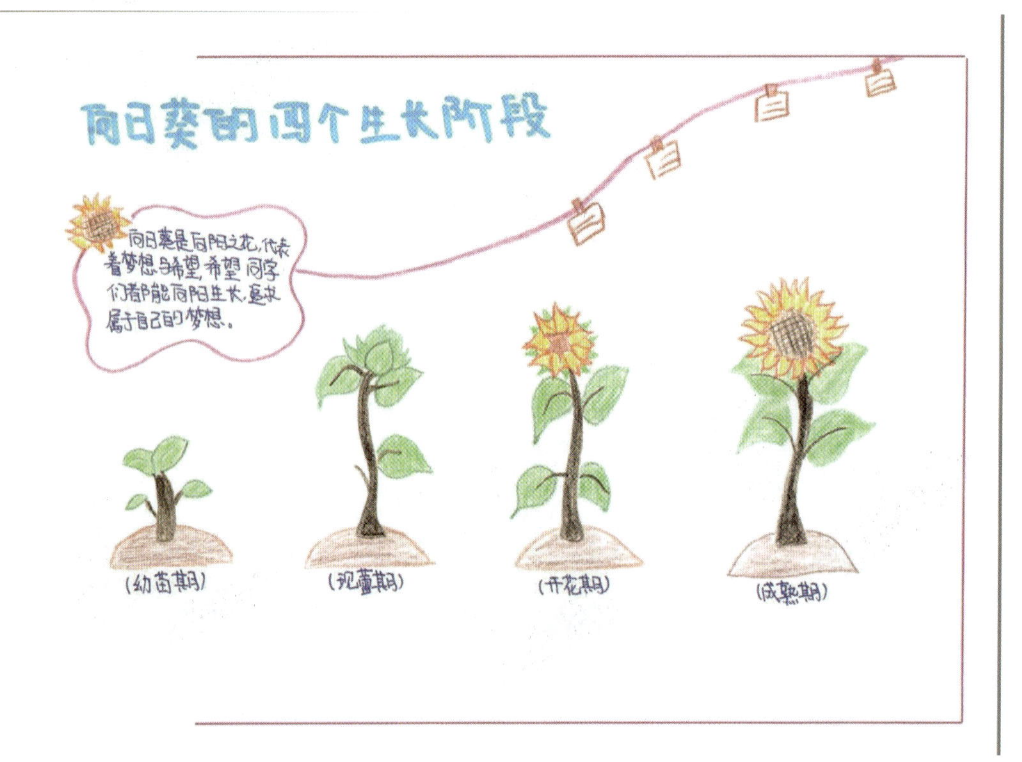

向日葵的四个生长阶段
向日葵是向阳之花，代表着梦想与希望，希望同学们都能向阳生长，追求属于自己的梦想。
(幼苗期)
(现蕾期)
(开花期)
(成熟期)

续图4-46

幼苗期

从出苗到现蕾的这一阶段，称为幼苗期。这一阶段向日葵的地上部分生长的较缓慢，地下和根系部分生长较快。这阶段是向日葵抗旱能力最强的一个阶段。

日期：4月6日
天气：阴
育苗盘里的大部分都冒出了绿芽，长出了叶子。出芽后小苗的两片叶子张开长度有3厘米长，高度差不多也有3厘米了。

日期：4月9日
天气：晴
有的小苗长出了第二对叶子，底下那对大叶子张开总长有7厘米左右。

学到了：今天仔细观察了种子发芽的情况，为什么有的种子出芽了，有的却未出，我们反复思考，向老师请教，发现原来是种植的深度不同，有深有浅，因而出芽的时间不同。

幼苗期

日期：4月15日
天气：晴
今天将小苗移栽到"立德百草园"，并给它浇了足够多的水，让它有更大的生长空间。

日期：4月23日
天气：晴
今天是移栽后第一次给向日葵施肥，将复合肥埋在距根部8厘米的地方，可以帮助向日葵更加茁壮的成长。向日葵还不会跟着太阳转，它的顶部基本向上生长。

学到了：向日葵因花序向阳而得名，怎么会这么神奇？带着这些疑问我们经过上网查询才知道向日葵的茎部含有一种奇妙的植物生长素，怕光，一遇光线照射就会到背光的一面去，同时还会刺激背光一面的细胞迅速生长，所以背光的一面就比向光的一面生长的快，使向日葵产生了向光性弯曲。向日葵从发芽到花盘盛开之前这一段时间的确是向日的，花盘一旦盛开后就不再向着太阳转动，而是固定朝向东方了。

续图4-46

现蕾期

现蕾期是向日葵一生中最旺盛的阶段。这一阶段不能满足向日葵对肥水的要求，将会严重影响向日葵的产量。

日期：5月6日
天气：多云
惊喜！五一放假后上学第一天仔细看向日葵最上方的枝头，发现有个小小的花蕾要长出来了。

日期：5月12日
天气：多云
经过前几天大雨的洗礼，向日葵的植株长得清秀极了，这样的绿色让人的心情十分美好。它们又长高了，茎也变粗了，枝头上方长出了绿色的花蕾，花蕾上有绿色的鳞片一样的花萼，很长的萼片，顶部很尖，像刺一样，有绒毛。

开花期

开花期是指花盘从舌状花开放至管状花，在这一阶段应该选择合适的时间施肥、浇水，防治病虫害。

成熟期

最后一个重要的阶段就是成熟期，开花授粉后大约15天左右是子粒形成的阶段，这一时期要注意天气，需要天气晴朗，昼夜温差较大和适宜的土壤水分。

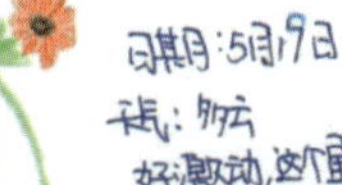

日期：5月19日
天气：多云
好激动，这个星期向日葵的花朵终于完全盛开啦！花序边缘为黄色的舌状花，不结实；花序中部为管状花，棕色，结实。盛开的向日葵花就像太阳一样。

向日葵成长记录表

续图4-46

品种：樱桃萝卜

观察人：叶一帆

种植时间：2021年 3月 26日

品种介绍：樱桃萝卜是一种小型萝卜，为中国的四季萝卜中的一种，因其外貌与樱桃相似，故取名为樱桃萝卜。一二年生草本植物。樱桃萝卜具有品质细嫩，生长迅速，外形、色泽美观等特点，适于生吃。樱桃萝卜属被子植物门，双子叶植物纲，十字花科萝卜属。

形态特征：属小形萝卜类，品质细嫩，生长迅速，色泽美观，肉质根圆形，直径2-3厘米，单株重15-20克，根皮红色，瓤肉白色，生长期30-40天，适应性强，喜温和气候条件，耐拔热，适于生吃。

樱桃萝卜生长观察表（一）

日期	天气	观察时温度	观察时湿度	观察状态及思考
2021.3.30	中雨	18℃	80%	樱桃萝卜种植后的第四天到第五天，种下的八颗种子全部发芽。茎是粉色的，两片真叶是心形的嫩绿色，长宽均约1厘米。整株芽高1-3厘米。发芽率是百分之百，证明种子活性很好。发芽时间有早有晚可能和种子自身的状态有关。
2021.3.31	小雨	15℃	78%	

续图4-46

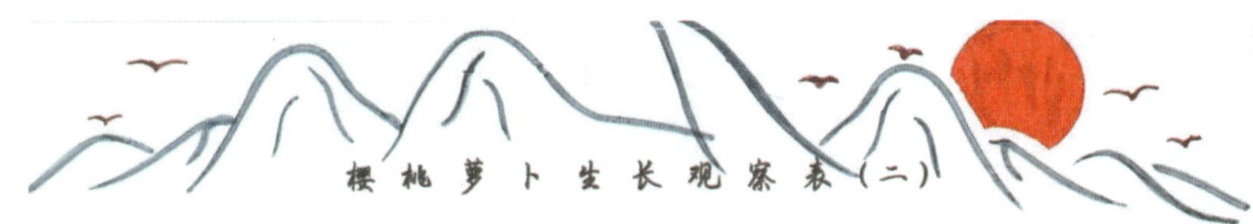

樱桃萝卜生长观察表（二）

日期	天气	观察时温度	观察时湿度	观察状态及思考
2021.4.6	阴	16℃	70%	樱桃萝卜种植后的第十一天，苗长出了四到五片叶子，已经可以移栽了，移栽间距8–10厘米。粉色的部分是根，根全部埋入土里，因为樱桃萝卜喜水喜肥，所以选择了透气保水性好的种植土，移栽时新长出的叶片长约3–4厘米，宽约2厘米，整株苗高约7–8厘米。

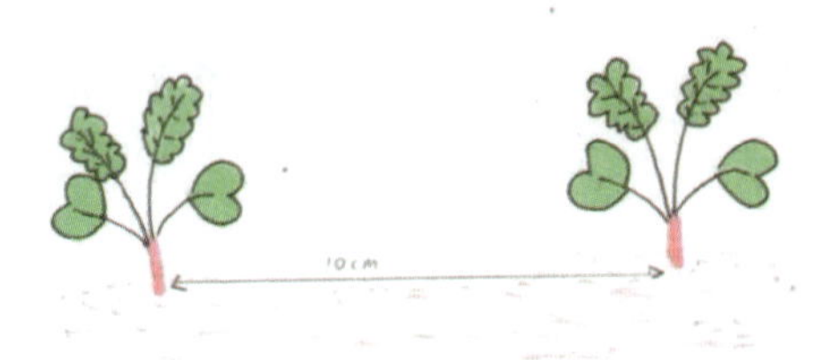

樱桃萝卜生长观察表（三）

日期	天气	观察时温度	观察时湿度	观察状态及思考
2021.04.12	阴	20℃	68%	樱桃萝卜种植后的第十七天。现在总叶片数没有变化，叶片长约6-7厘米，宽3-4厘米，整株苗高约10–12厘米。今天是移栽后第一次给萝卜苗浇水性肥。浓缩液体肥以1:200的比例勾兑，浇透根。肥料中有磷和钾，可以增加萝卜的生长速度。

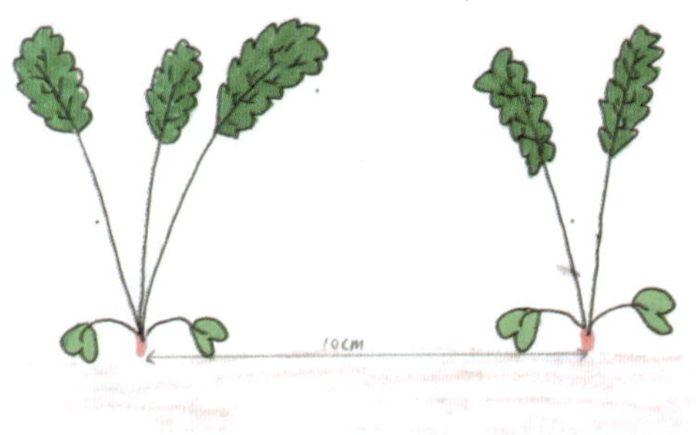

樱桃萝卜生长观察表

续图4-46

3. 实践：在劳动中见证一粒种子变成果实的全过程

我们成立了“绿色小卫士”队，在每周四对天台的植物进行日常管理，主要是去观察并记录植物的生长发育状况，完成田间的除草、浇水、施肥等工作。通过管理植物，我们学到了简单的劳动技能，开阔了视野，也激发了好奇心。（图 4-47）这一个多月的栽培使我们了解到，植物的种子大多都是在育苗盘里发芽，最后再移植的，因为这样可以增加植物的发芽率；植物发芽时，要多给它阳光（喜阴植物除外，它晒太阳有讲究），这样才不会出现徒长瘦弱的情况；还有移植的时候不能把土压得太实，否则会妨碍植物“呼吸”，导致它生长慢或者死亡等，这些都是我们在种植植物中学到的知识。

图4-47　绿色小卫士”队管理植物

当然，我们会为自己种下的种子发了芽而感到欣喜和骄傲，但也会因为管理不善导致植物枯萎和死亡而感到伤心，这一切都为我们的成长增添了色彩，激发了我们对植物的爱怜之心，陶冶了我们热爱自然的美好情感。我们种植这些植物，也学到了不少课堂和书本上学不到的知识，提升了动手能力、手脑结合的能力，对劳动的意义有了更深一层的认识。我们除了学习到了课本上没有的知识，也亲身体会到了种植的乐趣与辛苦，还激发了对大自然的兴趣，对“劳动”和“辛苦”有了更深一层的了解。

从播下种子到长成果实只不过几个月，然而，我们在这几个月中感受到了生命的神奇，感受到了农民的不易，取得了不一样的课堂收获，这对于我们来说不仅仅是一种体验，更是一笔财富。在这样的课堂里，我们明白了付出才有收获，只有洒下汗水，才能收获累累硕果。只有今天辛勤耕耘，才会有明天的灿烂辉煌。

后期，我们还将在老师的带领下，围绕种植主题开展一系列的成果展示活动。比如，制作蔬菜种植知识小报；开展以班级收获的农作物为主题的绘画及手工制作比赛；进行种植图片、活动照片等资料展览；对大家的种植观察日记进行评比，集体讨论此次活动的发现与收获，评出“最可爱植物”和“最勤劳小园丁”等诸多奖项。最后，我们还将分发劳动果实，让大家品尝自己的劳动成果，与家人一起分享这份美好收获和喜悦。

4. 感悟：我们的梦想在劳动中生根发芽

一分耕耘，一分收获。在我们播下种子的那一刻，一个新的生命就开始孕育了，我们精心呵护，翘首以盼，在今天终于收获了。采摘辣椒的那一刻，我们笑靥如花，那是辛勤劳动后收获满满的欣喜。在自然界，一粒种子随风吹落就能生根发芽，但由于生长环境中有不确定因素，它不一定能存活或结果。而我们种的植物，经过我们的精心呵护小心培养才能长得既精神又健康，就像父母精心呵护我们陪伴我们成长一样。父母倾尽所有为我们付出，就是希望我们成人成材。所以我们一定要好好努力，不辜负父母对我们的期望。而我们自己，也像这些植物一样，若想要开出花朵、结出果实，就一定要努力。

播撒希望的种子，收获不一样的成长，我们在种植活动中感受到不一样的快乐。看着绿色的藤蔓渐渐爬满架子，绿意在我们的“立德百草园”中流淌，各色小花竞相绽放，我们辛勤劳动的果实压弯了竹架，我们喜悦和满足的心情难以言表。在这个过程中，我们体会到了什么是付出带来的收获，什么是苦心经营带来的成果，我们同植物一同成长，和花儿一同绽放。

这次的种植活动，我们收获的不仅仅是种植的快乐，更多的是体会到了生命的成长过程。我们变得更有耐心，更有责任心，更善于发现身边的美好，更尊重劳动成果。成长的种子已在我们心中种下，但愿种子在我们心中生根、发芽、开花，结出最美的果实！

（武汉市育才二小立德小学：喻可欣 孙一诺 叶一帆 指导教师：余晓丽）

附 录

关于研学旅行的调查问卷（学生卷）

感谢你能抽出几分钟时间来参加本次答题，现在我们就开始吧！

1.你参加过研学旅行吗？（ ）

A 参加过

B 未参加过

2.你参加研学旅行的目的？（ ）

A 学习专业知识

B 丰富课外阅历

C 了解不同文化

D 完成学校任务

3.你会选择什么时候参加研学旅行？（ ）

A 节假日

B 寒暑假

C 平时

4.你所在学校平均每年开展的研学旅行次数为（ ）

A 1-2次

B 3-4次

C 5-6次

D 6次以上

5.你觉得研学旅行开展几天为好（ ）

A 一周以内

B 一周

C 一周以上半月以下

D 其他

6.参加研学旅行，你一般会选择哪种方式？（ ）

A 学校组织

B 跟团

C 自主

D 其他

7.你希望学校组织研学旅行吗？（　　）

A 希望

B 不希望

8.你最喜欢的研学旅行项目是：（　　）（可多选）

A 红色研学——革命传统教育

B 绿色研学——自然生态教育

C 蓝色研学——水资源保护教育

D 金色研学——国防科工教育

E 古色研学——优秀传统文化教育

F 其他

9.请问通过研学旅行，你在哪些方面得到了提升？（　　）（可多选）

A 善于学习、勤于思考、乐于分享，既能尊重他人观点，也能表达个人独到见解。

B 敢于创新、锐意进取、友爱协作，能与优秀朋辈一起探索世界，彼此激励、共同成长

C 视野开阔、学有所长、心怀梦想，在知识的海洋里广泛涉猎并寻找内心的声音，坚持不懈。

D 真挚热忱、富有爱心、勇于担当，在追求自我成长的路上，关心需要帮助的人，并能在力所能及的范围内付诸行动。

E 爱好广泛、发展全面、个性突出，是一个自然的人、社会的人、完整的人。

江岸区教育局制

关于研学旅行的调查问卷（家长卷）

尊敬的家长们：

您好！

感谢您在百忙之中能够接受本次问卷调查。依据武汉市教育局关于开展中小学研学旅行的相关文件要求，为充分协调校内外资源，获悉学生关于研学旅行的需求情况，更好地为中小学研学旅行搭建平台，特开展本次问卷调查。本问卷中所涉及问题无谓对错，请您不必有任何顾虑。谢谢您的合作！

1.您的性别（　　）

A 男

B 女

2.您的年龄（　　）

A 30岁以下

B 31岁-35岁

C 36岁-40岁

D 41岁-45岁

E 46岁-50岁

F 50岁以上

3.您受教育的程度（　　）

A 初中及以下

B 高中或中专

C 大专或本科

D 硕士及以上

4.您之前对研学旅行有了解吗？（研学旅行是指学生集体参加的有组织、有计划、有目的的校外参观体验实践活动）（　　）

A 非常了解

B 了解

C 听过，但不太了解

D 从未听说

5.您是由哪种途径了解到研学旅行？（　　）

A 学校

B 其他家长和孩子同学

C 互联网等网络平台

D 电视报纸等媒体

E 第一次听说

6.您的孩子参加过学校组织的研学旅行吗？（　　）

A 参加过

B 未参加过

7.假如您的子女参加研学旅行，您最担心的问题是什么？（　　）（可多选）

A 安全问题

B 收费问题

C 子女与同学相处问题

D 影响学习

E 其他

8.您对目前已经开展的研学旅行项目看法是：

9.关于研学旅行，您的建议和希望是：

江岸区教育局制

关于研学旅行的调查问卷（教师卷）

感谢您能抽出几分钟时间来参加本次答题，现在我们就开始吧！

1.请问您的性别？（　　）

A 男

B 女

2.请问您从事教育多久了？（　　）

A 1—3年

B 4—6年

C 7—15年

D 16—24年

E 24年以上

3.请问您从事的教学科目是？（　　）

A 语文

B 数学

C 英语

D 体育

E 计算机

F 音乐

G 美术

H 科学

I 其他

4.您是否了解研学旅行课程？（　　）

A 比较了解

B 一般了解

C 不太了解

D 完全不了解

5.您认为研学旅行是什么？（　　）

A 与春游、秋游没有差别

B 集体旅行

C 参观纪念馆、博物馆、科技馆

D 一门综合实践活动课程

6.据您了解，您所在学校是否举行过研学旅行？（　　）

A 是

B 否

7.据您了解，贵校学生参与的研学旅行主题有哪些？（　　）（可多选）

A 红色研学——革命传统教育

B 绿色研学——自然生态教育

C 蓝色研学——水资源保护教育

D 金色研学——国防科工教育

E 古色研学——优秀传统文化教育

F 其他

8.您是否以活动设计者、研学旅行导师等角色参与过本校或其他组织开展的研学旅行活动？（　　）

A 是

B 否

9.您觉得研学旅行在小学有必要开展吗？（　　）

A 很有必要

B 比较有必要

C 有必要

D 没有必要

10.在研学旅行前，活动组织者是否会制订研学旅行手册及突发事件预案等？（　　）

A 是

B 否

11.研学旅行结束后，怎样评价学生表现？（　　）

A 学生小组互评

B 师生互评

C 老师评分

D 不做评价

12.您认为小学生参与研学旅行主要受哪些因素影响？（　　）（可多选）

A 政府教育政策

B 学校活动组织

C 家庭经济水平

D 研学旅行导师或学校任课老师

E 学生个人兴趣

F 研学旅行内容或目的地

G 交通及其他安全隐患

H 研学旅行机构

I 学生学习时间

J 其他

13.您认为传统课堂教学与研学旅行课程有什么关系？（　　）

A 研学旅行的开展有助于延伸课堂教学

B 研学旅行的开展阻碍了课堂教学

C 研学旅行的开展与课堂教学没多大关系

D 其他

14.为实现多学科融合，您认为研学旅行可以与哪些学科课程相结合？（　　）（可多选）

A 语文

B 数学

C 英语

D 体育

E 计算机

F 音乐

G 美术

H 科学

I 其他

15.关于研学旅行，您的建议和希望是：

江岸区教育局制

参 考 文 献

[1]中国旅游研究院.《中国研学旅行发展报告》在开封发布[EB/OL].http//www.ctaweb.org/html/2017-10/2017-10-21-12-21-49581.html.

[2]申红燕.研学旅行：学生核心素养培育的新路径[J].教师教育论坛，2017，30（10）：71-73.

[3]世纪明德.研学旅行：一次新的教育革命[J].中小学德育，2017,（09）：11-14.

[4]于秀楠.中小学生研学旅行活动课程的综述研究[J].教育现代化，2018，5（22）：272-273.

[5]王晓燕.充分发挥研学旅行在立德树人中的重要作用[J].人民教育，2017，（23）：13-15.

[6]任虹燕.研学旅行课程在实践中的几个问题[J].中小学德育，2017,（09）：24-26.

[7]殷世东.活态文化视角下中小学研学旅行课程的价值考察[J].教育研究，2019，40（03）：154-159.

[8]杨艳利.研学旅行：撬动素质教育的杠杆———访上海师范大学旅游学系系主任朱立新教授[J].中国德育，2014,（17）：21-24.

[9]霍伊，米斯克尔.教育管理学：理论·研究·实践[M].第 7 版.北京：教育科学出版社，2017：69.

[10]苏旖璇.以研学旅行提升中小学生核心素养研究 [D] .福州:福建师范大学,2018.

[11]周璇.小学 4-6 年级研学旅行课程开展的困境与对策研究[D].南京: 南京师范大学,2018.